CAREGIVING:

Cómo iniciar una Pequeñas y Medianas Empresas de Prestación Personalizada En Servicio de Asistencia Domiciliaria

Romwell Martinez Sabeniano, MBA.HCM

authorHOUSE®

AuthorHouse™
1663 Liberty Drive
Bloomington, IN 47403
www.authorhouse.com
Phone: 1-800-839-8640

First published by AuthorHouse 11/18/2009

ISBN: 978-1-4490-0649-5 (e)
ISBN: 978-1-4490-0650-1 (sc)

Library of Congress Control Number: 2009907441

Printed in the United States of America
Bloomington, Indiana

This book is printed on acid-free paper.

La información presentada en este libro es de fácil acceso de los organismos públicos y considera confiable en el momento de la impresión. El lector debe buscar el asesoramiento y la consulta de otros profesionales de la salud, empresarios con experiencia en el cuidado de personas de negocios, abogados y otras entidades en relación con sus negocios y la situación financiera antes de recibir profundamente implicados en este tipo de empresa. El autor no es la prestación de asesoramiento profesional, sino más bien la presentación de recursos útiles y materiales que son, posiblemente, ayudar a las personas que a pesar de su falta de conocimientos y experiencia en la creación de una start-up de empresas de cuidado de personas están decididos a explorar el potencial de ingresos de la empresa. Como resultados individuales pueden variar, el autor no garantiza el éxito de todos y cada uno de empresa. Tampoco el autor garantiza la exactitud de la información presentada en este libro. El lector debe tener en cuenta diversos factores tales como estatales, federales y locales que podrían afectar el curso y la naturaleza de la empresa, presupuesto personal asignado para la fase inicial de la empresa y otros factores que podrían afectar los resultados futuros de la empresa. La información presentada en este libro son adquiridos de los actuales reglamentos locales, los principios generales, directrices y las prácticas observadas en un típico establecimiento de negocios de cuidados y se considerará vigente en el momento en este libro fue impreso. Obligación de cada Estado la concesión de licencias y permiso de disposiciones relativas a los cuidados de negocio es diferente. El lector de este libro es personalmente responsable de mantenerse al corriente de las últimas informaciones, las leyes, reglamentos y directrices en sus respectivos estados, condados y ciudades que podrían afectar sus puntos de vista, la comprensión y el funcionamiento de la empresa. El lector de este libro comprado en el entendimiento de que el autor y su editor no se dediquen a la prestación de asesoramiento jurídico o de negocios en la empresa. No obstante cualquier disposición en contrario o tácita, en cualquiera de los materiales disponibles en este documento, el autor, sus agentes, afiliados, empleados y contratistas no pueden y no hacen ninguna representación, garantía, aval o garantía, expresa o implícita, con respecto a (i) la exactitud, integridad o puntualidad de cualquier información de este tipo, hechos u opiniones o (ii) la comerciabilidad o adecuación para un propósito en particular del mismo, ni ninguno de esos materiales se considerará la prestación de asesoramiento jurídico por el autor, sus agentes, afiliados, empleados o contratistas.

Todos los derechos reservados

DEDICACIÓN

Este libro está dedicado a mi esposa Cecilia y mi hija Ysabel; a mi mamá Modesta Sabeniano Rosario, mis hermanas Myriam, Judith y Carol, a mi hermano Joy Dennis, mi sobrina Ciarra, sobrinos Ennio, Hamilton, Nathan y Seth.

También me dedico este libro como un recuerdo de mi hijo, Miguel Antonio, mi padre, Ernesto Martínez y Vinoya un amigo especial Etta May que me enseñó el valor de la vida ... que no son más grandes y mejores cosas de la vida que simplemente la vida misma.

AGRADECIMIENTOS:

Quisiera expresar mi más profundo reconocimiento y gratitud a mi familia y amigos que me dio la inspiración para escribir este libro, a mi personal, editorial y de todos los que contribuyeron en hacer posible este libro. Sobre todo, quiero dar las gracias a nuestro Dios Todopoderoso, por darme la vida y la energía para finalmente publicar este libro, después de cuatro años de lucha para poner juntos.

Espero que las ideas que voy a compartir con ustedes, hará una diferencia en tu vida, así como en la vida de los demás que usted y ayudarlo a cumplir en este negocio.

Romwell Martínez Sabeniano, MBA.HCM
Autor-Editor

TABLA DE CONTENIDOS:

¿POR QUE NECESITA-
MOS ESTE LIBRO?

¿Está buscando un "tiempo parcial" negocio o una alternativa a lo que ya tiene, además de su trabajo? Dejar de mirar y comenzar a trabajar. Para los que están muy motivados para emprender un nuevo negocio o una carrera, pero desalentado por los limitados fondos disponibles para su puesta en marcha de capital y quizás la falta de experiencia en la explotación de una pequeña empresa, este libro es para usted. La época es casi DOT.COM DOT.NADA. Introduzca el nuevo negocio del siglo 21 para proporcionar atención personalizada y el envejecimiento de la población enferma. En realidad, este negocio no es nada nuevo, pero como lo ha hecho desde hace tantos decenios. Cuidado de personas ha realizado cientos de historias de éxito y recaudó miles de millones en ingresos para la nación durante los últimos 20 años. A finales de los años 1960 y 1970 que una vez fue uno de los más impopulares de negocios hasta mediados de los años 1980 y principios de la década de 1990 cuando se hizo un gran volver a satisfacer las necesidades de más de 87 millones de estadounidenses que pertenecen a la bebé boom de población en la necesidad desesperada de este servicio. Con estos últimos acontecimientos, las cosas cambiaron gradualmente y sorprendent- emente, no es lo que usted piensa que lo que solía ser. Con estas tendencias de crecimiento en el envejecimiento, la atención de la salud y la tecnología, las personas se aprovechan de estos cambios por su lucrativo comercio de la carrera y la profesión a un tipo de atención más personalizada de los negocios, tales como la atención sanitaria y otros cuidados relacionados con la carrera.

En tiempos económicos difíciles o incluso en épocas de auge, orientadas a los servicios de tipo empresarial será siempre de la demanda en comparación con un producto orientado a tipo por ra- zones obvias. Toda persona que tiene el talento, la determinación y el impulso de hacer algo o cual- quier cosa que otras personas no son capaces de hacer por sí mismos, será siempre de la demanda, sin importar lo que las teorías económicas que puso en él. Cuidado de personas es uno de esos único tipo de negocio que prospera en cualquier situación económica. Como el que vivimos a través de nuestra vida, estamos siempre propensos a enfermarse o lo que es peor, la edad en consecuencia. La mayoría de las veces cuando son desafiados por una enfermedad que nos mantiene vinculados cama, tratamos de llegar en el nuestro propio por un tiempo limitado, pero en algún momento, tendremos que nosotros mismos humilde a la ayuda de un cuidador. El envejecimiento de la po- blación seguirá superan a sí mismo y con el adelanto de la tecnología, el hombre deberá continuar a vivir más tiempo y una vida más sana. Con esto en mente, las posibilidades de cuidar de negocios son infinitas y que corresponde a nuestra imaginación creadora, la paciencia y determinación para hacer que funcione a nuestro favor.

Este libro contiene información sobre el negocio de proporcionar una atención personalizada en privado "en casa" tipo de ajuste. Su objetivo es ayudar al lector en la realización de las variables comunes y los retos de la empresa, ya que los paralelismos con su comprensión de los ingresos potenciales y los beneficios de ser dueño de un negocio de cuidados.

El objetivo del libro es, literalmente, a celebrar el lector de la mano y le guía a través de todo el proceso de creación del negocio de principio a fin y mediante una simple ilustración de una manera que sea fácil de entender y realista de realizar.

El lector se beneficiará de este libro por medio del aprendizaje de la forma más sencilla de establecer un pequeño negocio, incluso sin darse cuenta de que la experiencia y con muy limitada de dinero como capital inicial, se puede establecer un negocio de cuidados. En tiempos de crisis económica por su vez, cuando millones de personas están perdiendo sus puestos de trabajo y hay falta de oportunidades de empleo o negocio a su vez a establecer su propia "low cost", los cuidados personalizados negocio es una de las mejores maneras de ir. Tiempos difíciles exigen decisiones difíciles. Participar en este tipo de empresas no sólo generan ingresos para la comunidad sino que también aborda el problema crónico prevalente en el sistema de atención de salud relacionados a los sub-estándar de calidad de la atención. La creación de la empresa será una solución a una difícil situación financiera en el sentido de que las empresas no sólo generan ingresos para la economía mundial hundimiento, sino que también cumplen el servicio de la creciente demanda "baby boom" de población del país y del mundo. Cualquiera que sea la economía mundial reto al que nos enfrentamos, siempre habrá una gran demanda para el servicio de cuidados.

Este libro también aborda la alarmante problema mundial que el envejecimiento de la población se enfrenta a ... la falta de disponibilidad de la calidad en el servicio de cuidados en el hogar. Como millones de "baby boomers" a aumento en la primera oleada de este envejecimiento de la generación, tenemos que ser capaces de hacer frente a estas necesidades y los servicios ahora, de lo contrario, nos enfrentaremos a las graves consecuencias, más tarde, como la enorme tarea de seguir creciendo.

Al término de este libro, el lector será capaz de lograr tres cosas importantes: hacer realidad el potencial ilimitado de los cuidados de negocios, para explorar las diferentes alternativas de cuidado que las empresas están disponibles y fáciles de aprender los pasos en el establecimiento de un pequeño de bajo costo empresa. El lector entender los diferentes tipos de empresas relacionadas directa e indirectamente a los cuidados. En el caso de un repentino cambio en plan de expansión o debería ser un indeciso, el lector tendrá una variedad de opciones para elegir en la toma de una opción inteligente, ya sea para avanzar en el plan inicialmente o cambio a otro tipo de negocio sin incurrir en grandes pérdidas financieras.

El libro presenta los escenarios comunes que la mayoría de los empresarios la puesta en marcha la experiencia en la creación de su primer negocio de cuidado. De esta manera, el lector puede ser capaz de evitar fallas o incluso in situ mediante el aprendizaje de los errores de otros que han ido antes que él.

El libro contiene la muestra y las formas reales de los documentos preparados por el autor, cuando estableció su primer negocio de cuidado. El lector puede ser capaz de utilizar estas muestras de los formularios para iniciar el negocio y ahorrar miles de dólares en honorarios y gastos de la consulta.

¿Tiene actualmente un puesto de trabajo, pero los ingresos no es ni siquiera suficiente para pagar sus facturas? ¿Acaba de perder uno? ¿Se siente como si estuviera trabajando en un "callejón sin salida" puesto de trabajo o enfermedad preocupado acerca de su futuro financiero? ¿Te sientes como tu fondo de retiro no es suficiente que usted necesita otros medios de ingresos como complemento de un apoyo para su estilo de vida humilde y libre para su familia? ¿Está buscando una oportunidad de establecer su primer negocio de cuidado o simplemente quieren hacer importantes cambios en la vida o en tu carrera? No se preocupe. Usted no está solo. Por el motivo que sea o desafíos que se le de mantenimiento de llegar a sus sueños la esperanza de que la oportunidad se lo largo que le ayudará a reactivar los planes en acción, es todo depende de ti. Hay literalmente cientos y miles de personas ahí fuera que están en situaciones similares como la suya (o incluso puede ser peor) y que pueden quedarse quejan de su vida, pero si no hace nada al respecto, nada va a cambiar. Puede mantener o excusas que hacer algo al respecto. Si usted no hace que el primer paso, usted nunca se sabe.

Este libro podría tener importantes soluciones a la mayoría de sus preguntas sin respuesta sobre el negocio de la asistencia. Recuerde que en la vida, no hay una sola respuesta a todas nuestras preguntas. El hombre todavía tiene que descubrir que la solución perfecta para lograr lo que quiere en la vida sea un éxito en la carrera, después de haber toneladas de dinero o simplemente tener una vida real. Hay literalmente millones de formas y medios para alcanzar sus metas y sorprendentemente, no puede darse cuenta de que estas soluciones son sólo justo enfrente de usted. Todo lo que necesita es una mente abierta a aceptar las soluciones. Hacer las soluciones de trabajo para usted, centrándose en los cambios que hay que hacer dentro de ti y dejar que la fuerza especial de la naturaleza lleva a donde tienes que estar y dónde quiere estar. Esos cambios tienen que empezar dentro de ti y de ti solo. Nada va a suceder hasta que se haga el compromiso de que en su mente cuando usted realmente que tomar primer paso crucial para la aplicación de esos cambios. Puede leer todos los libros y escuchar a cientos de "cómo" todos los CD's de motivación de su vida, pero todo sigue dependiendo de ese día cuando se decida poner esos planes en acción y cómo va a utilizar los conocimientos adquiridos y experiencias a trabajar en su favor. Usted tendrá que encontrar un modo de enfoque y los canales de energía y entusiasmo para convertirlos en resultados productivos que pueden dar lugar a lo que nunca, es que aspiran a hacer o quieren estar en su vida.

Para aquellos de ustedes que quieren establecer un negocio de cuidados, pero no saben cómo empezar o, simplemente, miedo de que la incógnita de lo que sea, tal vez este libro puede ayudar. Que contiene información importante sobre todo para aquellos que son ambiciosos, los que tienen la pasión para ayudar a los demás y el compromiso de alcanzar el objetivo de poseer un pedazo de la gran "sueño americano". Si se siente confundido y frustrado a causa de su experiencia anterior en la creación de una empresa o la falta de experiencia en el trato con la incógnita de la empresa, no están solos. Es normal tener miedo en particular cuando están a punto de embarcarse en una nueva empresa que implica riesgos en casi todo lo que has guardado incluyendo sus fondos de jubilación, tal vez la equidad de su casa o incluso su vida de ahorro.

En la vida, no hay garantías. Hagas lo que hagas en tu vida, que siempre han de asumir riesgos. Cada momento de despertar nuestro día y cada segundo de nuestra vida, siempre vamos a asumir riesgos. En este punto y la hora, usted tiene que considerar el riesgo y el peso en contra de las probabilidades. Depende de usted. "Para riesgo o no riesgo" que es su pregunta.

Cuidado de personas de negocios no es para todos. Se necesita mucha paciencia, coraje, determinación, perseverancia y creatividad, no sólo financiera para poder iniciar el negocio, pero lo más importante sobre la manera de hacer sobrevivir. Como los resultados pueden variar, usted tiene la responsabilidad de encontrar los medios para hacer su negocio encaja dentro de su apretada agenda y, por supuesto, dentro de su presupuesto ajustado.

No hay palabras para describir cómo se sentirá después de conquistar su desafío más difícil en la creación de este negocio. Este libro no garantiza su éxito, ya que sólo ofrece la información básica acerca de la empresa sobre la base de la práctica y rentable enfoque de que el propio autor han experimentado cuando estaba empezando un pequeño negocio de cuidados muy similar a lo que está a punto de arrancar. El resto depende de usted.

El autor del libro no garantiza su éxito en este negocio, ni es consciente de que cualquier fórmula demostrado que se puede utilizar para tener éxito en este negocio. Si sólo existe una fórmula mágica para el éxito y si todo el mundo se entera de ello, tal vez nadie se fuera allí nuestros platos o limpiar los coches, no para servir a una nuestras comidas, o incluso peor, todos estaremos en el atestado misma playa potable nuestra bebida favorita cóctel. Entonces, la vida sería miserable, ¿estaría de acuerdo? Por ello, este no es para todos. Se necesita un tipo especial de persona para hacer este negocio.

Déjame preguntarte esto .... "Cuando vas a ser un par de años a partir de ahora, y en qué se diferencia de cuando que son hoy "? Si sigues haciendo lo que sea que vas a hacer ahora, ¿cómo ve la vida diferente de unos años en el camino?

En 2006, escribí mi primer libro, "Una Guía Fácil Sobre Cómo Establecer su Primer Centro de Atención Residencial" (ISBN: X-4208-3357-X, ahora disponible en las librerías de su localidad, a través de Internet y mi editor Authorhouse.com). Durante mi último libro de firmas, tuve la oportunidad para dar cabida a las numerosas peticiones de mi público que buscan asesoramiento e información sobre otros tipos de cuidados que las empresas son menos los impuestos y simple. La inmensa solicitudes me inspiró a escribir este libro.

Después de leer este libro, usted puede iniciar el negocio, literalmente, en su propia fase. Es la única "con vocación de servicio" de negocios sé que requiere la más modesta cantidad de capital inicial y que incluso puede ser lanzados y gestionados mientras trabaja en su actual negocio o empleo. Por ahora, hay menos requisitos estatales y federales, pero como la demanda en el futuro para el negocio crece, también lo es su potencial de errores y quizás demandas que eventualmente conducirá a un escrutinio más cautelosa por el Consejo Regulador u organismos en este tipo de negocio . Aunque puede haber otras empresas que son más sencillas y rentables que este, nada puede venir cerca en comparación a un negocio de cuidados cuando se trata de la puesta en marcha de capitalización exigencia y la facilidad en la operación ya que se trata de "servicio basado en" y no como la mayoría de empresas por ahí que son "productos y servicios basados en".

Como las necesidades de los clientes y el envejecimiento de la población continuará creciendo exponencialmente, esperar a hacer los ajustes necesarios a fin de poder satisfacer la abrumadora demanda de los servicios de atención personalizada. En los próximos años y como la tendencia de envejecimiento de la población se expande verticalmente, la prestación de servicios de atención de la salud superan sistema propio de una simple a una más compleja y especializada tipo de negocio.

El libro℧ guía de la mayoría de los principiantes en el negocio ilustrando fácil "hacer" pasos en la creación de la empresa. Usted aprenderá la simple proceso de puesta en marcha y la gestión del negocio como una empresa con base en el hogar, en un principio de funcionamiento desde la comodidad de su casa dándole la opción de mantener la puesta en marcha de negocios sin sacrificar su actual negocio o trabajo.

Aprende las diferentes técnicas sobre cómo mejorar los℧ ingresos potenciales de la empresa dentro de semanas a partir de la operación inicial.

¿ESTÁS LISTO TODAVÍA?

Bueno, si usted no ha hecho hasta tu mente, otra opción para usted a considerar es para guardar más dinero para su negocio y tratar de ganar la experiencia que usted necesita y tal vez más adelante, usted podría tener una mente más clara en cuanto a lo que necesidad de hacer por ti mismo. Para mí, cualquier tipo de negocio es tan bueno como todas las demás empresas en la medida en que es legítima, legal, moral y ético en su norma. El negocio de cuidar definitivamente cumple con todas las expectativas por encima de lo que explica por qué es uno de los mejores que hay. Hay sólo unas pocas empresas disponibles soy consciente de que puede darle la satisfacción personal de ganar una generosa renta y, al mismo tiempo, sentirse bien consigo mismo haciendo un enorme impacto en la vida de otras personas.

Para algunos, podría ser una excelente oportunidad para la petición de un familiar o un pariente de un país extranjero para trabajar en la empresa.

Y, lo más importante de todos ... SUEÑO. Esto es lo que hace este país tan grande y poderoso. Es la tierra de las oportunidades que la gente de todos los "caminos de la vida" independientemente de su edad, sexo, creencias religiosas, la orientación y el estado tienen la igualdad de oportunidades para sobrevivir, competir y tener éxito en lo que hacemos y sueño de estar en su vida.

Cuando esté listo para decidir usted mismo y se comprometen a hacer este negocio, recuerde la razón por la cual usted está en ella, "servicio de primera y el dinero vendrá en valores más de lo que pueden esperar". Mantenga sus metas y sueños juntos. Mantener su pasión por ayudar a otras personas.

EL SUEÑO:

Se inicia con un sueño, entonces, creer en él para darle el coraje para hacerlo funcionar. Hay tanto las oportunidades de negocios que podrían encajar sólo de su propio estilo de vida y los sueños. Para aquellos que buscan una solución rápida tipo de negocio que hará ricos noche a la mañana, con honestidad, serán terriblemente decepcionado en este negocio. Cuidado de personas de negocios requiere mucho trabajo y dedicación que podría tomar al menos un par de años antes de que uno puede ver los frutos de su trabajo. En primer lugar, uno tiene que centrarse en la mejor calidad del servicio a prestar. Entonces, alimentar y ver crecer, lentamente. La mayoría de nosotros tenemos ese objetivo de lograr el gran "sueño americano" a la propiedad de una empresa, de ser libres de la esclavitud de ser un simple empleado para el resto de nuestra vida y ganarse el respeto que merecen en la familia, así como dentro de la comunidad.

Algunos de nosotros podría estar contento con lo que hacemos por ahora, ir a casa del trabajo todos los días después de regresar al trabajo al día siguiente para los próximos 30 a 45 años. Tal vez, un buen número de nosotros decidir a trabajar para otra persona y ayudar a hacer esa persona en lugar de convertirse en ricos nosotros. Algunos prefieren hacer la rutina diaria y quizás tengan la opción de obtener un segundo o incluso un tercer empleo para complementar sus ingresos para poder mantener una familia. Si no hacemos nada sobre nuestra situación financiera actual, que podría terminar con nada más que de trabajo para el resto de nuestras vidas, incluso más allá de nuestra edad de jubilación. Quizás, la pregunta es ... ¿cuánto tiempo puede tolerar el cuerpo físico lo que estamos haciendo ahora? Todo el tiempo nos hacemos mayores y no puede volver atrás en el tiempo para corregir el pasado. No nos hacemos cada vez más jóvenes, ya sea así, tenemos que preguntarnos ... ¿cuánto tiempo podemos seguir haciendo lo que estamos haciendo ahora .... tal vez, el resto de nuestras vidas? Esto, mi amigo es mi pregunta del Millón de Dólares para usted. A menos que abrazar los vientos de cambio, nosotros estaríamos donde estamos y para lo que sea que decidamos ser. Todos estamos de tomar decisiones en la vida y espero que usted haya hecho suyo.

Es triste saber que miles de personas prefieren sentarse alrededor y esperar a que la historia de la derecha se despliegan ante sus propios ojos. ¿Está usted dispuesto a hacer historia o vas a esperar por la historia para hacer que? No sé acerca de sus planes, pero para mí no voy a sentarme y esperar o confiar en alguien más para decidir sobre mi destino lo traerá. Sinceramente hablando, sé que lo más profundo de usted, usted tiene que la quema de la pasión para crear un resultado positivo de su situación financiera actual. Usted tiene el poder para decidir por ti mismo lo que su destino traerá. De lo contrario, no comprar este libro.

Juntos, usted y yo espero que algún día el negocio que tiene la finalidad de establecer crecerá para convertirse en su mayor descanso para salir de su situación financiera actual, lo que sea, ya sea el desempleo o, posiblemente, sólo para deshacerse de sus puestos de trabajo no deseados. Tal vez usted puede ser que quieren retirarse y hacer algo, mientras que en la jubilación. Otros simplemente quieren ayudar y compartir sus bendiciones con la comunidad.

No importa cuál sea la razón que impulsa a la creación de este negocio, es importante que usted entienda su objetivo y la misión que está intentando lograr. No importa lo grandes o pequeñas empresas de sus sueños puede ser, ya se trate de una "pequeña mamá y pop tipo de negocio" o una tienda que vende artilugios. Lo que hay que entender es que, en cualquier tipo de negocio, que tomará mucho trabajo, paciencia y sacrificio para que ese sueño a las empresas pueden incluso posiblemente realidad. Incluso si se intenta en su mejor obtener la empresa en conjunto, incluso si usted tiene todos los recursos y el talento que usted califica para tener éxito en el negocio, aún no hay ninguna garantía de que el negocio que tiene en mente será el sucesor, o incluso hacer que el primer año. Los estudios muestran que el 95% de la puesta en marcha de las empresas fracasan en los tres primeros años de operación inicial. Una enorme porción de los que el éxito en el primer año puede no hacerlo por el quinto año de la actividad comercial. Es bastante deprimente, pero si no tratamos de averiguar por su cuenta propia, usted nunca se sabe. No tener ninguna idea en absoluto sobre qué hacer y cómo hacerlo puede ser incluso más deprimente para algunos, especialmente a aquellos que tienen poco dinero y muy poca experiencia para comenzar.

Siendo realistas, en esta etapa, la parte más difícil es tomar la decisión de cuándo comenzar. Más adelante en el proceso, usted se dará cuenta de cuánto han logrado después de pasar por los retos de la empresa.

Permítanme dejar claro, sin embargo, que este libro no contiene todas las respuestas a sus preguntas ni tener todos los trucos secretos de la marca ni la poción mágica para hacer un exitoso negocio de cuidado. Un montón de gente se convirtió en independiente ricos e hizo una buena vida fuera de la empresa. Algunos ampliaron sus servicios a millones y en el establecimiento de un negocio de franquicias como una spin off de cuidados. Pero también hubo cientos de personas que perdieron sus negocios por razones que se encuentran fuera de su auto como se puede leer este libro de cuando presento los pros y los contras, así como los errores comunes que la mayoría de la gente hace en el negocio.

Al comprar este libro, que prácticamente han hecho que gran decisión para iniciar y establecer las ruedas en movimiento, que es una buena señal. Usted tendrá que evaluar sus finanzas, hacer un plan sobre cómo usted puede lograr y sobre todo cometer su auto a hacer su sueño una realidad.

Como usted embarcarse por primera vez en la aceptación de los diferentes retos en su nuevo negocio, usted se dará cuenta por sí mismo la importancia de su papel como proveedor de la atención. A su debido tiempo, tendrá una experiencia única e indescriptible sensación de que nadie más puede expresar a menos que ellos mismos han sido a través de él. Usted está cuidando de las necesidades futuras del envejecimiento de la población hoy aquí y ahora.

¿CUÁL ES EL FUTURO DE LA EMPRESA?

DEFINITIVO, el futuro de los cuidados es muy brillante. No necesito poner de formación de hielo ni cerezas en la descripción. Mira a tu alrededor y te puedo decir lo que quiero decir. Siempre habrá una necesidad de que el servicio cueste lo que cueste. Todo el mundo, de vez en cuando se enferman y, finalmente, obtener de edad. Que todos envejecemos, sin importar qué, y cuando lo hagamos, vamos a necesitar algo de ayuda para conseguir a través de los días en que somos incapaces de hacer las cosas de una tarea sencilla para una más compleja. Imaginar la vida sin cuidados, será la más horrible etapa de nuestra vida a menos que nos preparamos para ahora. La conclusión es que no importa lo que trae la economía mundial, siempre habrá una necesidad de la empresa. Hay un estimado de 87 millones de norteamericanos y los migrantes la mayoría de ellos pertenecientes a los "Baby Boomers" incluyendo la generación de los nacidos antes de ellos en otros países que emigran a los EE.UU. que a su vez 65 años entre 1990 y 2020. Estas son las personas de esta generación que va a determinar la suerte de la economía mundial. Si usted mira a su alrededor y observar cuidadosamente los mensajes en las noticias, anuncios, productos que se comercializan al público, y garantizar que la mayoría (si no todos de la misma) se orienta a beneficiar a la población que envejece. Estos son el mismo grupo de personas que ha sido a través de la mayor parte de todo (guerras mundiales, la gran depresión, el auge inmobiliario y el busto, etc ...) y es de esperar que se han ahorrado suficiente dinero para cuidar de sí mismos cuando la edad con gracia. Todo lo que necesitas es para servir a una pequeña fracción de este envejecimiento de la población mediante el suministro un lugar seguro, cómodo y accesible en el medio ambiente y el retorno que un ingreso decente para el negocio.

Imagen de su auto en su situación. El hecho es que, poco a poco, todos envejecemos. Pero cuando lo hacemos, tendremos que tomar esa decisión a fin de prepararnos para la inevitable etapa de envejecimiento de nuestra vida, ya sea para dar la bienvenida a nuestra edad en nuestras casas y que alguien cuidar de nosotros o para vivir con un grupo de personas en un casa de retiro o en una institución. Cada día en nuestra vida, todos nos enfrentamos factor de incertidumbre que sobre la condición de nuestra salud. En cualquier momento o momento y por cualquier causa o razón desconocida, se podría enfermar o, a veces, se enfrentan al reto de desarrollar algún tipo de discapacidad a través de otros medios más allá de nuestro control tales como enfermedades, accidentes o por algún golpe de suerte genética. De repente, nos enfrentamos a un problema médico que se limita a nosotros en nuestra habitación por tiempo indefinido y sin cuidadores, miserable imaginar cómo sería nuestra vida. Puede sonar como una temible línea de una película de horror, pero es la verdad. Sin cuidadores, que entre nosotros puede sobrevivir un día sin que alguien nos ayuden con nuestras necesidades especiales, tales como alimentación, recordatorios de medicación, el transporte hacia y desde los nombramientos, el baño, la preparación de la comida, limpieza, etc ... que requiere físico, emocional e incluso el apoyo psicológico en Para obtener a través de los días en que somos incapaces de realizar tales tareas necesitan con urgencia. Trate de imaginar que su auto y averiguar cómo puede sobrevivir los minutos, horas, días e incluso meses de agonía, sin alguien que lo asista con las necesidades básicas o simplemente por estar allí para usted cuando necesite ayuda.

Aunque pueda sonar como el negocio es curiosas sobre personas indefensas, que no es. Se trata simplemente de prestar un servicio que es casi idéntica a la ofrecida en los hospitales o instalaciones de enfermería especializada, salvo que esté prevista en la intimidad de la casa de la persona que pueda mejorar la calidad de vida y el respeto de la dignidad de la persona. Existe una urgente necesidad de que los servicios lo que explica el infinito potencial de la empresa. Es todo depende de ti para explorar esas potencialidades. ¿Cuántos millones de estadounidenses al lado de aquellos que están en su edad de jubilación que se necesitan sus servicios? Todo lo que necesitas es para servir a una pequeña fracción de esa población para obtener un modesto beneficio. No cabe duda de que existe la necesidad de sus servicios sin importar lo que sus respectivos estados y el presupuesto nacional determina sobre una base anual. Creo honestamente que este es el negocio del futuro hoy, aquí y ahora.

Este negocio es diferente de prestar atención en un establecimiento de atención residencial como una casa hogar para niños, adultos Cuidado Residencial, Residencial de Atención a Personas de la tercera edad y los enfermos crónicos; Un Programa de Día, Adult Day Care, Adult Day Health Care, Guardería Superior Día y Altos Centro de Salud. La información sobre estos tipos de empresas está disponible a través de mi otro libro: "Una Guía Fácil Sobre Cómo Establecer su Primer Centro de Atención Residencial" (ISBN: X-4208-3357-X, ahora disponible en su localidad a través de librerías y mi editor Authorhouse.com)

¿CÓMO APRENDER SOBRE EL CUIDADO DE PERSONAS DE NEGOCIOS?

Primeros pasos en cualquier tipo de negocio no es tan fácil como parece en particular para aquellos que están en ella por primera vez. Es normal que se trate y confundirse cada vez que haces algo nuevo, sobre todo cuando usted entra en un primer momento las empresas. Eso es exactamente lo que yo sentía como cuando establecí mi primera empresa de cuidados. Cada uno de nosotros puede tener diferentes experiencias en el establecimiento de un negocio por primera vez y es de esperar que la mayoría de estas experiencias terminan con un resultado positivo.

Cuando empecé en el negocio, yo no sabía exactamente qué hacer. Lo que yo sabía entonces es que los cuidados es la segunda naturaleza para mí en particular, donde creció el cuidado de nuestros mayores. En 1988, cuando yo estaba viviendo con mis padres en Los Ángeles, California, establecí una gran amistad con mis vecinos en particular con una encantadora pareja de ancianos en sus 80's. Sabíamos que los demás y compartir la diversión y tiempo juntos. Un día, los ancianos caballeros que había antecedentes de diabetes, problemas de visión, presión arterial alta y otros problemas médicos cayó enfermo y se me pidió que la unidad de ambos a sus citas médicas y dentales. Entonces, se me dio la gran tarea de preparar las comidas, jardinería, medicamentos recordatorio, recados, mantenimiento y reparaciones del hogar y, a veces, dormir más para asegurarse de que son a la vez bien. Su edad se encontró con ellos en tareas simples como ir al baño y hacer algo de la cocina se convirtió en un importante desafío. Entonces, tanto de ellos no pudieron realizar la mayor parte de sus tareas diarias. Me trataron muy bien con mucha dignidad y respeto al igual que como me trata mi abuelos. Me pregunté .... ¿Qué si yo pudiera cambiar mi pasión de ayudar a los demás y mis habilidades en las relaciones humanas en una empresa? .... Entonces, hice mi investigación y dijo que en las potencialidades de la empresa, pero debido a mi falta de información, experiencias y recursos en ese entonces, yo era demasiado miedo de intentarlo. Los años, me ofrecieron en varios hogares de grupo que siempre la atención de los niños, adultos y personas de la tercera edad con problemas de salud mental y discapacidades del desarrollo. Con todos esos años, mi experiencia me preguntó una vez más la misma pregunta … ¿Estoy listo para la puesta en marcha un pequeño negocio de cuidado ….? Como yo estaba estudiando para mi Maestría en Administración de Empresas, he escrito un plan de negocios en el establecimiento de un negocio de cuidados y recibió una excelente calidad de la tesis. Una vez más, la persistente pregunta acerca mantenerse … ¿y si?

Cuando me convertí en un trabajador social / administrador de caso para una agencia estatal, me di cuenta de que ya era hora de comenzar mi propio negocio. Después de un par de años de enseñanza en los diferentes temas relacionados con el cuidado de personas, he realizado todos mis recursos y la información, en previsión de que un día me gustaría poder compartir el conocimiento y la experiencia adquirida, para que otros se beneficien de ella. El 1 de mayo de 2000, establecí mi primera empresa de cuidados y el nombre de Ángel de respiro y cuidado Inicio del Servicio de Apoyo y el resto es historia.

Ven junto a mí, como camino a través del proceso detallado de cómo establecí mi primer negocio de cuidado y aprender cómo usted también puede beneficiarse del proceso.

¿ES NECESARIO TENER EXPERIENCIA COMO CUIDADOR O COMO UN AGENTE PARA EMPEZAR EN EL NEGOCIO?

NO, pero en un servicio orientado a tipo de negocio como éste, tras la experiencia real en un entorno de atención de salud sería sin duda beneficioso para la puesta en marcha individuo. Para algunos, los cuidados es la segunda naturaleza, sino a los demás, será todo un reto.

No dejar el Día Sin embargo Empleo. Voluntariado para adquirir la experiencia. El proceso inicial puede tomar de por lo menos un mes a seis (6) meses de la publicidad y la comercialización masiva antes de la adquisición de su primer cliente. Por el momento, con el fin de poder completar el costo inicial de operación de la empresa, es mejor no salir de sus trabajos hasta que la empresa es capaz, literalmente, por sí mismo.

¿Qué tipo de mentalidad de gestión que usted necesita hacer para poner en marcha? Puesto que usted está empezando con muy poco capital, considere la posibilidad de su auto en la parte inferior de la lista de nómina de personal como la única a que hagan todo el trabajo duro. Se le lleva un par de sombreros durante un tiempo, pero una vez que la empresa capta y tiene más de dos clientes en su lista, entonces tal vez usted puede ser que necesite a alguien para ayudarle en el día a día y coherente. A medida que su base de clientes continúa creciendo, también lo es su personal. Voy a hablar más sobre este tema en los sucesivos capítulos del libro.

La comparación de su auto a alguien que puede tener los bolsillos más profundos y puede darse el lujo de contratar a un personal a bordo de inmediato, su reto puede ser un poco diferente pero el resultado debe seguir siendo el mismo. No se preocupe, le hará bien al igual que lo hicieron.

"¿QUÉ SABE O NECESITA SABER EN LA GESTIÓN DE LA EMPRESA?"

Para empezar, usted tiene este libro como una referencia para construir el negocio. El resto dependerá de sus propias iniciativas y lo que sus experiencias cotidianas traerá. La gestión de un negocio es un proceso de aprendizaje que nunca termina. Usted tendrá que hacer los ajustes necesarios en el día a día dependiendo de lo que la empresa trae problemas. Es asombroso observar cómo muchas personas que nunca han trabajado en este campo a todos y, sin embargo, hacen bien en el negocio. Con entusiasmo, puro optimismo, la paciencia y la auto-motivación que impulsivamente invertido sus ahorros, ganada con tanto esfuerzo en el negocio. Llámalo suerte o lo que sea, pero creo que la mayor parte de él es trabajo duro y una planificación adecuada.

El mensaje es claro. Si no tiene la experiencia en este tipo de negocios, trate de no iniciar el negocio inmediatamente. Aplazar hasta que usted puede obtener valiosa "experiencia práctica como un empleado o al menos se puede contratar a un gestor experimentado que le ayudará a dirigir la empresa.

Considere las siguientes opciones:

1. Obtener la experiencia que usted necesita.
2. Contratar un personal experimentado y de un gerente calificado que puede ayudar temporalmente de empezar el negocio.
3. Únete a un grupo de personas de éxito que tienen los conocimientos, la experiencia y los fondos para el negocio.
4. Convertirse en un tutor o mentor de alguien que conozca el negocio.

Si no tiene la experiencia, pero que están deseosos de obtener este negocio se inició, el miedo no. Puede hacerlo con el siguiente enfoque:

a. Si usted es un "go-getter" y motivado para cumplir los desafíos, se necesita paciencia y humildad para aprender de tus errores.
b. Trata de sobrevivir y aprender un día a la vez.
c. Ser ingeniosos y de la red con un montón de gente, los centros superiores, asistir a seminarios, consultas con un representante de la SBA, la cámara de comercio, etc ... y dejar que todo el mundo sabe que su negocio está allá afuera. Su negocio se basa en la comercialización y la publicidad.
d. Ser sensible, compasivo y siempre escucha a sus clientes.
e. Mantener una fuerte lista de personal que sean fiables, los antecedentes comprobados y personal bien capacitado. Este elemento es el alma de la empresa, ya que podría hacer o deshacer tu negocio.
f. Mantenga sus registros directamente.
g. Mantener un alto estándar ético y la expectativa.

Otra manera de enfocar este problema es apretar el cinturón y no esperar tanto al principio. Nadie puede predecir el éxito de su empresa será de 2 a 5 años a partir de ahora. Es de carácter meramente a usted. En cada empresa, la puesta en marcha años son muchas veces difíciles.

¿CUÁLES SON SUS OPCIONES EN EL CUIDADO DE PERSONAS DE NEGOCIOS?

Usted tiene un buen número de posibles combinaciones de opciones a considerar:

1. La empresa puede considerar la diversificación de la oferta cuidador personal de apoyo a menores de hogares de grupo con personal, centros de atención, programas de día, centros para ancianos, etc ...
2. A corto o largo plazo, de empleo o proyectos específicos tales como el transporte de personas de la tercera edad a sus citas médicas, dentales, de 3 horas de servicio.
3. Establecer un centro de atención residencial.
4. Establecer un negocio de cuidados de franquicia donde se puede recoger un porcentaje preestablecido de los ingresos sobre una base mensual.

Este negocio se trata de proporcionar el servicio de dotación de personal disponible para apoyar las necesidades de las personas que viven en viviendas e instalaciones. Con este negocio, usted tiene la flexibilidad de enviar a un cuidador personal, incluso en un corto plazo. La demanda de cuidadores insondable se atribuye a factores tales como las generaciones más jóvenes la falta de interés en la prestación de la atención, la gente prefiere concentrarse en otras oportunidades de empleo, los cuidadores se les paga a un bajo costo, posiblemente, a un salario mínimo, los cuidadores están siempre en situación de riesgo formas de contratación de la enfermedad relacionada con su trabajo de cuidados. En breve, los cuidados no es un trabajo muy atractivo que los propios miembros de la familia se niegan a proporcionar la atención. Estos temas serán debatidos más tarde en los sucesivos capítulos.

Con su lista de personal disponible, usted no es la limitación de su servicio para satisfacer las necesidades de quienes viven en la atención privada, pero también tener la flexibilidad necesaria para satisfacer las necesidades de los centros de atención, hospitales, instalaciones de enfermería especializada y hospitales. A medida que su red a disposición de los cuidadores y crecer de forma exponencial con el crecimiento en sus ingresos, puede considerar la posibilidad de establecer un centro de atención residencial, que atienden a las necesidades de las personas de la tercera edad, niños y adultos que precisan de la atención pública.

Después de establecer el cuidado de personas de negocios, usted también puede tener la opción de venta de la red de servicios en forma de una franquicia que usted será capaz de reunir un conjunto pre-porcentaje de la renta de las empresas sobre una base mensual. Cuando usted se siente que usted necesita para jubilarse, puede vender la empresa a un precio lucrativo.

Estas son sólo algunas de las ideas simples que usted puede llegar a la rama con el potencial de su negocio.

Lo mejor es que, mientras esté puesta en marcha o en ejecución de su nuevo negocio de cuidado, usted puede tener la opción de mantener el trabajo que te gusta tanto, sin comprometer sus ingresos potenciales.

"Le deseo lo mejor en esta nueva empresa el interés y esperamos con interés escuchar acerca de usted y sus éxitos en el futuro próximo ...."

Romwell M. Sabeniano, Mba.Hcm

CAPÍTULO UNO: CAREGIVING

A. ¿QUÉ ES EL CAREGIVING?

Cuidados que comúnmente se conoce como la prestación de la atención a un receptor conocido como receptor de la atención por el proveedor de atención conocido como el cuidador. Proveedor de atención es personalizada de tal manera que pueda entrar en variadas formas en función de la necesidad y de servicios que el receptor o cliente lo requiera. El tipo de atención de las expectativas y el nivel de exigencia de un servicio personal es mayoritariamente dependientes de lo establecido o recomendado por un profesional como un médico, enfermera, terapeuta, trabajador social / administrador de caso, psicólogo, etc … que el cuidador se mantendrá para proporcionar en consecuencia para el beneficio de la atención del receptor. Para los efectos, de cuidado se definirán y se refiere específicamente en este libro como el negocio de prestación de cuidados en un lugar privado "en casa" ajuste. En California, existen numerosas formas de asistencia a otras personas de negocios que están disponibles y algunos de ellos se enumeran en este capítulo. Aunque en otros estados, que puede ser llamado de otra manera, pero sus modelos de servicios son similares en la naturaleza. Para fines de discusión, vamos a limitar nuestro tema para cubrir el tipo de cuidados que se proporcionan, que es un "en-casa" de atención también se conoce como atención privada. Nuestro negocio es cuidar sobre todo proporcionando compasivo, personal capacitado y con experiencia para la atención y el apoyo a las necesidades de las personas mayores, adultos y niños con problemas médicos que viven en la intimidad de sus hogares. Dependiendo de las necesidades del cliente, el servicio puede variar

de compañerismo casa, cuidado, incluyendo las tareas domésticas por hora la preparación de la comida, simple recado, la conducción a médicos, dentales citas, supermercado, la asistencia en la prescripción de medicación, higiene, etc .... La parte interesante de este modelo de negocio es que puede funcionar inicialmente de casa, en el trabajo o en las que cada vez que estás con el uso de un teléfono celular e incluso sin la necesidad de una oficina que se traduce en bajo capital inicial y los gastos de explotación. Esto también significa que no necesariamente tienen que invertir tanto dinero para poner en marcha la empresa ni que haya que sacrificar su trabajo actual (s) o empresa. Incluso cuando su negocio comienza a ampliar por lo menos a 20 clientes, aún puede seguir con la gestión de sus negocios con el uso de un teléfono celular.

En el momento en que termines de leer este capítulo, usted se dará cuenta el enorme potencial de los negocios de cuidados (Todos estos temas que se discutirán más adelante en este libro).

B. ¿CUÁL ES LA DEMANDA DEL SERVICIO?

Entre ahora y el año 2030, América se necesitan más de cuatro millones de cuidadores para satisfacer la creciente demanda de la población que envejece. En los EE.UU. por sí solo, no habrá más de 87 millones de estadounidenses incluidos los inmigrantes procedentes de este país que pertenecen al "baby boom" para no mencionar la generación de los nacidos antes de que se están convirtiendo de 65 años y será una gran necesidad de atención personalizada. Si no abordamos esta urgente demanda de ahora, todos se enfrentan a una grave escasez de personal competente y compasivo cuidadores en el momento en que realmente las necesitan. Alrededor del 40 por ciento de las personas mayores de 60 años y 1,9 millones de cuidadores privados pagados compartir la carga de la prestación de cuidados en el hogar de la tercera edad o discapacitados estadounidenses. Esto no tiene en cuenta el importante número de personas que viven independientemente sin el apoyo y el cuidado de familiares y amigos. Esto es sólo el comienzo del problema. Con el adelanto en la investigación y la tecnología, la actual envejecimiento de la población vive más tiempo vidas más saludables. En 1907, la esperanza media de vida era de 47 años, pero ahora está más allá de 87 años de edad. Con esto en mente, el envejecimiento de la generación de los baby boomers más probable que la atención de sus padres y, finalmente, por sí mismos. La pregunta sigue siendo: ¿Somos uno de los que brindará la atención o que son los que recibirán la atención?

Nuestro actual sistema de atención de salud se encuentra en una etapa muy crítica que tenemos que abordar este problema ahora. La calidad de la atención se va como el precio y coste de la prestación que va arriba. En esta inquietante cuestión de precio frente a la comodidad en el sistema de atención de salud espiral fuera de control, las personas que se ven en el medio están las personas mayores y los pacientes que se dejan con muy pocas opciones. El envejecimiento y la médicamente frágiles prefieren vivir el resto de su vida en la comodidad de sus hogares en lugar de estar en una institución o un grupo de atención. Irónicamente, sin embargo, esta desventaja social contribuye a la creciente demanda de nuestros servicios de cuidados.

Para la mayoría de las familias, el principal problema en el cuidado de sus seres queridos es la causa y el efecto de los cuidados en sí. Es difícil prestar atención a los ancianos y los enfermos los miembros de la familia sobre todo si los cuidadores tienen sus propios problemas personales, financieros, cuestiones médicas, además de para hacer frente a la tensión y el impacto que la responsabilidad, contribuye a satisfacer las necesidades de sus propias familias y seres queridos. Los hogares de hoy hacer una difícil elección entre ganarse la vida para sobrevivir o para el cuidado de una cama determinada miembro de la familia.

Las estadísticas muestran que la economía de los EE.UU. las pérdidas de más de $ 35Billion cada año en ingresos perdidos, el absentismo y los costes de producción debido al hecho de que la mayoría de los empleados que son los cuidadores familiares con frecuencia perder sus horarios de trabajo para atender a sus responsabilidades en el hogar y que estos empleados acabarán ser sustituido y de nuevo a la gente a reciclar. Este es un problema crónico que afecta no sólo de América sino también a nivel mundial como lo que está ocurriendo en todo el mundo.

No hay tal cosa como la seguridad en el empleo. Cada nación, no importa cuán económicamente estable y geo-político de gran alcance, es propenso a cualquier posibilidad de un colapso económico. Qué sucedió en los EE.UU. en 2008-2009, cuando millones de empleos se perdieron debido a factores que llevaron al colapso en el mercado inmobiliario, los altos costes del combustible, una profunda recesión, la alta inflación, miles de empresas privadas y miles de millones dólar de las empresas privadas, las quiebras bancarias, la caída de la bolsa a sus más bajas profundidades, los puestos de trabajo enviados al extranjero donde los costos es más barato, millones de familias desplazadas por la falta de recursos y servicios etc .. Estos son sombríos recordatorios de nuestro tiempo que todos tenemos que diversificar, no sólo con nuestros ingresos potenciales, sino también con nuestra capacidad para aprovechar nuestras capacidades creativas en la producción de ingresos externos que pueden complementar nuestros ingresos actuales. Mediante el establecimiento de una pequeña empresa, es posible que podamos para ayudar a tirar de nosotros mismos y en cambio, contribuir en el fomento de la economía, no importa cuán baja pero podría ser tarea de enormes proporciones.

Todo el mundo tiene puestos de trabajo que hoy podría perder mañana. Tener un plan de copia de seguridad es siempre una buena idea no importa lo ricos o estable que en la actualidad. Cada uno de nosotros puede tener diferentes ideas alternativas en función de otros factores, además de dinero en efectivo y habilidades. Algunos de nosotros lo prefiere, puede invertir en acciones, futuros, CD's, los fondos del mercado monetario, bienes inmuebles etc .. Pero, para aquellos de nosotros que muy poco tienen reservas en efectivo izquierda, el establecimiento de un pequeño negocio podría no ser una mala idea después de todo. Hay cientos de ideas de negocio por ahí, pero nada se puede comparar los cuidados de negocios. Entre ahora y en la próxima década por venir, habrá millones de personas acercarse a su edad de jubilación. Miles de personas se enferman a diario y las personas con enfermedades graves pueden terminar en los hospitales o en atención especializada. Adultos mayores sanos, adultos y niños no son una excepción. Algunos son afortunados de tener los miembros de la familia o amigos que proporcionará la tan necesaria atención y apoyo, pero ¿qué hay de los que no tienen ese tipo de sistema de apoyo, que necesitarán la ayuda de otras fuentes, como contratado en casa agencias de salud privado o cuidadores como tú. Con el ridículo elevado coste de la asistencia sanitaria y la falta de calidad de cuidado personal en un entorno institucional, la gente prefiere, sin duda, vivir y morir en la comodidad de su hogar en el que puedan beneficiarse de cuidados personalizados. La única desventaja de esto es que sólo unos pocos pueden permitirse el coste del servicio. Entre la elección de los costes de servicio y la comodidad de vivir "la vida", evidentemente es una preferencia personal por conveniencia, la asequibilidad y la urgencia. Con la creación de la empresa de cuidados, que está haciendo su parte en la intensificación de la placa, proporcionando una solución a este alarmante problema y para ayudar a mejorar la calidad de la atención en el sistema de prestación de servicios de salud y reducir el aumento en el costo de la atención en un a largo plazo.

C. ¿CÓMO SOLUCIONAR EL PROBLEMA?

La comparación de otras naciones industrializadas, Estados Unidos no tiene un sistema de asistencia sanitaria eficiente. Como la población mundial y la economía se expande, la carga de los cuidadores seguirá creciendo, por lo que la escasez de servicios de pago empeorar. La crítica escasez de los cuidadores son, en parte atribuido a factores como bajos salarios, pocos beneficios, la falta de formación y experiencia, los pleitos, la falta de seguro para cubrir la salud personal y el bienestar, las condiciones de trabajo desagradables y la falta de desarrollo de la carrera para nombrar sólo algunas razones.

En la mayoría de los casos, especialmente en las familias, los hijos adultos tienen financieramente imposible renunciar a sus actuales puestos de trabajo para garantizar el pago de un salario inferior a cambio de que el tiempo sólo para atender a un envejecimiento o un ser querido enfermo. Tienen proyectos de ley y otras responsabilidades también.

La respuesta a este problema puede ser demasiado obvio. Una posible solución es crear un negocio de prestar atención personalizada a un costo que sea asequible y de fácil acceso para todos en la necesidad de servicio. Para mantener el costo abajo, es posible que el servicio sea privada o subvencionada y pagada por las compañías de seguros y el sector gubernamental. El coste del servicio está siempre en relación con el coste de la prestación de él (que usted aprenderá más adelante).

Debemos enfrentar estos desafíos antes de otra manera en el momento de llegar al año 2030 y le voy a enfrentar el dilema de "¿quién se encargará de nosotros"?

D. LOS DIFERENTES TIPOS DE CUIDADOS DE NEGOCIOS:

En esta sección se enumeran los diferentes tipos de cuidados disponibles en la actualidad las empresas en el mercado. Estos distintos tipos de servicios están disponibles en California y puede o no estar disponibles en otros estados es así, usted necesita verificar con la guía telefónica local. El propósito de esta sección es darle varias opciones a considerar como alternativa a su plan actual. También puede ser capaz de utilizar esta información como sea posible y lleva en la prestación de servicios de garantizar la dotación de personal y cuidadores, para recabar nuevos clientes que usted pueda cuidar y muchas otras formas creativas que usted puede utilizar para su propósito o su negocio. Obtener una copia o un anuncio para anunciar su negocio en el hospital local de servicios de directorio y guía para una mínima cuota mensual. Una tarjeta de visita o una empresa folleto debe ser ahí, en cada publicación, de noche, una recepción, aparcamiento, tiendas de comestibles, centros para ancianos, etc ... para conseguir la atención de otras personas que puedan suscitar cierto interés en su servicio.

LOS DIFERENTES TIPOS DE NEGOCIOS CUIDADO:

1. Inicio servicio de la base:
   a. En personalizada-Servicio de Asistencia Domiciliaria

    b. (sin licencia).

    c. Inicio Agencias de Salud (con licencia).

    d. Cuidado de Hospicio (con licencia)

2. Servicios de instalación de la base (todos con licencia)

    2.1   CUIDADO A LARGO PLAZO

      A.   Médico

a.1.   Hospital

a.2.   De enfermería

a.3.   Sub-aguda

      B. No médicos

b.1.   Assisted Living / Cuidado Continuo Comunidades
de jubilación

b.2.   Instituto de Salud Mental

b.3.   Cuidado Intermedio de ICF

         ICF-DD

         ICF-DDH

         ICF-DDN

b.4.   Cuidado Residencial para Adultos, Ancianos y los
enfermos crónicos

b.5.   Casa hogar para niños

b.6.   Congregan Vivienda

En el pasado lejano, cuando hablamos de los cuidados de larga duración, la mayoría de la gente piensa de guarda sólo para los ancianos en las residencias geriátricas o de enfermería especializada. A medida que aprendemos a través de los años, la atención a largo plazo tal como lo conocemos hoy en día incluye una amplia variedad de opciones y servicios disponibles para satisfacer las necesidades especiales no sólo para las personas de edad avanzada, sino también las necesidades de los niños y adultos con problemas de salud, de comportamiento, sociales y psico - discapacidades del desarrollo o las necesidades de autoayuda.

1. Inicio servicio de la base

a. En personalizada-Servicio de Asistencia Domiciliaria (sin licencia):

La prestación de atención personalizada en los hogares para las personas con problemas médicos no. Servicios varían de proporcionar el compañerismo, las tareas domésticas menores, recordatorios de transporte de medicamentos y otros productos básicos de atención personalizada. La mayoría de los clientes que necesitan el servicio son personas mayores que viven independientemente, sino que son peligrosos si se dejan solos sin supervisión; personas de la tercera edad, adultos y niños con un mínimo de problemas de salud médica.

    ♦ Reglamento: Ningún Estado o requisito de licencia profesional de reglamentación.

Sólo empresas locales de licencia de funcionamiento del Ayuntamiento.

+ Pago: Privado de pago, seguros, HMO, SCAN, Condado de apoyo en el hogar para los Servicios de Fondos elegibles, algunos de Medi-Cal, para los beneficiarios, del Departamento de Envejecimiento.

Cuidado: El cuidado proporciona a corto plazo de hospitalización o de cuidados en el hogar a un individuo adulto, niño o persona mayor como un sustituto temporal para sus cuidadores.

+ Reglamento: No se requiere licencia de los proveedores con licencia.
+ Pago: Pago, a través de financiación basados en la comunidad de origen y la renuncia y el Departamento de Envejecimiento.

b.   **Cuidado de Salud en el Hogar: (con licencia)** Inicio prevé la atención de la salud orientadas a la atención médica aguda o crónica de la enfermedad en el domicilio del paciente, generalmente como un seguimiento de aguda u otra forma de cumplimiento.

+ Reglamento: Licencia de Medicare y Medi-Cal y certificado por el DHS.
+ Pago: Financiado principalmente a través de Medicare, con una cobertura limitada a través de Medi-Cal, seguros privados y pagos privados.

c.   **Hospicio: (con licencia):**

Hospicio proporciona atención y apoyo a los enfermos terminales y sus familias. Puede ser en un establecimiento o la instalación en el hogar.

+ Regulación: El hospicio de licencia necesarios para la atención domiciliaria. Doble licencia necesaria en una instalación de ajuste. Necesarios para la certificación de Medicare Medicare o Medi-Cal pagos.
+ Pago: Financiado a través de Medicare, Medi-Cal, seguros privados y pagos privados.

2. **Instalación de la base de atención: (Todos con licencia)**

    2.a MÉDICA:

    a.   **Hospitales:**

Proporcionar atención médica integral que incluye servicios médicos y cuidados de enfermería durante una emergencia, la rehabilitación y la terapia de los enfermos o de corto plazo, los clientes de todas las edades.

+ Regulación: con licencia y Medi-Cal y / o Medicare certificado por el California Department of Health Services (DHS).
+ Pago: Financiado principalmente por Medi-Cal. Algunos fondos proporcionados a través de Medicare, atención administrada y privada de pago.

b. De Enfermería Especializada (SNF's). La SNF, o residencias de ancianos/hospitales de convalecencia, proporcionar atención de enfermería para los enfermos crónicos o de corta duración los clientes de todas las edades, junto con la rehabilitación médica especializada y programas.

+ Regulación: con licencia y Medi-Cal y / o Medicare certificado por el California Department of Health Services (DHS).
+ Pago: Financiado principalmente por Medi-Cal. Algunos fondos proporcionados a través de Medicare, atención administrada y privada de pago.

c. Sub-aguda atención.

Unidades especializadas, a menudo en una parte distinta de una enfermería, sub-aguda de instalaciones para el cuidado intensivo de centrarse en la rehabilitación, cuidado de heridas complejas y recuperación post-quirúrgica para los clientes de todas las edades que ya no necesitan el nivel de atención se encuentran en un hospital.

+ Regulación: con licencia y Medi-Cal y / o Medicare certificada por el DHS.
+ Pago: Financiado principalmente por Medi-Cal. Algunos fondos a través de Medicare, atención administrada y privada de pago.
+

2.b NO MÉDICOS

a. Assisted Living / instalaciones de atención residencial para la tercera edad (RCFEs).

Las instalaciones de vida asistida proporcionar el cuidado personal y seguro de vivienda para las personas que pueden necesitar la supervision de la medicación y la asistencia con la vida diaria, pero que no requieren 24 horas de cuidados de enfermería.

+ Reglamento: Licencia del Departamento de Servicios Sociales, División de Licencias de Cuidado Comunitario.
+ Pago: Financiado principalmente privados, aunque los pagos. Casi el 30% de los clientes se basan en RCFE SSI/SSP no médico fuera del hogar subvenciones.

b. Cuidado Continuo Comunidades de Retiro (CCRCs).

Incluye tres neveles niveles de atención: independiente, con la asistencia de vida y de cuidados de enfermería. CCRCs exigir una cuota de ingreso pagada por el solicitante a la admisión e incluye servicios para más de un año y hasta la vida del cliente.

+ Reglamento: Licencia del Departamento de Servicios Sociales, los contratos de Atención Continuada Subdivisión. De enfermería a nivel de licencia por el Departamento de Servicios de Salud.

+ Pago: El pago privado

c. Servicios de Atención Intermedia (del ICF).

Estas instalaciones ofrecen alojamiento y comida de manera regular a lo largo de medicina, enfermería, servicios sociales y de rehabilitación para las personas que no sean capaces de vida independiente plena.

+ Reglamento: Licencia por cuidado de la salud y la concesión de licencias pagadas a través de Medi-Cal y / o Medicare certificada por el DHS.
+ Pago: Financiado principalmente por Medi-Cal. Algunos fondos a través de Medicare y privado de pago. d. Instalaciones de atención intermedia para personas de movilidad reducida del desarrollo (ICF / DDS). Esto se conoce en el ámbito federal como del ICF / MR (retraso mental), estas instalaciones ofrecen servicios para personas de todas las edades con retraso mental y / o discapacidades de desarrollo. ICF / DD´s tienen 16 o más camas; ICF / DD-H (habilitación) y N (de enfermería) tienen 15 o menos camas y el promedio de seis camas en un hogar.
+ Regulación: con licencia a través de Licencias de Cuidado de la Salud y Medi-Cal certificado por el DHS. El Departamento de Desarrollo de Servicios y Centros Regionales son los responsables de la colocación y aseguramiento de la calidad.
+ Pago: Casi el 100% de Medi-Cal.

d. Institutos de Salud Mental (SNF / STPS).

Designado en California como "programas de tratamiento especial", estas instalaciones ofrecen ampliado los períodos de tratamiento para las personas de todas las edades con problemas crónicos de salud mental, muchos de los clientes son menores de 65. Personal especializado atiende a clientes en un entorno más seguro.

+ Regulación: con licencia y Medi-Cal certificada por el Departamento de Servicios de Salud de DHS. Departamentos locales de salud mental son los responsables de la colocación y el contenido del programa.
+ Pago: Una combinación de fondos estatales y del condado.

Atención basada en la comunidad

e. Instalaciones para Atención de la comunidad:

Comunidad de atención las 24 horas del día no médicos de atención residencial a niños, adultos y personas de la tercera edad con discapacidades del desarrollo entre ellos personas de la tercera edad y los adultos sin discapacidades no pueden cuidar de sí mismos y de comportamiento con los / las enfermedades mentales. En esta categoría se pueden incluir el cuidado de alto riesgo-los niños agresivos en un grupo de hogar.

- Reglamento: Licencia por Departamento de Servicios Sociales, División de Licencias de Cuidado Comunitario.
- Pago: Financiación a través de la casa y con base en la comunidad de Medi-Cal renuncia programa. Centro Regional para la financiación de los discapacitados.

1. **Casas pequeñas Familia (SFH)**
2. **Casas de familia de acogida (FFH)**
3. **Fomentar la Familia (FFA)**
4. **Transición de la Vivienda (TH)**
5. **Grupo de Viviendas (GH)**
6. **Cuidado Residencial para Adultos (ARF)**
7. **Cuidado Residencial para Ancianos (RCFE)**
8. **Residencial para el cuidado de enfermos crónicos (RCFCI)**
9. **Adult Day Care (ADCF) / Día de Atención Social, (COSUDE)**

f. **Congregan Vivienda:**

Vivienda con un salón común y no los servicios de apoyo médico para satisfacer las necesidades básicas de las personas mayores.

- Reglamento: Departamento de Servicios Sociales, División de Licencias de Cuidado Comunitario.
- Pago: Donaciones a través del Gobierno Federal (Vivienda y Desarrollo Urbano). Algunos fondos a través de SSI / SSP para los beneficiarios.

Si vamos a discutir cada uno de los temas que he mencionado, podría tomar más tiempo que nosotros lo que es necesario y que podría llegar a ser demasiado confuso para leer. Por lo tanto, para nuestros propósitos y fines, que se centrará el debate sobre servicios de atención personal, que es el negocio que estamos a punto de participar pulg Para aquellos de ustedes que han oído hablar del grupo de hogares y está interesado en este tipo de negocio, permítaseme presentar brevemente a usted.

DIFERENTES TIPOS DE INSTALACIONES DISPONIBLES A TRAVÉS DE LICENCIAS DE CUIDADO COMUNITARIO?

1. Casas pequeñas Familia (SFH)
2. Casas de familia de acogida (FFH)
3. Fomentar la Familia (FFA)
4. Transición de la Vivienda (TH)
5. Grupo de Viviendas (GH)
6. Cuidado Residencial para Adultos (ARF)
7. Cuidado Residencial para Ancianos (RCFE)

8. Residencial para el cuidado de enfermos crónicos (RCFCI)
9. Adult Day Care (ADCF) / Día de Atención Social, (COSUDE)

Como cuestión de práctica común, la manera de establecer ninguna de las mencionadas instalaciones son muy similares entre sí. Si hay una ligera diferencia, puede ser fácilmente observado en función del tipo de instalación. Cuanto más alto sea el nivel de atención y servicio hay expectativas sobre el tipo de instalación, los estrictos para cumplir con el requisito. Pero, en general, los procedimientos, las medidas y directrices en el establecimiento de atención residencial a cualquier empresa son muy similares si no idénticos extrañamente. Por lo tanto, no se sienten confundidos, independientemente del tipo de instalación que usted está considerando.

Los primeros cinco categorías de servicios a saber: la familia pequeña casa, familia de origen, familia, vivienda de transición y el grupo de origen implica la colocación de los niños que son víctimas de abuso familiar, abandono y la incapacidad de la familia para cuidar a sus hijos. Este arreglo de vivienda temporal donde los niños viven en una familia como muchas veces con el establecimiento de otro grupo de niños de diferentes familias de 6 camas en un hogar supervisado las 24 horas no médicos base, ya sea operado por una mamá y papá tipo de establecimiento o por un personal en representación de una empresa privada o sin fines de lucro, directamente responsables de su cuidado y supervisión.

La mayoría, si no todas las colocaciones en estos hogares se llevan a cabo como consecuencia de un mandato de la corte de familia la promoción de los derechos e intereses de las familias en particular de los niños.

CASA PEQUEÑA FAMILIA (SFH)

Ofrece 24 horas del día en el cuidado de la familia del titular de residencia por un período de seis o menos los niños que son maltratados y abandonados, con trastornos mentales, discapacidades de desarrollo, o con discapacidad física, y que requieren especial atención y supervisión, como resultado de esas discapacidades. Mayoría de estos hogares se encuentran en residencias de una sola familia o apartamento unidades suele estar gestionado por una madre-padre y sus hijos adultos que a su vez comprende el personal que se ocupa de los clientes. La colocación es para: a corto plazo oa largo plazo en función de la razón por la que el cliente se encuentra. Es similar a la creación de una familia de origen, pero la diferencia es que se gestiona por su cuenta, para su propio y por cuenta propia. Con el fin de convertirse en un pequeño operador de la empresa de origen familiar, se debe garantizar la concesión de licencias locales de la oficina de Licencias de Cuidado Comunitario del Departamento de Servicios Sociales o Salud de licencia y seguro vendorization de la agencias de colocación, como el de Servicios de Protección Infantil, Centro Regional, Departamento . de Salud, Departamento de Salud Mental, etc ...

Familia de Acogida INICIO (FFH)

Ofrece 24 horas de cuidado y supervisión, de tipo familiar en el ajuste de la familia del titular de residencia por no más de 6 niños. Se brinda atención a los niños que han sido sacados de sus hogares debido a negligencia o abuso, los niños que requieren especial de salud o que tienen trastornos mentales, discapacidades de desarrollo, discapacitados físicos, y que requieren atención y supervisión, como resultado de esas discapacidades.

Familia de Acogida (FFA)

Una organización sin fines de lucro que participan en el reclutamiento, certificación y formación de los profesionales y la prestación de apoyo a los padres certificada, o en la búsqueda de viviendas para la colocación de los niños temporal o permanente para la atención que requieren ese nivel de atención como una alternativa a una casa hogar escenario. Este es el organismo directamente responsable de la colocación de los niños llevado a cabo por el Departamento de Niños y Servicios Familiares, Servicios de Protección del Niño, etc ...

Vivienda de Transición (TH)

Un programa de extensión destinados a los niños provenientes de hogares de grupo que por su edad (superior a 17 años de edad) y por la madurez son casi listo para su emancipación, pero aún se encuentran en necesidad de un apoyo a corto plazo de los organismos gubernamentales. Estos adolescentes, los niños cuentan con la vivienda y de apoyo hasta que alcancen la autosuficiencia y la independencia. Una típica vivienda de transición se encuentra en complejos de apartamentos y casas unifamiliares, donde el niño vive con responsabilidad y el cliente con otros niños en un hogar como el que aprenden a la transición en la edad adulta responsable.

CASA DE GRUPO (GH) Grupo Home

Un grupo de origen dispone de 24 horas sin atención médica y la supervisión a los niños en un ambiente estructurado. Servicios se prestan, al menos en parte, por el personal empleado por el licenciatario. Grupo de casa licenciatarios son responsables del cuidado y la supervisión de los niños internados en el hogar de grupo. Hogares de grupo están autorizados por el California Department of Social Services (CDSS), División de Licencias de Cuidado Comunitario (CCLD). CCLD grupo de monitores de las viviendas por hacer visitas sin previo aviso por lo menos una vez al año y tantas veces como sea necesario para asegurarse de que las instalaciones cumplen la normativa.

Los niños se colocan en el grupo de casas del condado por los servicios sociales y departamentos de libertad condicional (para hacer el mayor número de colocaciones de los niños en estas instalaciones residenciales), las agencias de salud mental y centros regionales.

Residencial para Adultos (ARF)

Se trata de un centro de atención residencial de cualquier capacidad (normalmente 4o-6ta cama) que proporciona 24 horas de no atención médica para los adultos, las edades 18-59 años, que no son capaces de proveer a sus propias necesidades diarias, con minusvalías físicas, discapacidades de desarrollo , y / o trastornos mentales. Residencial para Adultos de atención son manejados por una familia o por el personal que representa la colocación de una organización.

RESIDENCIAL PARA EL CUIDADO DE ANCIANOS (RCFE)

Atención residencial de cualquier capacidad que no proporcionan la atención médica a personas de 60 y más años de edad o personas menores de 60 años, compatibles con las necesidades; los clientes de edad avanzada que requieren distintos niveles e intensidades de la atención y supervisión y de protección o el cuidado personal de supervisión; ancianos frágiles que pueden ser y / o discapacitados, y no puede, o no desean hacerse cargo de sus propias necesidades diarias.

Cuidado Residencial para enfermos crónicos (RCFCI)

Esta es una instalación con una capacidad autorizada de 25 o menos, que proporciona cuidado y supervisión a los adultos que tienen el síndrome de inmunodeficiencia adquirida (SIDA), o el hombre-el virus de la inmunodeficiencia (VIH).

Adult Day Care (ADCF) / DAY CARE SOCIALES (SDCF)

Una instalación de cualquier capacidad que ofrecen los programas para adultos y personas mayores frágiles y las personas con discapacidades, y / o trastornos mentales en un día de atención.

Con el fin de simplificar nuestra discusión sobre el negocio, el libro será limitar su ámbito de aplicación en la comprensión de la A-Servicios de Asistencia Domiciliaria. Si necesita saber más acerca de estos tipos de negocios, mi otro libro: "Una Guía fácil sobre cómo establecer tu primer Residencial Care" está disponible en las librerías de su localidad y de la Internet a través de mi editor Authorhouse.com.

CAPÍTULO DOS:
VAMOS EMPEZAR LA NEGOCIO

A. Medidas en Configurar el cuidado de Negocios

Con el fin de iniciar el negocio bien, el paso más importante es crear un plan de negocios. El plan de negocios sirve como una hoja de ruta a donde está y cómo va a llegar a donde necesita estar. Usted debe tener una idea general o una pauta a seguir en cuanto a cómo va a ir a través de todo el proceso de establecer su primer negocio de cuidado. Citados en este libro son las medidas prácticas en forma de una lista que puede seguir a su propio ritmo. Como los reglamentos de otros estados pueden variar, usted tiene que hacer los ajustes necesarios para satisfacer sus propios objetivos. Todas las medidas mencionadas aquí son sólo para las directrices generales a los efectos de establecer las expectativas. Las directrices pueden ser intercambiables como de otra índole que no sea necesario en función de situaciones particulares que se encuentran también en función de los reglamentos del condado o del estado o de los requisitos. Sin embargo, es importante para usted al lector a ser flexibles y para observar las directrices establecidas por la regulación local en su respectivo estado o condado. Para aquellos que son nuevos en el negocio, estas directrices establecidas definitivamente servir como una herramienta útil.

COMO PASOS EN LA CREACIÓN
DE EMPRESAS CUIDADO

Paso 1:   **Crear un Plan de Negocios.**

(Linea de Tiempo: 30-90 días)

Paso 2:   **Establecer un Registro de Empresas y entidades con el Secretario de Estado**

(Línea de Tiempo: 30-90 días)

- Establezca su Entidad: Corporation, propietario único, Alianza, Compañía de Responsabilidad Limitada.
- Asegure una dirección comercial y de negocios dedicado

un número de teléfono
+ Archivo de Nombre de la empresa ficticias Declaración
+ Registro de la entidad comercial con el Secretario de Estado.
+ Asegure un Número de Identificación Fiscal (NIF)
+ Póngase en contacto con el IRS, Franchise Tax Board, el Ayuntamiento, etc .. Seguro o sin ánimo de lucro para el Beneficio de estado a través de IRS-Franchise Tax Board.
+ Abra una cuenta bancaria empresarial.
+ Publicidad en el periódico local para los clientes, los demandantes de empleo, el personal, los consultores que trabajarán para usted.
+ Proporcionar un mínimo de 8 horas de introducción de formación para el personal antes de enviar su personal a sus respectivas asignaciones.

Paso 3: **Financiación de actividades**

(Linea de Tiempo: 30-60 días)

Paso 4: **Asegurar un negocio de licencia de que el Ayuntamiento local**

(Línea de tiempo: 30-60 días)

Paso 5: **Crear las políticas y los procedimientos**

(Línea de tiempo: 10 días)

Paso 6: **Crear los formularios en la Operación de las Empresas**

(Línea de tiempo: 15 días)

Paso 7: **Obtener huellas digitales Live-Scan y seguro liquidación de revisión de antecedentes del FBI o el Departamento de Justicia – Departamento de Policía local para usted y su personal.**

(Línea de tiempo: 3-15 días)

Paso 8: **Asegure la RCP-Primeros Auxilios de Certificación.**

Línea de tiempo: 3-15 días)

a. Todo el personal debe obtener ocho (8) horas de VIH-Hepatitis curso de certificación. (Se explica más adelante).

b. Profesionales de Apoyo Directo: El apoyo directo a los profesionales de Servicio de los niveles 2, 3, y 4 de las instalaciones ocupadas antes del 1 de enero de 2001 deberán completar satisfactoriamente el primer segmento de 35 horas de formación (Year1) el 1 de enero de 2002, y completar satisfactoriamente el segundo segmento de 35 horas de formación (Año 2) el 1 de enero de 2003. Apoyo directo de servicios profesionales en los niveles 2, 3, y 4 de las instalaciones empleadas en o después del 1 de enero de 2001, un año desde la fecha de contratar a completar satisfactoriamente el primer segmento de 35 horas de formación, y, dos años a partir de la fecha de contratación para completar el segundo segmento de 35 horas de formación.

Paso 9: **Proteger su negocio, garantizando de Seguros Cobertura.**

(Línea de tiempo: 30 días)

+ General y seguro de responsabilidad profesional a fin de incluir el abuso y la denuncia de manta y otros seguros para protegerse y proteger a su personal. Cobertura de la Propiedad y Transporte.
+ Otras relacionadas con el seguro de cobertura (preguntarle corredor local de seguros)

Paso 10: **Brindar 40 horas de formación del personal una vez al año anual.**

(Linea de Tiempo: 5 días)

Paso 11. Advertize la empresa. (Tiempo: 5 días)

+ Producir folletos, tarjetas de visita, y otras dádivas.
+ Promover el negocio asistiendo a eventos de la comunidad que promueve los intereses de personas de la tercera edad.
+ Centros de Altos
+ Distribución de folletos en puntos calientes tales como abarrotes, centros comerciales, gasolineras, aparcamientos, etc ...
+ Publicasen en revistas y periódicos locales.
+ Crear una actividad de patrocinar eventos locales y las reuniones comunitarias.
+ Ya en las puertas y distribuir volantes y los remitentes de envíos en su comunidad local o vecinos.
+ Páginas Amarillas, directorios telefónicos y los anuncios de periódico local, un clip de anuncios

Recuerde que en la publicidad, es puramente juego de números. La más frecuente que el nombre de su empresa está fuera de la comunidad, mayor será su oportunidad en la obtención de interés local.

Paso 12: CREAR UNA BASE DE DATOS PERSONAL:

Siempre mantenga una lista de empleados interesados y los solicitantes de datos. Reponer la base de datos con nuevos nombres y nuevas perspectivas. Manténgase en contacto y si es posible, mantener el tiempo parcial y los controles sobre las llamadas de emergencia.

- publicasen periódicamente de puestos de trabajo y las Oportunidades de empleo a tener una base de datos a disposición de los empleados y los solicitantes interesados.
- Categorizar los demandantes de empleo para cubrir las direcciones de algunas zonas y comunidades, asignaciones especiales, etc ...

Tienes que sacrificar mucho de su tiempo y recursos en el negocio de comercialización al público. Este es uno de los elementos esenciales para mantener su negocio activo y rentable.

CAPÍTULO TRES:
EL PLANO DE LA EMPRESA

A. EL PLANO DE NEGOCIOS

Paso 1: Crear un Plan de Negocios

(Linea de Tiempo: 30-90 días)

Un plan de negocios es una declaración formal que ilustra un conjunto de ideas y de objetivos por escrito y dibujado en forma de un plan que indique la causa y razones de por qué y cómo alcanzar a fin de determinar los posibles resultados o direcciones de la empresa. Preparar un plan de negocios es el más importante primer paso que un principiante debe tener, independientemente del tamaño, la cantidad que se invirtió ambicioso o cómo podría ser el negocio. Incluso si es sólo una pequeña mamá y el pop tipo de negocio, usted todavía necesita un plan de negocios. Para aquellos que no tienen ninguna experiencia en el establecimiento de cualquier tipo de empresa, no hay otra manera de hacer hincapié en la importancia de la preparación de un plan de negocios. Realización de una investigación sobre la empresa que va a llegar a puede tomar un montón de investigación, pero es bien vale la pena. Hay libros de autoayuda por ahí que puede utilizar o puede pedir la ayuda de un amigo que lo puede hacer por usted. También puede solicitar la asistencia de la Administración de Pequeños Negocios de la SBA en su área local. Cualquier cámara de comercio local puede ser un recurso útil en la preparación de un plan de negocios. También disponible para el público son los programas informáticos que son "fáciles de usar" de que incluso la mayoría de los impugnada persona puede ser capaz de utilizar en la creación de un plan decente. No tiene que ser elaborar ni intensiva. Lo importante es determinar la información básica sobre la demanda actual, su rentabilidad y, por supuesto, los posibles problemas en el funcionamiento y el éxito de la empresa.

Para darle una idea de cómo un plano de negocios puede tener, un plano de la muestra se encuentra en Exposicion Uno: EJEMPLO PLANO DE NEGOCIOS página 81 de este libro.

A continuación se muestra un esquema general de un típico plan de negocios. Indica los temas o artículos que el preparador tendrá que discutir con el fin de presentar un plan informal.

Un Plano de Negocios Guía
  1. Portada
  2. Declaración de propósito
  3. Tabla de contenidos

I. El Negocio
  A. Descripción del Negocio
  B. Comercialización
  C. Competencia
  D. Procedimientos de Operación
  E. Personal
  F. Datos Financieros

II. Datos Financieros
  A. Bienes de equipo y suministro de la lista
  B. Balance
  C. Descanso incluso análisis
  D. Pro forma las proyecciones de ingresos
     (estado de pérdidas y ganancias)
  E. Tres años resumen

Detalle por mes, primer año, Detalle por trimestre, segundo y tercer año.   Hipótesis sobre la que se basaron las proyecciones de

  F. Pro forma del flujo de caja

III. Documentos complementarios
  A. Declaraciones de impuestos para los últimos tres años
  B. Personales de los estados financieros
  C. Curriculum de todos los profesionales y sus respectivos servicios
  D. Otros

El Plano de Negocios y también sirve como una introducción del empresario con el negocio. La mejor parte acerca de un tener un plan es que uno tendrá una comprensión más clara de toda la empresa antes de realizar el compromiso en la empresa. La información financiera presentada en el plan ayudará a los futuros empresarios en la toma de una inteligente y meticulosa evaluación para determinar si el proyecto es viable o no. Cuando la búsqueda de financiación para la empresa, el plan será una herramienta útil para los banqueros, los capitalistas de riesgo y los inversores en su evaluación de los beneficios y el riesgo potencial de su inversión. En algunos casos, la empresa solicitante del préstamo podrá ser obligado a proporcionar los estados financieros, así como la prueba de capacidad financiera para mantener el negocio a largo plazo. Algunos inversores o los interesados podrán exigir la participación en el capital por parte del empresario al menos el 50% antes de las partes interesadas pueden examinar en la revisión de la propuesta. Los inversores y banqueros incluso verificando toda la información financiera pertinente que la demandante alega incluyendo las declaraciones de impuestos, cuenta de banco, y la verificación del depósito. Sin embargo, no se alarme porque el concepto de negocio que está a punto de aprender de este libro requiere una mínima cantidad de capital que usted puede ser que ni siquiera necesitan ayuda financiera de cualquier otra persona excepto de su propio bolsillo o del de sus familiares que pueden mostrar interés en su idea de negocio.

La respuesta a la pregunta de cuánto dinero usted necesita para iniciar este negocio es puramente dependiente de lo que quiera pasar inicialmente por su propio negocio. No hay una respuesta simple, ni tampoco un derecho o una respuesta equivocada a esta compleja cuestión.

Dependiendo de factores como la ubicación de la empresa, equipo, etc ..., el más bajo coste de puesta en marcha puede variar entre $1,000.00 a $3,500.00 sólo en función de su presupuesto para su puesta en marcha de equipo y otros costos inesperados gastos de puesta en marcha de la empresa (en función de el estado, ciudad y otros requisitos reglamentarios de pago). Sin embargo, después de combinar todos sus costos y gastos, su total puesta en marcha costo es de $8,764.00. Es importante para cada puesta en marcha a los empresarios a tener reservas de efectivo para cubrir otros gastos imprevistos de mantenimiento de la actividad durante al menos tres meses a seis meses o hasta que el primer cliente que solicitó su primer pago o depósito.

Hay varias maneras de financiar su puesta en marcha de negocios. Algunas de ellas pueden provenir de un préstamo de los bancos locales mediante la equidad en la propiedad inmobiliaria, IRA, 401K, 457, bonos de ahorro, fondos mutuos, acciones, bonos, etc ... Trate de considerar la financiación creativa tirando en un socio de negocios (s) o un grupo de profesionales que están dispuestos a invertir su experiencia, tiempo y dinero en el proyecto.

B. EL PRINCIPIO DE GASTOS

Parte de los requisitos en el proceso de investigación inicial es que el empresario a elaborar una propuesta de presupuesto que en suma refleja el plan de negocios. El monto podrá ser comprobado (o no) de los inversores/financiadores banco.

Incluyen en esta sección se muestra un ejemplo de declaración de presupuesto para el lector a examen a fin de tener una idea sobre el tipo de formato y los contenidos básicos de una propuesta de presupuesto.

PRINCIPIO DE LA MUESTRA DE GASTOS

Reserva de denominación social	$ 100.00
Live-Exploración Huellas	$ 184.00
Investigación de Mercados y de consulta (Opcional)	$ (3,000.00)
Artículos de Incorporación	$ 100.00
Gas / Kilometraje	$ 80.00
Ley de Empresas de Software y	$ 100.00
Hepatitis / VIH Certificación	$ (80.00)
Software de contabilidad	$ (80.00)
Nombre de la empresa ficticia /	$ 100.00
Negocios Licencia / Registro de la Ciudad de	$ 100.00

Negocios Seguros / sitio de depósito de	$ (300.00)
Automobile Insurance Depósito	$ 100.00
Profesional / General	
Seguro de Responsabilidad	$ (600.00)
Trabajadores Comp. Depósito	$ (800,00)
No seguro de transporte de alquiler	$ (800,00)
Otros	$ 200.00
Ordenador y el software Quickbook	$ (1,500.00)
P.O. Box / Dirección	$ (200,00)
Teléfono-Fax	$ 150.00
10-clave Calc.	$ (25.00)
Contestador automático	$ 40.00
Software / Base de Datos	$ 65.00
Bolígrafos / lápices / Suministros	$ 50.00
Equipo y suministros de costes	
Otros	$ 100.00
Total de Start-Up Precio:	
Excluyendo los costos fijos y variables	($ 8,764.00)

Si va a empezar en un esqueleto de presupuesto, puede reducir algunos gastos iniciales que es posible que tenga que sustituir más adelante:

a. Plan general de actividades de investigación
b. Programas informáticos
c. Seguros
d. Ordenador
e. La dirección de la oficina (su uso como residencia de negocios dirección)

Todos estos son igualmente importantes para la empresa. Sin embargo, desde que son simplemente tratando de sobrevivir durante la etapa inicial de su negocio, usted necesita centrarse en sus servicios esenciales de la puesta en marcha gastos tales como:

1. Registre su Corporación con el Secretario de Estado
2. Asegurar una licencia de negocios
3. Verificación de antecedentes y huellas dactilares.
4. Número de Teléfono de contacto
5. Garantizar una dirección de la empresa
6. Tarjeta de visita y folletos
7. Políticas y Procedimientos
8. Acuerdo de Servicio
9. Formularios comerciales

A medida que su negocio se expande, más adelante se puede estirar su presupuesto para cubrir el resto de elementos esenciales tales como seguros, informática y otras cosas que usted considere importante para el funcionamiento de su negocio. En resumen, su primer "desnudo a los huesos de presupuesto", como un capital inicial puede ser inferior a $3,500.00 sólo.

$8,764.00 es el total de su puesta en marcha de costos. Sin embargo, no es necesario que todos los que tienen dinero para iniciar el negocio. Todo lo que necesitas es de aproximadamente $3,500 o menos para empezar con sólo los elementos básicos para el mercado de las empresas y aumentar gradualmente sus gastos de "sólo lo necesario" para mantener sus gastos bajo control. Más tarde, a medida que la empresa comenzará a generar ingresos, tendrá que cubrir gastos importantes como profesional y el seguro de responsabilidad civil para proteger sus bienes personales y del negocio en caso de accidente, denuncia y otras situaciones inesperadas que pueden obligar a usted, su personal y de su agencia en una demanda que podría dañar seriamente su empresa. El costo proyectado puede parecer intimidante debido a los costes de la investigación en el plan de negocios. Para compensar este coste, que puede hacer la investigación usted mismo, usando la biblioteca, Páginas Amarillas, Internet o mediante entrevista a la competencia. Esto es cuando usted puede ser creativo para averiguar acerca de sus competidores, el tipo de servicios disponibles y precios. La demografía, la población, la fijación de precios, estrategias de comercialización, la demanda y la práctica general en la zona que va a servir, el ingreso medio, los porcentajes de la población por edad y otros recursos que pueda necesitar para utilizar dentro de la comunidad.

Si bien en su trabajo actual, comenzar a ahorrar dinero para los gastos de registro de su empresa, obtener un PO Box (apartado de correos) o un apartamento para utilizar como dirección la dirección de su empresa, un número de teléfono de empresa designada representada por su teléfono celular y un contestador automático para empezar. Con el fin de solicitar a las perspectivas, puede que sea necesario para distribuir volantes y tarjetas de negocios en común y zonas densamente pobladas, asistir a los mezcladores y otros grupos de redes, patrocinar actividades de los principales centros de la avena, la comunidad plazas etc .. Estas son sólo algunas de las ideas creativas que pueden llegar a reducir su costo para el mínimo y, sin embargo, ser capaz de prácticamente la puesta en marcha de la empresa.

Siempre es una buena práctica empresarial para mantener una cantidad suficiente de reservas de efectivo para cubrir diversos gastos, pero necesario para que su organismo a mantenerse a flote a la espera de sus primeros clientes. Usted debe ser capaz de ampliar sus reservas de efectivo para cubrir los gastos de hasta por lo menos seis meses en el costo de operación en caso de que el proceso de más tiempo de lo esperado. Ven con financiación creativas, ideas de marketing agresivas, promociones, trucos para atraer el interés de la comunidad y con el fin de ser capaces de compensar sus gastos y la limitación de dinero en efectivo, a veces debe recurrir a la creatividad gasto. Trate de ampliar su paciencia y finanzas a fin de poder sobrevivir el primer año crucial de la empresa. No existe una fórmula de cómo pronto usted será capaz de generar flujo de caja positivo, pero la mayoría de los que depende de la determinación y motivación que está en el negocio de comercialización al público. Podría tener su negocio, al menos, dos meses a seis meses o incluso un año antes de acoger su primer cliente. Por eso es una buena idea para mantener sus puestos de trabajo hasta el día en los ingresos estable y predecible. Con el uso de un plan de negocios, usted puede elaborar hipótesis y las proyecciones en cuanto a cómo va a ser capaz de hacer frente con todos los desafíos que enfrentan sus negocios durante la fase inicial de las operaciones comerciales.

C. EFECTIVO RESERVAS NO DISPONIBLE TODAVÍA?

Capitalización inicial puede provenir de las siguientes fuentes:

a. Cuenta de Ahorros personales
b. Inicio línea de crédito
c. Tarjetas de crédito
d. Fondos de jubilación y otras inversiones.
e. Préstamo de la SBA de un banco local.
f. Negocios préstamos o participación en capital
g. Los préstamos de amigos y familiares.
h. No deseados joyerías, objetos personales que puedan ser vendidos para las reservas de caja.
i. Ángeles / Inversores

Recuerde, tómese su tiempo, ahorrar dinero y ganar la experiencia que usted necesita antes de hacer el duro compromiso de hacer este negocio. Poco a poco la compra de su equipamiento operativo, como documentos de bonos, ordenador, clips, carpetas, etc. de ventas de garaje, subastas, mercado de pulgas y casi en todas partes se pueden reducir sus gastos iniciales. Un espacio de oficinas puede ser conveniente y de prestigio, pero no como una necesidad la empresa puede estar en funcionamiento y en pleno funcionamiento, simplemente con el uso de un teléfono celular o el mantenimiento de una línea telefónica dedicada a responder a las preguntas sobre el negocio. Una personales tales como dirección de su casa una habitación en un apartamento o unidad de un apartado postal (PO Box) puede servir como la dirección comercial, donde toda la correspondencia y consultas pueden ser canalizadas en consecuencia. Hay toneladas de las ventajas de disponer de un negocio en casa. En otros estados, algunos de los gastos que se dedica exclusivamente para la empresa, tales como clips de papel, documentos de fianza, teléfono, cafetera eléctrica, alquiler, comidas, etc ... pueden considerarse como gastos de negocios a pérdidas y ganancias. (Consulte con su preparador de impuestos locales o contable sobre este tema). Con el adelanto de la tecnología y la comunicación en particular el sistema de Internet y banda ancha, hay toneladas de ventajas en el mantenimiento de una casa-oficina y una de ellas es la rentabilidad, viabilidad, el ahorro y la mayoría de todos los beneficios fiscales. Sin embargo, las ventajas pueden venir con un precio como el sacrificio por la falta de intimidad, la persona de negocios, etc ... Lo que importa es cómo se puede ahorrar dinero y, al mismo tiempo, iniciar el negocio en una manera financieramente restrictivas.

CAPÍTULO CUATRO: LA EMPRESA ENTIDAD

PASO 2: ESTABLECER UN REGISTRO DE EMPRESAS Y ENTIDADES QUE CON EL SECRETARIO DE ESTADO

(Tiempo: 30-90 días)

A. Único Propietario
B. Asociación
C. Compañía de Responsabilidad Limitada
D. Corporation (con fines de lucro o sin fines de lucro),

Para que una entidad oficial para adquirir la condición de negocio o de la personalidad, tiene que registrarse con el Secretario de Estado en el que tiene la intención de operar las actividades de su comisión de servicio. La tarea de registrar una empresa es probablemente uno de los mayores retos para la mayoría de las empresas de nueva creación y las personas ya que no estamos aquí para aprender de negocios, el debate sobre este tema será sencillo y breve. En este capítulo, usted aprenderá los diferentes tipos de entidades comerciales actualmente disponibles en la mayoría de los estados en los EE.UU. y es hasta que usted haga la elección en cuanto a lo que es mejor para su propósito. Con la ayuda de un abogado (que le insto a que consulte a), usted tendrá una mejor comprensión de la elección que está a punto de hacer. Esa importante decisión se basará graves repercusiones a largo plazo sobre la actividad empresarial en términos de repercusiones fiscales, legales y

de negocios complejidades involucradas en el establecimiento y operación futura de la empresa en general. Si usted tiene una tonelada de paciencia y no les importa la lectura de un par de libros de la biblioteca en el establecimiento de una empresa, puede guardar su auto un montón de dinero. También existen materiales de referencia útiles disponibles en el Internet y en librerías de su localidad. El registro de su negocio con el Secretario de Estado no es tan difícil como usted piensa que es. En primer lugar, es muy importante saber qué tipo de entidad que le interesa y luego a las empresas que tienen nombre y de las entidades registradas en el estado o condado donde el negocio se establezca o localizados. Para los residentes de otros estados, es posible que tenga que buscar en la world wide web escribiendo las palabras "SECRETARIO DE ESTADO" y los residentes de California para ver la Secretaría del Estado de California en el sitio web: http://www.ss.ca.gov/ Registros en virtud de Negocios.

En general, en el establecimiento de un servicio orientado a negocio como éste, tiene las siguientes opciones:

a). Propietario único
b). Asociación
c). Limited Liability Company, LLC
d). Corporation.

Si va a preguntar cuál sería la mejor opción, la respuesta dependerá de su preferencia personal y la tolerancia de los riesgos y beneficios. El más popular entidad comercial para las pequeñas empresas como un negocio es cuidar la empresa y, recientemente, el descubrimiento de los beneficios de una Corporación de Responsabilidad Limitada o LLC, por razones obvias, la cual podrá leer más adelante en este capítulo.

¿Puede su negocio de cuidado ser registrado como una corporación sin fines e lucro? Sí, por razones prácticas, se puede. El debate sobre este tema se limita a sólo las empresas. Para efectos de ilustración, este libro se presenta en el Exposicion Dos: Artículos de Incorporación y Estatutos se encuentran en la página 171 muestra un formato para una corporación sin fines de lucro que es casi similar a una corporación con fines de lucro a excepción de algunos artículos que pueden parecer demasiado evidente debido a la naturaleza sin fines de lucro de una sociedad. Para dar una explicación sencilla sobre las entidades empresariales, este libro deberá debatir en breve descripción de cada entidad para que pueda hacer una determinación en cuanto a lo que usted piensa que es mejor aplicable.

A. ÚNICO PROPIETARIO:

Un propietario único es un tipo de entidad empresarial que no hace una distinción legal entre su ser como un negocio, así como sus asuntos privados. El propietario del negocio y el negocio en sí son una sola entidad o propiedad. No hay distinción ni separación. Por lo tanto, todas las actividades, los beneficios y deudas son responsabilidad exclusiva del propietario. La persona que crea la empresa tiene la responsabilidad exclusiva de las deudas de la sociedad. Las limitaciones de la responsabilidad que goza una sociedad de responsabilidad limitada y las sociedades y las asociaciones no se aplica a los propietarios únicos. Se trata de un "único" en el sentido de propiedad que el propietario no tiene socios. Un propietario único se refiere esencialmente a una persona física (individuo) que hacen negocios en su propio nombre y en el que sólo hay un propietario. Un propietario único no es una corporación, que no paga impuestos a las empresas, sino más bien la persona que organizó la empresa paga impuestos sobre la renta de las personas los beneficios obtenidos, haciendo mucho más sencillo de contabilidad. Una empresa individual no tiene que ser refiere a la doble imposición, como una persona jurídica que tenga que hacerlo.

Un propietario único puede hacer negocios con un nombre comercial distinto al de su nombre legal. En algunas jurisdicciones, el único titular tiene la obligación de registrar el nombre comercial o "Doing Business As" con el gobierno local o de la ciudad. Esto también permite al titular para abrir una cuenta de negocios con cualquier instituciones bancarias. En los cuidados, la mayoría de la gente que sabía que se inició en el negocio ellos mismos eran propietarios únicos que finalmente cambió su entidad en S-Corporation o de Compañía de Responsabilidad Limitada (LLC) en el negocio creció.

Desventajas:

Una empresa organizada como una empresa más probable es que tenga dificultades para la obtención de capital ya las acciones de la empresa no se puede vender, y hay un menor sentido de la legitimidad frente a una empresa organizada como una corporación o sociedad de responsabilidad limitada.

Transacciones: También puede ser más difícil mejorar la financiación bancaria, como las empresas individuales no pueden conceder una carga flotante, que en muchas jurisdicciones se requiere para la financiación bancaria. Contratación de trabajadores también puede ser difícil. Esta forma de negocio tendrán responsabilidad ilimitada, de manera que si el negocio es demandado, el propietario es personalmente responsable al mismo tiempo.

Vida: La vida útil de la empresa también es incierto. Tan pronto como el propietario decide no tener el negocio más, o el titular fallece, la empresa deja de existir. El propietario de la empresa es responsable de todo y se encarga de todo. Él trabaja para sí mismo y por sí mismo. Como el negocio crece, los riesgos que acompañan a las empresas tienden a entrar con él. Para minimizar los riesgos, cuando la empresa mejora el propietario puede transición en una corporación o una sociedad de responsabilidad limitada, o LLC, que daría a la protección de responsabilidad limitada, pero aún sería tratada como una empresa para efectos del impuesto sobre la renta.

B. ASOCIACIÓN:

Una asociación es un tipo de entidad empresarial en el que los socios (propietarios) igual o proporcionalmente compartir entre sí los beneficios o las pérdidas de la empresa. Las asociaciones son más a menudo a favor de empresas con fines fiscales, como la estructura de colaboración no suele incurrir en un impuesto sobre los beneficios antes de que sea distribuido a los socios (es decir, no hay impuesto que grava los dividendos). Sin embargo, dependiendo de la estructura de colaboración y la competencia en los que opera, los propietarios de una asociación pueden estar expuestos a una mayor responsabilidad personal de lo que como accionistas de una corporación.

Una sociedad limitada es una forma de asociación similar a una asociación, salvo que, además de uno o más socios generales (GPS), hay uno o más socios comanditarios (LP). Los médicos son, en todos los aspectos importantes, en la misma situación jurídica como socios en una empresa convencional, es decir, tienen el control de la gestión, compartir el derecho a utilizar bienes de asociación, compartir los beneficios de la empresa en proporciones predeterminadas, y conjunta y solidaria responsabilidad de las deudas de la asociación. En una sociedad general, los médicos tienen la autoridad real como agentes de la empresa de obligar a todos los demás asociados en los contratos con terceros que se encuentran en el curso ordinario de los negocios de la asociación. Al igual que con una asociación, "El hecho de un socio que no es al parecer para efectuar en el curso de la sociedad limitada de las actividades o el tipo de actividades llevadas a cabo por la sociedad limitada se une la sociedad limitada sólo si el acto fue autorizado por todos los demás socios." (Estados Unidos uniformes Limited Partnership Act § 402 (b).)

Al igual que los accionistas de una corporación, sociedad de responsabilidad limitada han LPs, lo que significa que sólo son responsables de las deudas contraídas por la empresa en la medida de sus inversiones registrado y no tienen autoridad de gestión. Los médicos de pago de las LPs un retorno de su inversión (similar a un dividendo), la naturaleza y el alcance de la que generalmente se define en el acuerdo de asociación.

C. COMPAÑÍA DE RESPONSABILIDAD LIMITADA:

Una sociedad de responsabilidad limitada (LLC o LLC abreviada) es una forma jurídica de empresa comercial de responsabilidad limitada que ofrece a sus propietarios. A menudo erróneamente denominado "sociedad de responsabilidad limitada" (en lugar de la empresa), es una entidad de negocios híbridos que tienen características tanto de una sociedad y una asociación. A menudo es más flexible, los propietarios han de responsabilidad limitada de las acciones y deudas de la empresa, y es adecuado para las pequeñas empresas con un único propietario. La principal característica es la empresa de responsabilidad limitada, mientras que la principal característica de la asociación es la disponibilidad de paso a través de impuesto sobre la renta. Sociedad de responsabilidad limitada puede ser miembro o administrador gestionada gestionada. Un miembro gestionados LLC puede ser gobernado por una sola clase de miembros (en cuyo caso se aproxima a una asociación) o varias clases de miembros (en cuyo caso se aproxima a una sociedad en comandita). La elección de director, crea una gestión de dos niveles que se aproxima a la estructura de gestión de gobierno corporativo con los administradores suelen celebrar competencias similares a ejecutivos y directores corporativos. El LLC de funcionamiento del acuerdo (el CPEA versión de un acuerdo de asociación o de una corporación por las leyes) determina cómo se gestiona la LLC. Empresas, S-corporaciones, sociedades de responsabilidad limitada, sociedades limitadas, sociedades de Responsabilidad Limitada, Sociedad de responsabilidad limitada y se encuentran a lo largo de un espectro de la flexibilidad con la Sociedad de responsabilidad limitada es la más flexible y, por tanto, preferible, para muchas empresas. Para efectos del Impuesto sobre la Renta, Sociedad de responsabilidad limitada que se tratan como las asociaciones uso Formulario 1065 del IRS. Sociedad de responsabilidad limitada se organizan con un documento llamado "los artículos de organización," o "las reglas de la organización" especificado públicamente por el estado; además, es común tener un "acuerdo" en privado por los miembros. El acuerdo de explotación es un contrato entre los miembros de una LLC y la LLC que regulen la composición, gestión, funcionamiento y distribución de los ingresos de la empresa.

Bajo algunas circunstancias, sin embargo, los miembros (la versión LLC de los accionistas o socios), puede optar por la LLC a ser gravado como una empresa (fiscalidad de los ingresos de la entidad antes de que los dividendos o distribuciones a los miembros y, a continuación, la fiscalidad de los dividendos o distribuciones como ingresos una vez recibido por parte de los miembros). LLC opera como una forma de asociación no significa que los fiscales federales de EE.UU. formas de asociación no son necesarios, o no compleja. Como asociación, la entidad de los ingresos y deducciones atribuirse a cada uno de los miembros se comunican en que el titular de la declaración de impuestos.

Con el tratamiento del impuesto sobre la renta federal como una asociación, LLC puede perder la ventaja fiscal. La etiqueta posible "caso omiso de la entidad" para efectos del impuesto sobre los ingresos individuales de los miembros de un propietario de una LLC en realidad como la generación de ingresos y deducciones directamente. Es el propietario, entonces, que los informes de una empresa titular, en lugar de como un activo LLC funcionamiento un comercio o negocio. Una LLC pasivamente la inversión en bienes raíces y propiedad de un solo miembro tendría sus ingresos y deducciones informado directamente sobre la persona del titular de una declaración de impuestos en el Apéndice E formulario de impuestos. Una LLC propiedad de una empresa o persona - en otras palabras, una LLC con un único miembro corporativo - sería tratada como una rama y se han incorporado sus ingresos y deducciones informó sobre la devolución del impuesto de sociedades, la creación de la doble imposición.

Ventajas:

+ Una LLC puede optar por ser gravados como un propietario único, sociedad, corporación S o C empresa, proporcionando una gran flexibilidad.
+ Sociedad de responsabilidad limitada, lo que significa que los propietarios de la LLC, llamados "miembros", están protegidos de alguna responsabilidad por los actos y las deudas de la LLC, pero siguen siendo responsables de las deudas más allá de la capacidad fiscal de la entidad.
+ Mucho menos trámites administrativos y el mantenimiento de registros de una corporación.
+ Pase a través de los impuestos (es decir, no hay doble imposición), a menos que opte por la LLC se gravan como una corporación C.
+ Uso de la clasificación por defecto de impuestos, los beneficios se gravan personalmente en el nivel de miembro, y no en el nivel LLC.
+ Sociedad de responsabilidad limitada en la mayoría de los estados se tratan como entidades separadas de sus miembros, mientras que en otras jurisdicciones se ha desarrollado la jurisprudencia de decidir LLC no se consideran por separado jurídica permanente de sus miembros.
+ Sociedad de responsabilidad limitada en algunos estados se puede configurar con una sola persona física que participe.
+ Composición de la Sociedad de responsabilidad limitada intereses pueden ser asignados, y los beneficios económicos de esos intereses pueden ser separados y asignados, siempre que el cesionario con los beneficios económicos de las distribuciones de beneficios / pérdidas (como una asociación), sin transferir el título a la composición de intereses.

+ A menos que la LLC ha elegido a ser gravado como una corporación, los ingresos de la LLC en general conserva su carácter, por ejemplo, como las ganancias de capital o como ingresos de origen extranjero, en manos de los miembros.

Desventajas:

+ Aunque no existe una exigencia legal para un acuerdo de explotación en la mayoría de los estados, los miembros que se puede operar sin problemas en correr.

+ Puede ser más difícil aumentar el capital financiero de una LLC como inversores puede ser más cómodo invertir fondos en la mejor forma de entender la empresa con miras a una posible OPI. Una posible solución puede ser la de formar una nueva corporación y se funden en él, la disolución de la LLC y la conversión en una corporación.

+ Muchos estados, incluyendo Alabama, California, Kentucky, Nueva York, Pennsylvania, Tennessee y Texas, una tasa o impuesto de franquicia de impuestos sobre los valores de capital LLC. Texas ha sustituido a su franquicia fiscal con un "margen fiscal".) En esencia, este negocio de franquicia o privilegio fiscal es el "canon" de la LLC se paga el estado para beneficio de responsabilidad limitada. El contrato de franquicia de impuestos puede ser una cantidad basada en los ingresos, una cantidad basada en los beneficios, o una cantidad basada en el número de propietarios o la cantidad de capital empleado en el estado, o alguna combinación de estos factores, o, simplemente, una tarifa plana, como en Delaware.

+ Algunos acreedores requieren que los miembros de la up-and-a partir LLC a garantizar personalmente la LLC préstamos, con lo que los miembros personalmente responsable de la deuda de la LLC.

+ La estructura de gestión de una LLC pueden ser desconocidas para muchos. A diferencia de las empresas, que no están obligados a tener una junta de directores u oficiales.

+ Gravar las jurisdicciones fuera de los EE.UU. Es probable que el tratamiento de una LLC EE.UU. como una sociedad, independientemente de su tratamiento fiscal para EE.UU., por ejemplo, si una LLC EE.UU. hace negocios fuera de los EE.UU. o un cliente de una jurisdicción extranjera es un miembro de un EE.UU. LLC.

+ La forma de organización LLC es relativamente nuevo, y como tal, algunos estados no plenamente LLC tratar de la misma manera que las empresas para efectos de responsabilidad, en lugar de tratarlos como uno más en cuenta la entidad, es decir, una persona la explotación de un negocio como un LLC puede en tal caso ser tratadas como de funcionamiento como un propietario único, o de un grupo operativo como una LLC pueden ser tratados como una sociedad general, lo que contradice el objetivo de establecer una LLC en el primer lugar, a tener responsabilidad limitada (un único propietario tiene una responsabilidad ilimitada para el negocio, en el caso de una asociación, los socios tienen la responsabilidad conjunta y solidaria, es decir, todas y cada una de los socios puede ser considerado responsable de la empresa las deudas no importa cuán pequeño porcentaje de su inversión o de la propiedad es).

+ La Sociedad de responsabilidad limitada de los directores usan muchos títulos diferentes - por ejemplo, miembro, directivo, miembro de la gestión, director general, director ejecutivo, presidente y socio. Como tal, puede ser difícil determinar quién realmente tiene la autoridad para firmar un contrato en nombre de la LLC.

+ Una serie LLC es una forma especial de una sociedad de responsabilidad limitada que permite a un único LLC separar sus activos en distintas series. Por ejemplo, una serie LLC piezas separadas que las compras de bienes inmuebles, podrá inscribir a cada uno en una serie separada de manera que si el prestamista excluye en un pedazo de propiedad, los demás no se ven afectados. (Wikipedia)

D. CORPORATION: (FINES DE LU-CRO O SIN FINES DE LUCRO)

Una corporación es una entidad jurídica que forma mediante la presentación de los artículos de incorporación (en algunos estados, el término utilizado en el estatuto es el certificado de constitución) con el Secretario de Estado en el estado en que usted ha elegido para organizar la sociedad, junto con requiere la presentación y honorarios de licencia.

Una o más personas pueden formar una corporación. Por lo tanto, un único propietario puede incorporar si él o ella quiere. Con algunas excepciones (médicos y abogados están prohibidas por la ética y de las limitaciones reglamentarias que operan en determinados tipos de empresas), las empresas pueden operar en general cualquier tipo de negocio. Decidir si es o no de incorporar una importante opción para hacer al iniciar su nuevo negocio de cuidados.

Ventajas:

Protección jurídica titular de la responsabilidad: Una vez que una nueva empresa del propietario (s) complete con éxito el proceso de incorporación, el propietario (s) tienen una cantidad limitada de la responsabilidad legal de la empresa de las actividades comerciales y las deudas, porque a los ojos de la ley de la corporación es una entidad separada. A fin de mantener esta limitación de la responsabilidad, los propietarios de la corporación debe seguir una serie de formalidades de las empresas legalmente requeridos.

Estructura del poder: La actividad empresarial tiene un formulario de poder establecido y la estructura de gestión: directores, oficiales, y los accionistas. Cada grupo tiene su propio conjunto de definir claramente las funciones y responsabilidades dentro del marco corporativo de la empresa.

Desventajas:

Tiempo y Costo de Incorporación: El proceso de incorporación puede ser costoso y consume tiempo. Una serie de documentos debe estar preparado (incluyendo la nueva corporación de la escritura de constitución y estatutos), y las tasas de tramitación deben ser pagadas a su estado de la Oficina de la Secretaria de Estado (o empresas similares de presentación).

Tras Formalidades Corporativo: Las empresas están obligadas por ley a respetar una serie de trámites empresariales, a fin de garantizar que la empresa está operando como una entidad separada, independiente de los propietarios del negocio. Estas medidas incluyen la celebración de reuniones periódicas de los directores, de mantenimiento de registros de corporateactivity, y el mantenimiento permanente de la corporación financiera.

La responsabilidad potencial de Impuestos:

El beneficio de las empresas tradicionales pueden ser "gravadas doble". Es decir, la propia sociedad tributa por los beneficios obtenidos, y cualquier persona accionista que los beneficios obtenidos de la empresa (en forma de paga "dividendos") también están gravados. Sin embargo, en las pequeñas empresas, los propietarios de las empresas, que a menudo trabajan para la empresa en sí se pagan los sueldos (que son deducibles de impuestos para la empresa) en lugar de dividendos. Una solución para el problema de doble imposición es la elección de la "S" del impuesto de sociedades de estado.

En comparación con las empresas unipersonales y Asociaciones, Empresas disfrutar de muchas ventajas sobre las asociaciones y empresas individuales. Sin embargo, también hay desventajas. Cubrimos las más importantes y desventajas upsides a continuación.

Ventajas:

Accionistas no son responsables por las deudas corporativas: Este es el aspecto más importante de una corporación. En una empresa y la asociación, los propietarios son responsables personalmente de las deudas de la empresa. En situaciones cuando los activos que pertenecen a la empresa individual o asociación no puede satisfacer la deuda, los acreedores pueden ir después de cada propietario de bienes personales tales como una casa, carro, cuentas bancarias, sueldos, etc para compensar la diferencia. Por otro lado, si una empresa se queda sin fondos, sus propietarios suelen ser descolgada.

Tenga en cuenta que en determinadas circunstancias, una persona puede ser accionista responsable de las deudas empresariales. Esto se denomina en ocasiones "levantamiento del velo corporativo". Algunas de estas circunstancias incluyen:

- Si un accionista personalmente garantiza una deuda.
- Si los fondos personales se entremezclan con fondos corporativos.
- Si una empresa no tiene director y las juntas de accionistas.
- Si la empresa tiene un mínimo de capitalización mínima del seguro.
- Si la empresa no paga los impuestos estatales o de otro modo viola la ley estatal.

Auto-empleo de Ahorros de Impuestos: Ganancias de una empresa están sujetos a los impuestos sobre el empleo por cuenta propia, que actualmente son una combinación de 15.3%. Con una sociedad, sólo los salarios (y no las ganancias) están sujetos a tales impuestos. Esta ventaja es muy importante para los trabajadores-accionistas que tienen un salario de menos de $ 72,600.

Por ejemplo, si una empresa gana $60,000 dólares, un 15.3% de impuestos tendrían que pagar en el conjunto de $60,000. Supongamos que una empresa también gana $60,000 $40,000 pero de esa cantidad se paga en salarios, $20,000 y se considera como ganancia. En este caso, el impuesto sobre el empleo por cuenta propia no se pagará a los $20,000 de beneficios. Esto ahorra el accionista y el empleado de más de $3,000 por año. Por favor tenga en cuenta, sin embargo, que usted debe pagar un salario razonable. El IRS-accionista ceños fruncidos a los empleados que pagan demasiado poco.

Continua la vida: La vida de una sociedad, a diferencia de la de una asociación o un propietario único, no caduca por el fallecimiento de sus accionistas, directores o funcionarios.

Más fáciles de recaudar dinero: Una sociedad tiene muchas posibilidades de reunir capital. Se puede vender acciones, y puede crear nuevos tipos de acciones, tales como acciones preferidas, con diferentes características o beneficios de votación. Además, los inversores están seguros de que no van a ser personalmente responsable de las deudas empresariales.

Facilidad de transferencia: los intereses de propiedad de una empresa pueden ser vendidos a terceros sin perturbar el funcionamiento continuado de la empresa. El negocio de una empresa individual o asociación, por otra parte, no puede ser vendido como un todo, sino que, cada uno de sus activos, licencias y permisos deben ser transferidas a título individual, y las nuevas cuentas bancarias y números de identificación fiscal son obligatorios.

Desventajas

Costo más alto: Empresas costar más a la creación y el funcionamiento de una empresa individual o asociación. Hay, por ejemplo, la formación inicial de los honorarios, las tasas de tramitación y el estado anual de las tasas. Estos gastos se compensan parcialmente por la disminución de los gastos de seguro.

Organización formal y los trámites empresariales: Una sociedad sólo puede ser creado mediante la presentación de documentos jurídicos con el Estado. Además, una empresa debe ceñirse a los trámites técnicos. Estos incluyen la celebración de las juntas de accionistas y el director, la grabación minutos, con el consejo de administración apruebe las transacciones comerciales y grandes empresas de mantenimiento de registros. Si estas formalidades no se mantienen, los accionistas corren el riesgo de perder la protección de su responsabilidad personal. Si bien las empresas de mantenimiento de las formalidades no es difícil, puede ser mucho tiempo. Por otra parte, una empresa individual o asociación puede comenzar y operar sin ningún tipo de organización o procedimientos operativos, ni siquiera a mano un acuerdo.

El desempleo de impuestos: un empleado-accionista de una sociedad tiene la obligación de pago de seguro de desempleo en su salario, mientras que un propietario único o socio no lo es. Actualmente, el impuesto federal de desempleo es del 6.2% de los primeros $7,000 de los salarios pagados, con un máximo de $434,000 dólares por empleado.

¿Qué es una corporación sin fines de lucro y cómo se formaron?

Una corporación es una entidad jurídica distinta en virtud de la ley de California. Una nueva empresa nace cuando sus Artículos de Incorporación y Estatutos se presentó ante el Secretario de Estado. A fines de lucro (beneficio público) empresa es diferente de una corporación con fines de lucro. A fines de lucro tiene propietarios, cuyo objetivo es crear un retorno rentable. Una corporación sin fines de lucro creada para fines caritativos, (es decir, en beneficio de la población en general y no para beneficio personal de algunos individuos). Pero, sin ánimo de lucro no significa necesariamente que la empresa no puede obtener un beneficio. Usted puede obtener un beneficio.

En la incorporación de una organización sin fines de lucro, he aquí algunos consejos importantes a considerar:

1. La preparación de artículos de incorporación y el archivo con el Secretario de Estado.
2. Preparar las leyes de organización.
3. Realizar una primera reunión de la junta de directores. Artículos en el orden del día suele incluir la adopción de estatutos, elección de oficiales, y la planificación de un presupuesto.
4. Solicitar la exención del impuesto Federal de Servicio Rentas Internas.
5. Solicitar la exención de impuestos del estado de la Franquicia Tributaria Tablón.

¿QUÉ ES UN ARTÍCULO DE LA CONSTITUCIÓN?

La información contenida en los artículos de incorporación del Departamento proporcionará información sobre quién es responsable en última instancia respecto de las funciones que en el negocio.

La creación de este documento, significa el inicio de una sociedad tan pronto como se haya registrado en la Secretaria de Estado. Los artículos de incorporación deberá incluir como mínimo:

1) El nombre oficial de la corporación.
2) Una declaración de que la corporación es una organización sin fines de lucro o con fines de lucro y,
3) El nombre y la dirección de una persona en California que aceptará avisos legales (Código de Corporaciones de California Sección 5130). Hay más información requerida, que, si no está incluido en sus artículos de incorporación, deben incluirse en los estatutos.

Funcionarios de la Corporación:

California, las empresas deben tener al menos tres autoridades: un Presidente (Presidente de la Junta), un Secretario y un Oficial Jefe de Finanzas (Tesorero) (Código de Sociedades de California Sección 5213). Mesa (presidente, vicepresidente, secretario y tesorero) se encargan de llevar a cabo el día a día del negocio de la corporación. Sus atribuciones, deberes y responsabilidades son establecidos por los artículos de constitución, estatutos, o por resolución de la junta de directores. Funcionarios un deber fiduciario debemos a la sociedad y debe actuar con honestidad y en el mejor interés de la corporación. Una persona puede llenar uno o más de los puestos de oficial. Sin embargo, la persona o personas que estén en posesión de (s) de los cargos de Secretario y Tesorero no puede ser Presidente.

¿Qué es un Consejo de Administración?

El consejo de administración ("board") es el órgano de gobierno de la corporación. La junta directiva se compone de las personas mencionadas en los artículos de constitución o estatutos o elegidos por los creadores de la empresa y, posteriormente, miembros del consejo de administración para actuar como miembros de la junta.

Composición de la Junta

Si bien es conveniente tener empleados o familiares en el tablero, no siempre es la sociedad en el mejor interés debido a que estas personas puedan "personas interesadas". Hay un built-in en caso de conflicto de intereses demasiados directores reciben dinero de la empresa o si muchos directores se relacionan con los empleados de la corporación. En el caso de una organización sin fines de lucro, no más de 49% de la junta directiva pueden ser "personas interesadas". "Las personas interesadas" incluyen cualquier director que haya recibido el pago por los servicios prestados en los últimos 12 meses, ya sea como un empleado (a tiempo completo o parcial), contratista independiente, o de otro tipo. Si un director es la sangre en relación con cualquier persona que haya recibido el pago de la corporación, que puede ser director de una "persona interesada" (Código de Sociedades de California Sección 5227). Hay una buena razón para esta norma. Los directores pueden tener que decidir si las empresas a utilizar su propio dinero para el pago (o de cualquier otro tipo) o para la sociedad de la beneficencia. Al limitar el número de "personas interesadas" que actúa como directores, la empresa limita el potencial de auto-tratar las transacciones y otros conflictos de intereses.

Consejo de Administración Funciones:

a. Seleccionar, contratar, evaluar y, en caso necesario, destituir al Director Ejecutivo.

b. Prestar apoyo, comentarios y críticas, cuando sea necesario; mantenga el personal responsable de llevar a cabo los planes y las decisiones políticas, proporcionar una revisión formal de los resultados y la evaluación.

c. Aprobar y supervisar el presupuesto de funcionamiento de empresa, plan de desarrollo financiero y programa de seguro.

d. Revisar y entender los estados financieros de forma periódica para garantizar la salud financiera de la empresa y que las empresas se gastan los fondos adecuadamente y de conformidad con la junta directiva del plan financiero y el presupuesto.

e. Desempeñar sus responsabilidades jurídicas.

f. Para actuar en la sociedad como se señala en los artículos de incorporación, la constitución y / o estatutos.

g. Proteger los bienes de la empresa.   Garantizar que ningún miembro de la junta directiva, de gestión, o el personal en exceso o de manera injusta o injustificada se benefician de las relaciones comerciales con la empresa.

h. Asegúrese de que el equipo de la corporación no es un mal momento.

i. Garantizar todas las compras y arrendamientos tienen condiciones justas y razonables, y representan el mejor trato posible a la sociedad.

j. Junta desarrollo (reclutamiento, orientación y evaluación de la junta).

Nivel de Atención. Los Consejeros deberán cumplir con sus obligaciones de la siguiente manera:

Las funciones deben ser realizadas de manera que el director cree que estar en el mejor interés de la sociedad, y las tareas deben ser realizadas con este tipo de atención, incluida la investigación razonable, necesaria en las circunstancias (Código de Sociedades de California Sección 5231).

Los directores tienen la autoridad y la responsabilidad de la gestión de la corporación. Los directores se reúnen y toman decisiones juntos, como la junta directiva ("board"). El consejo es, en última instancia responsable de asegurar que una sociedad se ejecutó correctamente. Si no lo hace, los directores pueden ser responsables. Todas las empresas las competencias se ejercen en el marco del consejo de dirección (Código de Sociedades de California Sección 5210). Si bien ciertos poderes pueden ser asignados a los comités, los funcionarios o empleados, el uso de ese poder y sus acciones están sujetas a la junta de revisión, dirección y control. La junta debe tener un papel activo en la supervisión de la corporación. Las siguientes son algunas funciones específicas de la junta directiva:

+   Hacer y aprobar los objetivos de largo alcance y objetivos.
+   Participar activamente en la gestión, la autorización de la empresa a largo plazo de la protección;
+   Aprobar o delegar la aprobación anual de objetivos y prioridades establecidas para lograr objetivos a largo plazo.
+   Desarrollar un plan financiero para asegurar que haya fondos suficientes para pagar los gastos y de largo alcance las metas y objetivos. Esto podría incluir la recaudación de fondos para completar el programa.
+   Marca y adoptar políticas.
+   Establecer los límites de la autoridad del Director Ejecutivo para el presupuesto, administrar las finanzas y la indemnización, y por otra la gestión de la corporación.

Acta de la Reunión de la Junta Directiva:

Una corporación debe mantener un registro escrito de las reuniones de su consejo de administración y comités de la Junta (Sección del Código de Corporaciones de California 6320). Además, las actas de las reuniones de la junta debe ponerse a disposición de California Departamento de Servicios Sociales a petición del personal (Código de Salud y Seguridad Sección 1520. L (f)). La ley exige que el acta que contenga información suficiente para hacer una clara constancia escrita para su uso futuro. El principal propósito para el mantenimiento de minutos es tener la documentación que explica las acciones de la junta, que pueden ser utilizados más adelante para defender sus acciones. Aunque minutos no tiene por qué ser una palabra por palabra de todo, dijo en una reunión de la junta directiva, deberán presentar un registro exacto de lo que se hizo, como el tiempo, lugar, que estaba presente, lo que se discutió, los resultados de todas las votaciones , y qué decisiones se tomaron y por qué. Todos los documentos de la junta o comité utiliza para tomar decisiones (incluidos los estados financieros) deberán adjuntarse a las actas, si no son confidenciales. Si estos documentos son confidenciales, deberán estar claramente identificados en el acta. Sin embargo, si los documentos son generalmente una parte de los registros permanentes de la corporación, ya sea que se adjuntará a las actas o claramente identificados en el acta.

Por lo general, el Secretario de la corporación se encarga de preparar las actas y los distribuye, ya sea antes de la próxima reunión de la junta directiva o en la reunión. Un voto para aprobar las actas sólo se requiere cuando los miembros de la junta quiere hacer cambios a las actas presentadas por el Secretario. Por último, el acta deberá ser certificada por el Secretario (Sección del Código de Corporaciones de California 5215).

Reunión de la Junta Directiva:

Consejo de Administración las reuniones deberán celebrarse al menos cada tres (3) meses (Código de Salud y Seguridad Sección 1520.1 (e)). En estas reuniones, el consejo de administración deberá revisar y discutir las operaciones comerciales y otras cuestiones que afectan a la empresa. Consejo de Administración las reuniones pueden celebrarse en cualquier lugar en el anuncio, estatutos o resolución del Consejo de Administración. Si el lugar de reunión no está en ninguna de estas maneras, debe ser celebrada en la oficina principal de la corporación.

Requisitos de votación:

Con el fin de que cualquier acto o decisión de la junta de directores a ser oficial, debe ser votado por el quórum. El quórum es el número de miembros necesarios para tomar medidas en una reunión (Código de Sociedades de California Sección 5211). El quórum puede ser declarado en la escritura de constitución o estatutos, y deberán cumplir las normas jurídicas. El quórum no puede ser nunca inferior a la mayoría de los consejeros presentes.

Due Diligence:

En el ejercicio de la debida diligencia, los directivos deben realizar una investigación razonable de los hechos. Por ejemplo, supongamos que la empresa está considerando la posibilidad de contratar a uno de sus directores para llevar a cabo los servicios de contabilidad. Una persona independiente o comité deberá ser designado para llevar a cabo una investigación sobre los hechos. Como mínimo, los hechos considerados deben incluir los servicios de contabilidad lo requiere y lo que cobran por otros libros similares. La feria los precios de mercado debe compararse a la de los "interesados director". Los directores deben examinar de buena fe todas las informaciones recogidas por la investigación independiente, y todas las demás informaciones pertinentes, y pedir a todas las preguntas con el fin de hacer una decisión informada y honesta. Esta revisión y la comparación se indican a la junta si la transacción es "justa y razonable" a la sociedad.

¿QUÉ SON LOS ESTATUTOS?

Proporcionar los estatutos que rigen las normas de funcionamiento y de la sociedad (Código de Sociedades de California Sección 5151). Si usted tiene esta información en sus artículos de incorporación, no es necesario estatutos. Sin embargo, si usted hace cualquier cambio en sus artículos de incorporación, debe presentar los cambios con el Secretario de Estado. Estatutos deben indicar el número de directores de la corporación, a menos que se indique en los artículos. A menos que la ley o los artículos de incorporación, el consejo de administración puede establecer, aprobar y enmendar las disposiciones estatutarias.

Los siguientes son típicos disposiciones incluidas en los estatutos:

1. El tiempo, lugar y método utilizado para llamar a las reuniones de los miembros, directores, y los comités.
2. Las funciones, competencias, el método de la elección y calificación de los consejeros.
3. La duración de los directores de los términos.
4. La forma de nombramiento, los deberes, la compensación y la duración de los funcionarios de condiciones.
5. Los requisitos de los informes a los miembros.
6. Las normas de admisión y la eliminación de los miembros.
7. El nombramiento y la autoridad de las comisiones.
8. Los requisitos especiales para el porcentaje de miembro y director de votos necesarios para tomar ciertas acciones.
9. El número de directores necesario para hacer el quórum.

EN CASO DE QUE PARA MANTENER LOS ARTÍCULOS DE INCORPORACIONES Y ESTATUTOS?

Actual copias de la escritura de constitución y estatutos deben mantenerse en su principal oficina de California (Código de Corporaciones de California Sección 5160). Una copia de los estatutos y de los artículos de incorporación debe mantenerse al día mediante la presentación de copias de las enmiendas que sean aprobadas por las resoluciones de la junta de directores (Secciones del Código de Corporaciones de California 5215 y 5810-5820).

Los directores tienen la autoridad y la responsabilidad de la gestión de la corporación. Los directores se reúnen y toman decisiones juntos, como la junta directiva ("board"). El consejo es, en última instancia responsable de asegurar que una sociedad se ejecutó correctamente. Si no lo hace, los directores pueden ser responsables. Todas las empresas las competencias se ejercen en el marco del consejo de dirección (Código de Sociedades de California Sección 5210). Si bien ciertos poderes pueden ser asignados a los comités, los funcionarios o empleados, el uso de ese poder y sus acciones están sujetas a la junta de revisión, dirección y control.

La acción final es el registro de la entidad empresarial con el Secretario de Estado de la provincia donde está ubicada la empresa. El registro de la organización, las formas están disponibles a través de las agencias y la Oficina del Secretario de Estado.

Registro de costo puede variar de un Estado a otro por lo que el lector se pongan en contacto con su oficina local de Estado que maneja el registro de las organizaciones empresariales.

La vida de una sociedad comienza a la presentación de los artículos de incorporación con el Secretario de Estado de la Nación. Antes de la presentación de los artículos de incorporación, las siguientes cuestiones deben ser consideradas:

¿DÓNDE SE FORMA LA SOCIEDAD?

Sea cual sea lo prefiere, puede incorporar en cualquiera de los 50 estados. Delaware es una opción popular debido a su historia, la experiencia, el reconocimiento y pro-empresarial. De hecho, más de la mitad de las empresas que cotizan en la Bolsa de Nueva York están constituidas en Delaware. Recientemente, Nevada también ha ganado popularidad debido a su entorno económico favorable y la falta de un compromiso formal de intercambio de información de acuerdo con el IRS. Ni Delaware ni Nevada ha impuesto sobre la renta empresarial, de negocios y presentaciones en estos estados pueden ser realizadas con mayor rapidez que en otros estados. Muchas personas optan por incorporar en su Estado de origen. Si lo hace, puede ahorrar dinero porque las empresas están obligadas a registrarse como una "empresa extranjera" en cada estado donde hacer negocios, y con frecuencia no hay necesidad de pagar a otra persona para que actúe como agente registrado. Por ejemplo, una corporación de Delaware que tiene su oficina principal de negocios en Texas, deben registrarse como una "empresa extranjera", con el Secretario de Estado de Texas.

Sin embargo, si su Estado de origen tiene un alto impuesto de sociedades del Estado o de alta tasa, y su corporación no "hacer negocios" en ese estado, puede ser conveniente incorporar en otros lugares. "Hacer negocios" significa algo más que la venta de productos o la realización de inversiones pasivas en ese estado. Por lo general, requiere de una oficina de ocupación o de otro tipo que tengan una activa presencia comercial.

Elegir un nombre

En general, el nombre de una sociedad debe terminar con "incorporados", "corporación", "corp." o "Inc." Un nombre no será aceptado si es probable que induzca a error al público o si también se asemeja a el nombre de otra sociedad formada en dicho Estado.

Si el nombre de su empresa se haya utilizado en relación con productos o servicios, puede que desee considerar la posibilidad de obtener federal para la protección de la marca el nombre. Esto asegura que nadie más en los EE.UU. puede utilizar ese nombre en relación con el mismo tipo general de bienes o servicios (salvo en zonas en las que alguien ya está usando ese nombre).

El Consejo de Administración

Una sociedad es administrado por el consejo de administración, que debe aprobar las principales decisiones de negocios. Un director puede ser, pero no está obligado a ser, ya sea un accionista o un oficial. Al igual que los representantes en el Congreso, los directores son elegidos por los accionistas y normalmente sus funciones por un plazo limitado. Cada empresa debe tener al menos un director.

Ejemplos de los procedimientos que deberán ser aprobadas por el consejo de administración incluyen:

- La declaración de un dividendo
- Elección de la Mesa y el establecimiento de las condiciones de su empleo
- Modificación de los estatutos o los artículos de incorporación
- Las empresas fusión, reorganización o de otra importante operación corporative

Directores de una sociedad deben deberes de lealtad y de atención a la sociedad. En general, se entiende que los directores deben actuar de buena fe, con un cuidado razonable, y, en el mejor interés de la corporación.

Agente Registrado

Cada empresa debe tener un agente registrado, la persona designada para recibir la correspondencia oficial del Estado y la notificación si la corporación es "servido" con una demanda. El agente registrado debe ser: (1) un adulto que vive en el estado de la formación con una dirección (apartado de correos no son aceptables) o (2) una sociedad con una oficina de negocios en el estado de la formación que ofrece servicios de agente registrado.

Como se mencionó anteriormente, una de las ventajas de formar una corporación en su Estado de origen es que cualquier funcionario o director puede actuar como el agente registrado. Sin embargo, hay algunas ventajas de tener a otra persona o empresa que actúe como su agente registrado. En primer lugar, este añade una capa adicional de privacidad, ya que el nombre y la dirección del agente registrado es de acceso público. En segundo lugar, lo que garantiza que si su empresa es nombrado en una demanda, nadie le sorprenderá en su casa en un domingo por la noche con los documentos judiciales.

Sociedad de responsabilidad limitada en comparación con las empresas

Sociedades de responsabilidad limitada es un tipo relativamente nuevo de la entidad de negocios que combinan la responsabilidad personal de protección de una sociedad con los beneficios fiscales y la simplicidad de una asociación. Sin embargo, hay otras diferencias importantes. Los siguientes se analizan las principales ventajas y desventajas de las empresas frente a Sociedad de responsabilidad limitada.

Ventajas de la empresa:

Beneficios no están sujetos a la seguridad social y los impuestos de Medicare: Salarios y ganancias de una LLC están sujetas a los impuestos sobre el empleo por cuenta propia, que actualmente equivale a un combinado del 15.3%. Con una sociedad, sólo los salarios, y no los beneficios, están sujetos a tales impuestos. Esta ventaja es muy importante para los propietarios-accionistas que tienen un salario de menos de $ 72,600.

Por ejemplo, si un propietario-empleado de una LLC gana $40,000 dólares en sueldos, y se distribuye $20,000 de los beneficios de la LLC, un 15.3% de impuestos tendrían que pagar $60,000 en. Para una corporación-S, la seguridad social y los impuestos de Medicare, sólo tendría que pagar $40,000 en el salario. Esto ahorra el accionista y el empleado de más de $3,000 por año. Por favor tenga en cuenta, sin embargo, que el IRS ceños fruncidos a los empleados-propietarios de una corporación S-no pagar los sueldos a sí mismos y simplemente la distribución de los beneficios. En situaciones en las que el IRS considera que los accionistas están tomando muy poco en el sueldo, el IRS caracterizar la totalidad o parte de los beneficios como salario.

Dado que las sociedades de responsabilidad limitada son todavía relativamente nuevo, no todo el mundo está familiarizado con ellos. En algunos casos, los bancos o los proveedores pueden ser reacios a conceder crédito a las sociedades de responsabilidad limitada. Además, existen restricciones en cuanto al tipo de negocio que pueda llevar a cabo una LLC en algunos estados.

Mayor variedad de, y menos impuestos sobre beneficios.

Las empresas ofrecer una mayor variedad de planes de beneficios marginales que cualquier otro tipo de entidad comercial. Varios jubilaciones, de opciones sobre acciones de los empleados y los planes de adquisición de acciones sólo están disponibles para las empresas. Además, mientras que los únicos propietarios, socios y empleados que poseen más de un 2% de S-corporación debe pagar impuestos sobre los beneficios (como el grupo plazo de seguro de vida, planes de reembolso médico, las primas de seguro médico y estacionamiento), empleados de un accionista C corporación-no tienen que pagar impuestos sobre estos beneficios.

Flexibilidad fiscal: C-Aunque las empresas están sujetas a una doble imposición, sino que también ofrecen una mayor flexibilidad fiscal. A C-corporación no tiene que distribuir sus beneficios de inmediato a los accionistas como dividendo.

Desventajas de la empresa

Más trámites empresariales: Empresas deben celebrar reuniones periódicas de la junta de directores y accionistas de la empresa por escrito y guardar minutos. Miembros y directivos de una LLC no es necesario celebrar reuniones periódicas, que reducir las complicaciones y trámites.

Restricciones a la propiedad para las empresas-S: S-corporaciones no pueden tener más de 75 accionistas, y cada accionista debe ser una persona que es un cliente o ciudadano de los Estados Unidos. Además, es difícil colocar las acciones de una corporación-S en un fideicomiso. Ninguna de estas restricciones o dificultades que se aplica a una LLC.

C-accionistas de las empresas no pueden deducir las pérdidas de explotación: Los miembros que son clientes activos en el negocio de la sociedad son capaces de deducir las pérdidas de explotación de la LLC en contra de sus ingresos ordinarios en la medida permitida por la ley. Accionistas de una corporación-S también son capaces de deducir las pérdidas de explotación, pero no los accionistas de una corporación C-.

La mayoría de las entidades común en este negocio son las empresas, por razones obvias, se ha señalado anteriormente en este capítulo. Para la discusión sólo a los efectos, estoy asumiendo que usted será el registro de su negocio como una corporación. Por lo tanto, me estoy presentando para su revisión una muestra gratis de los artículos y Reglamento interno de una empresa que creó años atrás. Siéntase libre de revisarlo y modificarlo de acuerdo a lo que usted piensa que es importante para usted. Entonces, puede que tenga que registrar su empresa con el Secretario de

Estado en su área. Como las normas estatales sobre el establecimiento de su empresa puede variar, es necesario consultar con un abogado o el Secretario de Estado en su área. Preparar una Estatutos y los artículos de incorporación no es difícil ya que hay libros por ahí a las ayudas que para este fin. Usted puede incluso comprobar el sitio web de la Oficina del Secretario de Estado y ser capaz de descargar muestras de la documentación corporativa para su uso personal.

UN NEGOCIO SEGURO Y DIRECCIÓN DE NEGOCIOS NÚMERO DE TELÉFONO

Después de dibujar un plan de negocio, tendrá que establecer una ubicación física para su negocio, ya que casi todos sus documentos oficiales, estatales y locales del distrito aplicaciones, cuentas de banco, licencia de negocios, tarjetas de crédito, contratos, etc .. requiere de una dirección profesional. Inicialmente, puede utilizar la dirección de su casa o de los servicios de un Buzón Etc ... que con una mínima cuota mensual de alrededor de $50.00 a $80.00, se le proporcionará un apartado postal (PO Box), que representan una dirección comercial física designada para su empresa. Si desea tener una dirección de lujo en busca / ubicación, como una oficina ejecutiva, algunos grandes edificios ofrecen los mismos servicios que el de Mail Box Etc.. que para un conjunto cuota mensual, usted está autorizado a utilizar su edificio de oficinas de dirección y un buzón de correo electrónico designada en el interior del edificio. Usted puede venir a diario sólo para recoger su correo y para comprobar los mensajes, pero no física regular o ubicación de oficina para sentarse pulgadas Con esto en mente, las grandes direcciones de oficinas proporcionarle una legítima ubicación física para su negocio y para aparecer como si tuviera una gran oficina en uno de los altos edificios del centro, cuando en realidad sólo se trata de una oficina de dirección en la que se llega en el día a día para recoger su correo o mensajes.

En realidad, usted no necesita una oficina física para operar este negocio. Puede puesta en marcha mediante el uso de la dirección de su casa hasta que el negocio está empezando a hacer algunos graves ingresos. Es imperativo no obstante, tener al menos un P.O. Cuadro donde se puede dirigir la comunicación, así como para hacer su negocio más profesional y atractivo para el público en comparación con el funcionamiento de una habitación extra en su casa. En línea con este pensamiento, usted debe tener al menos una línea telefónica dedicada exclusivamente para el cuidado de personas de negocios. Usted puede obtener un teléfono celular y las empresas responder a todas sus llamadas ... ABC guardianes, "Gracias por su negocio ... esta es John hablando .... Puede alcanzar este objetivo dentro de las comodidades de su descanso, mientras que en el otro trabajo. Si su trabajo requiere mucho de su tiempo, usted puede enviar sus llamadas a su contestador automático o locales a través de un servicio por una cuota mínima. Separa tus llamadas personales de su empresa. Esta también muy bien, porque su negocio puede incluir los gastos de su factura telefónica que usted tendrá que declarar en su declaración de impuestos por la empresa. Usted necesitará un mensaje de sonido profesional, contestador automático / o servicio de un sistema de comunicación que representan adecuadamente lo que eres y con lo que su empresa se trata. Formalmente en relación con la introducción de su negocio, usted necesitará una tarjeta de visita de aspecto profesional y pre-impreso folletos que se pueden pasar-en lugares públicos, aparcamientos, viviendas, centros para ancianos, etc ... para hacerles saber que está en el negocio.

1. **Nombre de la empresa ficticia**

A. Archivo de Nombre de la empresa ficticias Declaración

Después de una empresa está registrada con el Secretario de Estado, el siguiente paso es solicitar un nombre comercial ficticio declaración para identificar la razón social del solicitante en virtud de la declaración ... "Doing Business As", DBA. Un ejemplo sería ... ABC Corporation, debidamente registrados con el estado de California, haciendo negocios como "servicios de atención personalizada Angel". ¿Necesita un abogado para hacer esto? Consultar con un abogado sería una gran idea. Sin embargo, usted puede hacerlo por su libre curso a su local de la Oficina del Registrador del Condado y pagar la tasa exigida. La aplicación en sí ilustran lo que debe hacer. Una vez más, como las regulaciones estatales pueden variar, tendrá que hacer preguntas de profesionales. A nombre de la Corporación tal vez el mismo o diferente de un Nombre de la empresa en función de lo que está disponible o en la elección de la empresa titular. Técnicamente, uno puede necesitar a la investigación si el nombre de la empresa que tiene en mente y si no existen, por ejemplo, el nombre no puede ser utilizado por otra entidad. En la aplicación de un nombre comercial ficticio declaración, el solicitante deberá presentar una solicitud a la Oficina del Registro del Condado en el condado y la ciudad donde la empresa operará. La Oficina del Registrador del Condado es la mayor parte del tiempo situado en el Ayuntamiento. Uno puede tener una empresa con sede en Nevada, y puede operar en California, pero la empresa tiene que ser registrado en California en virtud de un "DBA". Tras su aprobación, la solicitud será publicada en un periódico local para anunciar a la comunidad que hay un juego de reclamación sobre derecho de propiedad en nombre de empresa solicitada. Si nadie se presenta a concurso dentro de al menos un par de semanas más o menos, (normalmente 30 a 60 días), entonces el nombre de la empresa solicitó oficialmente ser registrados bajo el nombre solicitado. Después de registrar el nombre de su empresa, se le encargó a su periódico local en contacto con la publicación de su elección y pagar una cuota por el costo de publicar su nombre comercial ficticio declaración.

2. GARANTIZAR SU NÚMERO DE IDENTIFICACIÓN FISCAL (NIF) Y NÚMERO DE IDENTIFICACIÓN DEL EMPLEADOR (EIN) CON EL IRS Y LA FRANCHISE TAX BOARD

Después de registrar la entidad comercial y la presentación de una declaración de nombre ficticio de negocio, el siguiente paso será ponerse en contacto con su distribuidor local de Servicio de Rentas Internas (IRS) para notificar a la oficina sobre su nuevo negocio. Hay una serie automatizada que puede entrar en contacto o revisar su directorio telefónico local lista para agencias gubernamentales y para examinar específicamente IRS. Para mayor comodidad, se puede registrar ya sea por teléfono o en línea y se puede garantizar su Número de Identificación Fiscal y de los Empleadores número de identificación en cuestión de minutos. Dentro de los 15 a 30 días, usted recibirá una carta de confirmación indicando su número de comisión de servicio. Estos números son esenciales, especialmente cuando usted solicita exención de impuestos o beneficios fiscales y también al abrir una cuenta corporativa en una institución bancaria local y cuando usted solicita una licencia comercial en la zona en la que desea establecer el negocio.

3. ABRIR UN NEGOCIO EN CUENTA BANCARIA

A fin de funcionar plenamente como un negocio, usted tiene que tener un negocio de banca capacidad para manejar sus ingresos, los depósitos y los avances realizados por sus clientes y por el capitalista de riesgo y los inversores. Usted también puede ser que necesite una cuenta para mostrar su empresa digna de crédito. Esto es opcional en este momento. Con el fin de abrir una cuenta con su banco local, necesitará copias originales de los siguientes:

1. Artículos de Incorporación y Estatutos registrados con el Secretario de Estado.
2. Número de identificación fiscal / Empresas de la Número de Identificación.
3. Licencia de Negocios
4. Una Resolución de la Junta autoriza la apertura de una empresa cuenta bancaria.
5. Nombre de la empresa ficticia Declaración Negocios dirección
6. Otros formularios requeridos por el banco o institución.
7. Publicidad en el periódico local para los clientes, el trabajon demandantes, el personal, los consultores que trabajarán para su agencia.

En esta fase en el tiempo, su empresa ya dispone de la personalidad jurídica como una entidad comercial. Todos los cuidados de negocios se basa en gran medida de su dotación de personal para enviar a los profesionales de viviendas o instalaciones. Es importante hacer publicidad de manera regular, la necesidad de personal disponible sobre una base consistente. Cuanto más personal disponible que usted tenga en su oleoducto, el más conveniente su operación será. La publicidad puede llegar de diversas maneras, dependiendo del presupuesto disponible. Dado que, usted es apenas la puesta en marcha de negocios, usted necesita para mantener sus gastos a la mínima y como crece la renta, por lo que es el costo de la publicidad. La publicidad anuncio parecido a éste:

> "Cuidadora quería: Live-in / out para el cuidado de personas mayores y adultos en el hogar. Convocatoria: LISA (800) 123-4567"

Tener una cartera de disponibles y personal de confianza para cubrir una variedad de cambios y necesidades de los clientes es extremadamente importante para la empresa. Su capacidad de producir una larga lista de personal para satisfacer las exigencias del servicio determinará si es posible que pueda mantener o perder su negocio. Dependiendo del tipo de los servicios prestados y la empresa que presta los servicios, las tasas de remuneración variable. La mayoría de los cuidadores se les paga en un salario mínimo y en una base por hora, sin beneficios y algunas veces son considerados como contratistas independientes. La palabra contratistas independientes están destinados a fines del IRS y que necesita para leer más sobre el reglamento del IRS en la medida en que el tema sobre el empleo se refiere. Categorías de personal se podrá determinar que los empleados o contratistas independientes. Como empleador, usted tendrá que determinar cómo sus operaciones y cómo se tendrá que tratar a sus empleados fiscales, de seguros y beneficios fines. Dependiendo de la disposición de servicios a cubrir, los servicios básicos varía de un

compañero que es la tasa por hora / salario mínimo para cubrir un completo turno de 8 horas AM-PM turnos. Si el servicio requiere pasar la noche, por razones obvias que no mucho de los cuidadores tendrá el cambio, el coste del servicio puede ser un poco mayor para servir como un incentivo. Algunos servicios requieren que el personal estará en vivo en la base, lo que significa que los agentes podrán ser obligados a permanecer por un determinado número de días (de lunes a viernes) después de una pausa para (sábado y domingo) para ser cubierta por otro personal que se dispuestos a asumir el cambio, el coste del servicio es prorrateado a veces oscila entre $ 150-180 por día. Este número no son inamovibles como el precio del servicio puede ser determinada por el propietario de la empresa sobre la base de costo real y el margen de beneficios. Esta información se manifiesta principalmente en las cifras se ilustra en el plan de negocios.

El negocio de proveer cuidado personal incluye no sólo el personal enviado a los domicilios privados, sino también el personal en las instalaciones de atención residencial, centros de enfermería especializada, hospitales etc .. Para darle una idea, hay personas que prefieren recibir la enfermería y la atención individualizada de las comodidades de su hogar en lugar de los hospitales y centros de enfermería especializada. Algunas personas quieren tener ese sentido de atención inmediata en caso de que las enfermeras no están disponibles. En el caso de 6 camas, las instalaciones de atención residencial donde el personal puede convertirse en un problema importante (la mayoría de las veces) cuando de repente una línea personal de las llamadas en un enfermo y no puede cubrir los turnos. La empresa debe cubrir también la publicidad de los puestos profesionales, como fisioterapeuta, terapeutas ocupacionales, nutricionistas, terapeutas de recreación, médicos, etc ... que serán necesarias en situaciones especiales.

ADVERTENCIA:

"Es extremadamente importante para todos los negocios de cuidados a tener personal suficiente para cubrir los servicios requeridos por los clientes, independientemente del calendario, día de la semana, vacaciones, turnos de noche, las situaciones de emergencia, los avisos a corto, ausencia de personal".

Su capacidad de suministro fácilmente disponibles, incluso la dotación de personal a corto anuncios determinará el éxito de su negocio y reducir sus posibilidades de participar en los pleitos resultantes de la lesión o la negligencia en relación con el cuidado de un cliente. Cuando el organismo se suscribe a un contrato de servicio con un cliente o un miembro de la familia, es su responsabilidad para asegurarse de que habrá un cuidado personal en la casa del cliente en la hora y día que el contrato se comprometió a proporcionar. Un personal de ausencia o tardanza no es una excusa aceptable sobre todo si el cliente decide tomar el cuidado de sí mismo y se lastima en el proceso, mientras que en virtud de su contrato programa de la agencia, entonces usted tendrá una situación muy grave que le podría costar grandes ciervos en incidentales costo, demanda o incluso un cierre de la empresa. Usted debe estar siempre vigilante en su búsqueda de tener una larga lista de copias de seguridad de personal dispuesto a tomar turnos de emergencia, pero por supuesto que le costará mucho que usted estaría dispuesto a sacrificar la pérdida de ingresos en lugar de una demanda. Este es uno de los retos más importantes del servicio de negocio.

Otro tipo de dilema comúnmente encontradas sobre el tema de la dotación de personal es la coherencia en la calidad del servicio y la puntualidad del personal que se discutirá más adelante.

Coste del servicio está siempre en relación con el precio. Si usted encuentra que el precio de su competidor del servicio es a veces más barato que lo que usted ofrece, son de alguna corte de su costo de retener a su personal. Hasta el extremo, a veces las agencias de alquiler de cuidar los extranjeros indocumentados, que a su vez reduce sus costos y, en general, reduce el exceso de todos los precios del servicio. Lo que es frustrante es que la gente no se da cuenta de los efectos a largo plazo de su programa. El precio para el servicio de la mayoría depende de los gastos de mantenimiento del personal, incluida la capacitación, identificación, documentación, etc ... que usted aprenderá más adelante en el negocio. Si la competencia ofrece un precio inferior a lo que es realista, que son en cierto modo la reducción de las normas de la empresa que a su vez socavar la calidad de los servicios empresariales en general. Es normal y se espera en este tipo de negocio para las personas a tomar sus decisiones en función de los precios, pero lo que no saben es que cuanto menor sea el precio, que viene con la calidad del servicio. Los clientes pagan por lo que obtienen lo que equivale a más baratos (de baja calidad del servicio).

Existen factores que las agencias de cuidado de tener en cuenta en la determinación de sus precios:

- El costo de la publicidad y promociones.
- La impresión de huellas digitales, verificación de antecedentes de referencia
- Documentación
- Costo de la formación para prestar un servicio de alta calidad.
- Seguros de gastos (generales y de responsabilidad profesional)
- Seguro de Transporte y Seguro de Cobija
- Médico y Otros Beneficios a los empleados
- Uniforme e identificación

CAPÍTULO CINCO: LA FINANCIACIÓN DE LA EMPRESA

DÓNDE financiación asegurada, los préstamos de la SBA, los capitalistas de riesgo, las donaciones, dones DONACIONES, ETC ... PARA FINANCIAR LA ACTIVIDAD

PASO 3: GARANTIZAR LA FINANCIACIÓN DE LOS NEGOCIOS

(Tiempo: 30-60 días)

Después de hacer decisiones financieras basadas en el plan de viabilidad de la empresa, el siguiente paso sería averiguar si es digno de seguir al siguiente nivel. Si usted decide que este no es el negocio para usted, este es el momento adecuado para dejar de fumar. Por lo menos más de su costo, todo se encuentra todavía en un mínimo que se limita a los gastos de este libro y la pérdida de su tiempo libre leyendo. Sin embargo, si decide avanzar al siguiente nivel, el dilema sería averiguar dónde obtener la financiación necesaria para el negocio. Esta sección le ayudará a comprender la mayoría de las preguntas de las personas que comienzan a la

hora de establecer sus negocios. Las sugerencias presentadas en este capítulo no están garantizados eficaz, ya que pueden no ser aplicables a todos los casos, en todo momento, como soluciones para cada situación puede variar. No obstante, averiguar lo que puede aplicarse a su situación particular y qué no lo es.

Encontrar un capital inicial nunca es fácil. Incluso si usted tiene una excelente idea de negocio para presentar, pero no cuentan con suficientes garantías de financiación a que lo apoyen, dura suerte. No es imposible, pero sería todo un reto. Creen en la empresa, la perseverancia y el compromiso con su idea de negocio son elementos importantes para desbloquear estos retos. La única cosa acerca de la empresa es que realmente no necesitas mucho dinero como capital para iniciar el negocio. Todo lo que necesita es financiación para apoyar la actividad hasta que obtenga sus primeros clientes. Por eso, voy a seguir diciendo "NO SALIR DE SU TRABAJO". Una gran mayoría de su puesta en marcha de dinero va a establecer su entidad comercial y de marketing / publicidad costo. El resto depende de usted.

Aquí hay una lista de recursos que usted puede ser que desea explorar:

1. FONDOS PERSONALES, DINERO DE AMIGOS Y PARIENTES, OBTENER UNA SOCIO DE NEGOCIOS, BUSCAR UN INVERSOR:

En lo que se refiere a la financiación de su propio negocio, la primera cosa que usted como una start-up empresario necesidad de estudiar es el de finanzas personales, cuánto dinero ahorrado o está a la espera de recibir al mismo tiempo que está recibiendo este negocio iniciado. Tal vez usted necesita para controlar su ahorro, los ingresos de su empleo, fondos de jubilación, IRA, con acciones y bonos, o incluso el dinero de un tío perdido a largo etc ... Vende tus colecciones personales no deseados, joyerías, ropa, muebles.

2. EE.UU. ADMINISTRACIÓN DE PEQUEÑOS NEGOCIOS (SBA).

SBA es la mayor fuente de largo plazo de las pequeñas empresas la financiación de la nación. Consulte con su distribuidor local de los bancos que apoyan los préstamos de la SBA. Muchas start-up personas han utilizado los préstamos de la SBA para iniciar o expandir negocios. Con el fin de ser elegible para un préstamo, la empresa debe ser operado con fines de lucro y calificar como un pequeño negocio en virtud de la SBA en tamaño estándar criterios:

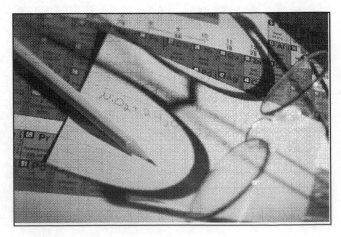

a. Uso del producto: El producto puede ser de préstamos destinados a una variedad de propósitos, incluyendo capital de trabajo, inventario, maquinaria y equipo, mejoras en de arriendo y la adquisición de un inmueble de empresa.

b. Préstamo de plazo: El vencimiento del préstamo depende de la utilización del préstamo y proceder varía de cinco a siete años para capital de trabajo, diez años para activos fijos o 25 años para las adquisiciones de bienes raíces.

c. Los tipos de interés: Las tasas de interés son variables y se negocian entre el prestamista (el banco) y el prestatario, sin embargo, los prestamistas en general no podrá percibir más de tipo preferencial. El puede acercarse a un banco local que ofrece préstamos de la SBA y la SBA garantiza el pago del préstamo al vencimiento.

d. Colateral: La SBA requiere que un número suficiente de activos se utiliza como una promesa o una garantía para el préstamo para asegurarse de que el propietario del negocio tiene un interés sustancial en el éxito de la empresa. A pesar de la SBA no rechazar una solicitud de préstamo debido a la falta de garantía, los prestamistas exigen una cantidad razonable para proporcionar una fuente secundaria de pago.

La SBA le ayudará a obtener financiación convencional a través de garantías de préstamos o créditos otorgados por bancos o prestamistas privados. Para citar unos pocos programas disponibles muestra:

+ Garantías de préstamos pequeños
+ Línea de temporada de garantías de crédito
+ Préstamos de asistencia a minusválidos
+ El capital de riesgo
+ Préstamos para los discapacitados y veteranos de Vietnam
+ Los préstamos a largo plazo
+ Además de estos programas, la SBA ofrece capacitación, asistencia técnica y asesoramiento con tres organizaciones asociadas a saber:
+ Cuerpo de Servicio de Ejecutivos Jubilados (SCORE), que proporciona formación gratuita y de uno-a-uno el asesoramiento de voluntarios.
+ Centros de Desarrollo de Pequeños Negocios (SBDC's) proporcionar la formación, la investigación, asesoramiento y otros tipos de asistencia.
+ Pequeñas y Medianas Empresas Institutos gratuitos de gestión de estudios de los estudiantes por parte de las empresas en virtud de la facultad de las direcciones más de 500 universidades.

3. LOS CAPITALISTAS DE RIESGO, LOS INVERSORES Y EL DINERO PRIVADO.

La financiación también puede ser obtenido a partir de partes interesadas del sector privado que comparten su visión y las potencialidades de la empresa. Siempre es una buena práctica para participar en redes de clubes donde se puede asociar con un grupo de personas que tienen dinero y siempre están buscando oportunidades de negocio. Usted puede encontrar este tipo de personas de su cámara de comercio local, biblioteca, Internet, revistas de negocios, bancos, inversores, etc ..., por supuesto, leer y discutir con usted el plan de negocios que ha creado, mira en sus antecedentes y experiencia, etc ... el fin de evaluar si puede confiar en usted con su dinero.

ESCRIBIR UNA SUBVENCIÓN PROPUESTA

Al solicitar ayuda financiera o de una subvención, se le recomienda a la investigación sobre cómo preparar una solicitud de subvención. El formato presentado en este libro es una "muestra única" y que pueden venir con su propio formato, dependiendo del proyecto, empresa o entidad a la que la concesión se presenta a la finalidad y, por supuesto, la misión / objetivo. Para las fundaciones o corporaciones, al solicitar una subvención para el escritor siempre debe preparar una carta que describe quién eres, lo que el plan está tratando de lograr y cantidad específica de fondos que está solicitando. Trate de limitar la propuesta a la carta de tres páginas acerca de la narrativa y debe ser firmado por el Ejecutivo. También es una buena idea de adjuntar una copia de su presupuesto anual de la empresa durante el último año y un estado financiero auditado, una carta de determinación del IRS (para sin fines de lucro), una carta y un plan de negocios / subvención propuesta ser suficiente.

La preparación de una subvención es algo similar a un plan de negocios ya que indica la cantidad de dinero que necesita y con qué fin. Incluidas en esta sección es un resumen de un proyecto de concesión y lo que es una propuesta de subvención debe contener.

Componentes de una propuesta / SUBVENCIÓN

I.   Resumen
II.   Introducción
III.   Declaración problema
IV..   Objetivos
V..   Métodos
VI.   Evaluación
VII.   Futuros o de otros fondos necesarios
VIII   Propuesta de Proyecto de
       presupuesto
IX.   Tiempo Gráfico

Consejos por escrito una propuesta de subvención:

1. Incluya una carta de
2. Sea breve y positivo
3. Evitar no suposiciones.
4. Debe ser escrito en limpio, aseado y papel deben estar
   en Inglés.
5. Escribir a una organización que apoya sus objetivos y
   misión.
6. Las estimaciones presupuestarias
7. Plan de Negocios
8. Buena suerte y ser positivo.

CAPÍTULO SEIS:
EL NEGOCIO LICENCIA

Paso 4: UN NEGOCIO SEGURO DE LICENCIA

(Tiempo: 30-60 días)

La próxima cosa a hacer es solicitar una licencia de negocios en la ciudad donde se llevará a cabo su negocio. En algunas ciudades, condados y estados, las tasas para asegurar una licencia comercial puede variar. Algunas ciudades tienen una cantidad preestablecida de una licencia comercial, pero para algunos, una serie de tasas sobre la base de las proyecciones o los ingresos reales, un calendario de pago está disponible como una base para el costo de la tasa de licencia de su negocio. Póngase en contacto con el Ayuntamiento de registros para obtener más información sobre tarifas pueden variar. En California, el costo de registrar una empresa oscila entre los $100.00 hasta $150.00. Algunas ciudades pueden exigir copias de sus documentos de la empresa y la documentación para confirmar la dirección de la empresa, mientras que otros no exigen nada a excepción de la tasa.

NEGOCIOS OFICIAL COMIENZA A PARTIR DE LA RECEPCIÓN DE UNA LICENCIA COMERCIAL.

Otras formas de cuidar los negocios, tales como los servicios de atención residencial, los organismos de salud en el hogar, etc ... será necesario obtener una licencia de los organismos públicos de concesión de licencias y hay que pasar por aro y baches de la burocracia para conseguir una licencia. En este tipo de prestación de cuidados de personal de empresas privadas en residencias, o privados de atención para las personas recluidas en hospitales o centros de enfermería especializada, hospicio, etc ... todo lo que necesita es una licencia comercial / permiso de su ciudad local de la sala donde está ubicada la empresa. Eso es todo! No hay ningún otro requisito de licencia profesional, a fin de utilizar este tipo de cuidado de personas de negocios. El negocio de licencia es una autorización para que pueda operar su negocio en el condado o ciudad donde está ubicada la empresa. En otros estados, la explotación de un negocio de cuidados puede requerir una licencia de un organismo estatal de concesión de licencias además de la empresa permiso / licencia de forma, por favor, consulte con su distribuidor local de los organismos antes de llegar en problemas.

CAPÍTULO SIETE: FORMAS, POLÍTICAS PROCEDIMIENTOS

PASO 5: CREAR UNA DE POLÍTI-CAS Y PROCEDIMIENTOS

(Línea de tiempo: 10 días)

Cada empresa debe tener cuidado de sus propias políticas y procedimientos. La única intención es servir como una guía para todos los empleados y el personal a seguir de acuerdo con la declaración de la misión y los objetivos de la agencia. También sirve como base para la evaluación del rendimiento de los empleados, así como de definir los servicios y sus limitaciones. Sin ella, todo el mundo, incluido el personal se actúe sobre sus propias normas a fin de causar mucha confusión y caos en el funcionamiento de la organización de las empresas líderes a costosas demandas legales, los empleados y, finalmente, la insatisfacción resultante de la falta de una gestión eficaz y posiblemente el cierre de la empresa. En la elaboración de políticas y procedimientos, usted debe estar familiarizado con la reglamentación actual y los procedimientos comúnmente observada en los servicios de atención residencial, hospitales, instalaciones de enfermería especializada, etc ..., ya que puede ser la mejor guía para observar desde la calidad y el nivel de atención es similar si no idénticos a sus operaciones. Usted puede optar por hacer su propia investigación al pedir una copia de un hospital o instalación's manual de operaciones (que es confidencial) o busque en la Internet. También puede utilizar los recursos disponibles en su biblioteca local o de Licencias de Cuidado Comunitario, Estado de licencias de agencias, sitios web de regulación del Estado la normativa vigente sobre colocación adecuada atención de los pacientes y los servicios. Hay agencias privadas de consultoría especializada en este tipo de servicios que puedan diseñar políticas y procedimientos que específicamente cumplir los estándares de su organismo sin embargo, le podría costar al menos $5,000.00 en honorarios de consultoría o de horas de mano de obra.

Para ahorrarle tiempo y dinero, incluidos en este libro es la muestra del autor de las políticas y los procedimientos que él escribió para sus cuidados de negocios se encuentran en Exposition Tres,

Pagina 188. Revisión y si resulta práctico, puede utilizarlo para su propio propósito y revisarlo para satisfacer sus propios objetivos personales.

¿QUÉ POLÍTICAS Y PROCEDIMIEN-TOS DE SU CONTENIDO?

Cada políticas y procedimientos deben contener información detallada sobre lo que deben ser observadas en el funcionamiento de la empresa. Debe contener el texto siguiente:

a. Lo que su empresa / agencia representa, los objetivos y declaración de la misión.
b. Principio General.
c. Acceso Clientes Políticas
d. Tratamiento adecuado de políticas, Dignidad y Respeto
e. Cliente de seguridad
f. Reglamento y de confidencialidad de HIPAA
g. Tipos de Actividades de clientes.
h. Procedimientos de emergencia
i. Contratación de los empleados / Procedimientos de encendido
j. Seguridad en el Transporte
k. Personal de la programación
l. Formación de Personal y Formación Continua

Estos son sólo algunos de los más elementales que deberán cubrirse, en virtud de las políticas y procedimientos. Sin estas políticas, el organismo se operan en "cualquier cosa" que el modo de mantener el negocio abierto a las demandas y otros problemas. En la preparación de su cuenta, tenga en cuenta la regla básica en el negocio ..."¿Cómo puedo prevenir una demanda de los clientes, sus familias, el personal y del gobierno local?" Usted puede ser creativo e incluyen cualquier cosa y todo lo que usted como empresario en el deseo de observar las operaciones de su negocio basado en la normativa vigente como siempre que sean éticos, jurídicos y prácticos en todos los sentidos para la observancia de la seguridad y el orden en el negocio.

Las políticas y procedimientos es la ley de la empresa y debe ser estrictamente respetada y modificado en consecuencia para responder a cuestiones de actualidad y eventos que afectan la operación diaria de la agencia.

Cada vez que un tema se desarrolla, se produce un accidente, o cualquier problema, y no es y no puede ser resuelto por las políticas y procedimientos, es el momento de hacer algunos cambios en las reglas.

Paso 6: Crear los formularios en la Operación de la Negocios (línea de tiempo: 15 días)

A fin de que la empresa a operar inicialmente, debe contar con las formas básicas y los documentos que puede utilizar en sus transacciones y las comunicaciones. Dependiendo del alcance y las limitaciones de los servicios que se ofrezcan por la agencia, debe tener formas muy necesario y la documentación indispensable para su operación diaria entre ellas las siguientes:

+ Contrato de Servicio
+ Contrato de trabajo
+ Informe de Incidentes
+ Evaluación del Cliente
+ Cliente y Personal de Información de Emergencia
+ Informe diario
+ Mantener registros de medicación Forma

Estas son sólo algunas de las muestras de los formularios de su empresa puede necesitar y el resto se desarrollará por usted personalmente de acuerdo con lo que su agencia podrá exigir en sus operaciones diarias. Una muestra de las copias de estos formularios se encuentran en el Tres, PÁGINA 109 de este libro.

CAPÍTULO OCHO: LA DOTACIÓN DE PERSONAL

Cuidado de personas de negocios nunca será completo sin un cuidador personal. En este tipo de negocio en el que depende en gran medida de la interacción personalizada entre las personas de todos los tipos y culturas, siempre habrá una probabilidad de conflictos, miscommunications y otras cuestiones relativas a su gestión y operaciones. Como un negocio propietario/operador, usted debe tomar medidas de precaución al elegir el derecho de los empleados de su empresa desde la contratación, formación, promoción y rescisión de contrato de trabajo de los servicios. Todos sus empleados deben someterse a verificación de antecedentes y huellas dactilares de limpieza antes de ser dado una tarea o participar en cualquier forma de interacción o comunicación con sus clientes.

Paso 7: **Obtener huellas digitales Live-Scan y garantizar la liquidación de revisión de antecedentes del FBI, del Departamento de Justicia o su departamento de policía local. (Línea de tiempo: 3-15 días)**

Todos en la lista del personal incluyendo a los propietarios de la empresa debe tener la prueba de verificación de antecedentes a través de la limpieza de departamento de policía local y el control de LIVESCAN antes de trabajar en el primer día. Parte del proceso de contratación es para exigir a los solicitantes para completar un formulario de solicitud, que incluye preguntas personales, tales como antecedentes penales, revisión de antecedentes y las preguntas de la prueba para indicar que el solicitante de la salud mental y el bienestar.

Para asegurar los clientes y sus familias seguridad, es muy importante para llevar a cabo lo siguiente en su personal antes de la contratación:

+ Entrevista personal de los funcionarios
+ Personajes de verificación y pruebas.
+ Revisión de caracteres
+ Prueba de esfuerzo
+ El examen de sus antecedentes
+ Verificación de crédito

- Compruebe penales
- Verifique las referencias.
- Suministro de 3 cartas de recomendaciones.

Con el fin de completar la tarea de la verificación de antecedentes y la historia, todos los futuros funcionarios / los solicitantes deben llenar la información pertinente sobre la solicitud de empleo y un pre-formato carta de autorización deberá estar firmada por el solicitante o el personal que permite llevar a cabo la agencia de antecedentes e historial de crédito verificación como requisito para el proceso de solicitud. La forma más rápida y conveniente manera de verificar la información acerca de un solicitante es mediante el uso del ordenador e Internet, donde en menos de un minuto, usted recibirá una hoja de cálculo de la información que usted no puede creer que usted puede encontrar acerca de la persona. Hay disponibles programas de ordenador y cientos de sitios web que pueden proporcionar un control de antecedentes para el informe de crédito o tan bajo como $ 39.00 por consulta. Si desea tener su búsqueda a otro nivel, existen sitios web que incluso verifica las direcciones, los empleos anteriores y las búsquedas de personas. Con un pre-pago y una cuota de membresía de software costo de $ 100.00, puede tener un ilimitado búsquedas e investigaciones sobre todos los posibles candidatos en relación con su pasado, presente y en espera de la historia criminal (delito menor, penal y acción civil presentada ante los tribunales locales) delincuente sexual comprobar, embargo y juicios civiles, las direcciones anteriores, familiares etc .. Aquí hay algunos útiles para explorar sitio web:

a. Sentrylink.com
b. Intelius.com
c. EE.UU. Personas Search.com

Si no tiene acceso a una computadora o el Internet, usted puede solicitar un solicitante para obtener un fondo de liquidación del departamento de policía local para casi el mismo costo utilizando la metodología tradicional de toma de huellas dactilares y una red de información de base de datos. También hay una empresa privada denominada LIVESCAN que se contrae a través del Departamento de Servicios Sociales y Atención Comunitaria de licencia que proporciona servicios a través de las huellas dactilares del FBI, del Departamento de Justicia, Seguridad Documentos base de datos. Los resultados pueden ser adquiridos casi instantáneamente, o al menos dentro de tres días a partir de la liquidación del Departamento de Justicia y la Oficina Federal de Investigaciones.

Este negocio tiene la mayor incidencia de denuncias, las prácticas abusivas, el abandono, la pérdida, las lesiones, la negligencia, el robo y el peor de los casos, incluso posiblemente la muerte. Estos factores, entre ellos la ineficiente gestión del personal y la formación podría dar lugar a numerosos juicios que a su vez se traduce en el cierre de empresas debido a la falta de supervisión, la ineficacia de las prácticas de formación y mantenimiento de registros, la falta de seguro y cobertura de responsabilidad como la insuficiencia de gestión del riesgo de los factores que están directamente relacionadas con la mala las prácticas empresariales. Contratación de personal es un elemento crucial en el negocio. A pesar de todos los de mantenimiento preventivo para asegurar la dotación de personal de alta calidad, no hay ninguna garantía en cuanto al carácter y la personalidad de los funcionarios. Se podría describir perfectamente el carácter durante la entrevista a continuación, tras el proceso de la entrevista, la persona puede convertirse en una personalidad muy diferente. La medida de lo posible, tendrá que hacer lo mejor en evitar a los que son buenos de los que su primera impresión se dicte otra cosa.

En todos los cuidados de negocios, la disponibilidad de personal para trabajar en algunos anuncios corto también es muy crucial para la supervivencia de la empresa. También ayuda cuando usted o su administrador de conducta aleatoria y sin previo aviso cliente y las visitas regulares de comunicación con las familias en cuanto a la calidad de la atención prestada por el personal. Este enfoque puede mantener al personal en sus dedos de los pies en la prestación de servicios de la más alta calidad que los clientes debidamente merecen. Antiguo que la detección y la capacitación adecuada es una clave importante en mantener el personal adecuado para el negocio. Compruebe siempre a cabo, con sorpresa visitas sin previo aviso, hable con otros miembros del personal, consulte a los clientes y sus familias, ser abiertos y observar sus actitudes y conducta en general. Mira a tu alrededor en busca de indicios que podrían demostrar la preocupación por la seguridad de su cliente y el bienestar. Siempre es mejor estar seguro que lamentarse más tarde. Después de todo, este es su negocio. Tienes que ser el primero en saber lo que está sucediendo.

PASO 8: ASEGURE LA RCP-PRIMEROS AUXILIOS DE CERTIFICACIÓN.

(Línea de tiempo: 3-15 días)

Es una práctica común en las instalaciones de atención residencial con licencia y tipo de institución de las instalaciones para exigir a su personal a todos los que la RCP y primeros auxilios certificados antes de su primer contacto con los clientes. La responsabilidad más importante de una persona consiste en proporcionar un entorno en el que los clientes se sientan seguros. A fin de lograrlo, una parte de su papel es ser capaz de ayudar a los clientes en todo lo que puedan en caso de una emergencia. Los agentes estarán obligados a asistir a las clases de certificación cada tres años o menos para restablecer sus tarjetas de certificación. CPR Las clases están disponibles en las escuelas, universidades, escuelas para adultos, etc ... y hay algunos proveedores de servicios que pueden ir a su casa para ofrecer clases de la certificación a un costo de $ 50.00 por persona o, a veces libre cuando asisten a seminarios en su capítulo local de la Cruz Roja .

a). Todo el personal debe también garantizar ocho (8) horas de VIH-Hepatitis curso de certificación.

b). Profesionales de Apoyo Directo: El apoyo directo a los profesionales de Servicio de los niveles 2, 3, y 4 de las instalaciones ocupadas antes del 1 de enero de 2001 deberán completar satisfactoriamente el primer segmento de 35 horas de formación (Year1) el 1 de enero de 2002, y completar satisfactoriamente el segundo segmento de 35 horas de formación (Año 2) el 1 de enero de 2003. Apoyo directo de servicios profesionales en los niveles 2, 3, y 4 de las instalaciones empleadas en o después del 1 de enero de 2001, un año desde la fecha de contratar a completar satisfactoriamente el primer segmento de 35 horas de formación, y, dos años a partir de la fecha de contratación para completar el segundo segmento de 35 horas de formación.

Antes de inicial de contacto de clientes, todos los cuidadores del personal debe disponer de un 8 horas de introducción de formación para el personal:

La disposición de una licencia obligatoria de 8 horas de introducción a la Formación de Personal del personal antes de enviarlos a un oficial de programa de trabajo para prestar servicios a sus clientes es sumamente importante. Estos son algunos de los temas básicos sugeridos para la formación inicial:

a.	Agencia de Políticas y Procedimientos.	(1 hora)
b.	Salud y Seguridad en el lugar de trabajo.	(1 hora)
c.	Información y Atención de clientes.	(1 hora)
d.	De emergencia en caso de calamidad natural,	
e.	El terrorismo y terremoto.	(1 hora)
f.	Ética:	(1 hora)
g.	Ley y el Delito.	(1 hora)
h.	Seguridad en el Transporte	(1 hora)
i.	Actividades, Planificación y Atención Básica quehaceres	(1 hora)

Estos temas están disponibles en cintas, CD's y DVD's de las bibliotecas públicas y otros proveedores de servicios. Es muy importante que usted como el propietario del negocio o el gerente para la prestación de estos introductorio de capacitación a su personal antes de asegurar sus respectivas tareas. Personal de cada signo en hoja de asistencia para el y se le da un certificado de terminación de las propuestas de temas como parte de las condiciones para continuar con su agencia de empleo. Esta práctica, al menos, darle la tranquilidad de saber que su personal es competente, profesional y responsable en su papel de mantener a sus clientes seguridad en todo momento. Así se reducirá también la posibilidad de una posible demanda de todas las partes involucradas en el servicio. Además de las 8 horas de introducción de formación, su agencia mantendrá un requisito de educación continua para todos sus empleados que se compondrá de un mínimo de 40 horas de formación de Verificación de Poderes o Unidades de Educación Continua. Todos estos importantes formación refleja la calidad del servicio y el paradigma de que su agencia cree en ... "la seguridad y la mejor calidad de atención en todo momento". Las 40 horas previstas por la formación de instructores independientes que puedan entrar a su agencia u organizar reuniones para su personal. Estas horas de formación requeridas también son importantes en la reducción del costo de las lesiones y la pérdida de poder en el hombre-horas, incluyendo demandas judiciales como consecuencia de la prestación de atención que van desde lesiones, los malos tratos y la falta de conocimiento por parte del cuidador y, en nombre del cliente -beneficiario de los servicios sanitarios. A pesar de todas las medidas que toma, usted y su agencia será siempre abierta a posibles demandas, sin importar qué. Sin embargo, con esta práctica de regular la formación de su personal, que están observando el papel de un "buen padre en la familia", que puede utilizar como argumento cuando viene el momento que usted necesita para proteger su empresa. La gente siempre encontrar formas creativas de hacer dinero fácil a ustedes. Sin embargo, es un buen sentido para capacitar a su personal para darles los conocimientos necesarios en el negocio.

CAPÍTULO NUEVE:
SEGURO

Paso 9: Proteger su negocio, garantizando la cobertura de seguro.

(Línea de tiempo: 30 días)

No hay mejor forma de seguridad financiera de su empresa que no sea proporcionar cobertura de seguro para sus operaciones. Vivimos en el mundo real de la demanda de personas felices. El más común que se oye por ahí es ... "Yo se que demandar". Es triste pero cierto, a los huesos.

Existen diferentes tipos de demandas:

a). Reivindicaciones legítimas para hacer frente a un mal tiempo,

b). Malicioso y contrive reclamaciones

c). Las reclamaciones sólo a molestar y obstruir el sistema de justicia,

d). Afirma seriamente reunir dinero para beneficio personal o la fama, y

e). Las reclamaciones por la razón que sea uno se puede imaginar. En broma de lado, como dueño de negocio, cuidado de personas es uno de los más vulnerables, objetivo y abierto a las demandas. Con el fin de ser capaz de mitigar el aumento de los costos resultantes de una demanda global es el negocio con la cobertura de seguro para garantizar:

+ General y seguro de responsabilidad profesional a fin de incluir el abuso y la denuncia de manta y otros seguros para protegerse y proteger a su personal.

- Cobertura de la Propiedad y Transporte.
- Otras relacionadas con el seguro de cobertura
- (preguntarle corredor local de seguros)

Los representantes de las empresas de seguros y corredores pueden proporcionar estos tipos de seguros en un paquete presyo de $200 al mes, dependiendo de las calificaciones que observan en el negocio basado en las evaluaciones de riesgo, informe de crédito, etc ... Farmers Insurance, de Lincoln y otras empresas con sede en la costa este hacer suscribir estos tipos de cobertura. Durante la fase inicial de la empresa, puede ser una empresa costosa, pero merece la pena cada centavo de examinar las responsabilidades que su empresa podrá llevar a diario. Usted puede contratar un número limitado de cobertura a bajo costo, pero para tratar de negociar un precio que le dará una cobertura fiable.

CAPÍTULO DIEZ: LA FORMACIÓN DEL PERSONAL

Paso 10: Brindar 40 horas de capacitación del personal en un anual.

(Tiempo: 5 días)

En una pequeña puesta en marcha de negocios de cuidados, es un deber que nos proporcione un 40-horas de certificados de capacitación sobre los siguientes temas para ayudar a mejorar y mantener la alta calidad del servicio:

1. Conocimiento del cliente
2. Seguridad en el lugar de trabajo
3. Dispensación de medicamentos
4. Transporte de los clientes y la seguridad vial
5. Incidencia de presentación de informes
6. En casos de emergencia y Taladre
7. Incendios y Seguridad de Sustancias Químicas
8. Sociales y Actividades Recreativas
9. Ética
10. Correcta atención al cliente
11. Levantamiento
12. Higiene personal
13. Construir relaciones
14. El respeto de los derechos Clientes
15. Salud y Bienestar
16. Enfermedades y Prevención
17. Mantenimiento de seguridad y caídas
18. Vida y muerte
19. Prevención de lesiones

Cuanta más información se puede compartir y aprender con el personal, mejor será su negocio. Como dueño de negocio, usted puede ofrecer estos cursos de formación por su cuenta propia o por exigir a su personal para garantizar al menos un mínimo de 40 horas de formación sobre una base anual. Al hacerlo, usted aborda el futuro los errores y problemas que son prevalentes o comúnmente observado en su tipo de negocio.

CAPÍTULO ONCE:
GANAR LA NEGOCIO

Paso 6: Crear los formularios en la Operación de la

Negocios

El alma de la empresa en la recepción de las remisiones del cliente depende de la cantidad de esfuerzo que se ejerce en la comercialización y la publicidad. Hay varias maneras rentable hacerlo. Usted puede utilizar un medio que puede llegar a cientos de personas de su propia red de amigos y familiares de amigos y familiares en un pequeño derrame cerebral de un ratón. Cuando empecé con el negocio, yo estaba literalmente a pie de los bloques de viviendas y kilómetros para conocer gente y agitar las manos como lo presentó la empresa, se reunieron cientos de personas en la carretera, centros comerciales, zonas de aparcamiento, distribuido volantes, asistió a un número la creación de redes de grupos y clubes. Corresponde a sus ideas creativas en cuanto a cómo podría captar su atención. Una de las ideas creativas que vine a promover la empresa para la fabricación de 100 piezas, de 6 X 10 carteles que he colocado en las calles y los lotes esquina que son altos en los peatones y el tráfico de automóviles. Le pedí permiso a los propietarios y se refiere a mi lugar en miniatura signos donut tiendas, peluquerías donde ir sobre una base mensual para comprar o para un corte de pelo. Funcionó la magia de la empresa y el ganado, donde las empresas solicitan a partir del.

Paso 11. Advertize la empresa. (Tiempo: 5 días)

+ Producir folletos, tarjetas de visita, y otras dádivas.
+ Promover el negocio asistiendo a eventos de la comunidad que promueve los intereses de personas de la tercera edad.
+ Centros de Altos
+ Distribución de folletos en puntos calientes tales como abarrotes, centros comerciales, gasolineras, aparcamientos,etc...

- Publicasen en revistas y periódicos locales. Crear una actividad a patrocinar eventos locales y las reuniones comunitarias.
- Ya en las puertas y distribuir volantes y los remitentes de envíos en su comunidad local o vecinos.
- Páginas Amarillas, directorios telefónicos y los anuncios de periódico local, un clip de anuncios

Recuerde que la publicidad es meramente juego de números. La más frecuente que el nombre de su empresa está fuera de la comunidad, mayor será su oportunidad en la obtención de interés local.

Hacer todo el mundo sabe que usted está en los negocios es una clave importante para el éxito de la empresa. Se puede empezar con los miembros de su familia mediante el envío de una carta, correo electrónico y llegar a un cumpleaños encuentro Parte. Pedir una lista de sus amigos y las familias con números de teléfono. Luego de ampliar su vecindario mediante la distribución de folletos, postales y tarjetas de visita, vaya a la comunidad parroquial, asistir a las reuniones comunitarias, la red con su comunidad, ir a centros comerciales y centros comerciales para pasar folletos y tarjetas en los estacionamientos, las empresas y para nadie te encuentras en la calle. Vamos con las ideas creativas y de bajo costo para anunciar el negocio. Llame a su periódico local y colocar anuncios y pedir un trato. Asociarse con otra empresa o individuo que se divide el costo de la publicidad. Puedes buscar todas las oportunidades de tambor hasta la comunidad de intereses. Tienes que estar por ahí solicitando la empresa, en cualquier forma, manera o forma que usted puede permitirse. "Cosecha lo que siembra". Mantenga a la comercialización y la publicidad de su negocio, independientemente de la situación económica. Cada uno necesita su servicio, pero no saben cómo llegar a ti si no llegar a ellos primero.

Paso 12: CREAR UNA BASE DE DATOS PERSONAL:

Siempre mantenga una lista de empleados interesados y los solicitantes de datos. Reponer la base de datos con nuevos nombres y nuevas perspectivas. Manténgase en contacto y si es posible, mantener el tiempo parcial y los controles sobre las llamadas de emergencia.

- Publicidad regularmente para puestos de trabajo y las oportunidades de empleo a tener una base de datos a disposición de los empleados y los solicitantes interesados.
- Categorizar los demandantes de empleo para cubrir las direcciones de algunas zonas y comunidades, asignaciones especiales, etc ...

Finalizado: Usted puede ahora iniciar el negocio.

CAPÍTULO DOCE: ÉTICA Y RESPONSIBILIDAD

A medida que el viento en nuestra discusión sobre el funcionamiento de la empresa y su rentabilidad, no debemos olvidar la parte esencial de nuestro papel como proveedor de la atención y que es la ética. En este negocio, se encarga de la atención de cientos de personas de diferentes culturas, edades y discapacidades. Algunos se médicamente frágiles y físicamente, otros pueden ser ancianos, enfermos, moribundos y habrá aquellos que dependen únicamente de nosotros para el cuidado, compañía y apoyo. Estos son los tipos de personas que en la mayoría de veces se sirven como un reto para nosotros para demostrar nuestra valía y verdaderas intenciones de ganar su valiosa confianza que el proceso puede tomar un poco de tiempo y de una tonelada de paciencia por nuestra parte. Habrá momentos en que el desafío de cruzar la línea gris que pondría a prueba nuestra vulnerabilidad, la ignorancia o, incluso, nuestra confianza. Que nos exponen a la única parte de los cuidados que se enfrentan nuestras creencias personales, la autoestima, valores morales y normas éticas en la vida. Esta empresa llevará a cabo la mejor y tal vez el peor de nuestro ser y que nos corresponde a nosotros tomar la decisión correcta. Este negocio también nos ayudará a lograr nuestra meta de la independencia financiera o personal ruina.

Para iniciar el despegue, nuestro negocio de misión debe reflejar la incorporación de nuestra bondad, respeto y dignidad en el tratamiento de nuestros clientes. Esto significa que nuestra organización proporcionará los mejores servicios de cuidado en todo momento. En el dibujo de un contrato de trabajo, que será justo y equitativo a nuestro personal y nuestros contratistas independientes. Observar las leyes laborales justas y prácticas, tratar a su personal y en consecuencia proporcionar una formación adecuada y los recursos informativos que pueden ser muy útiles en sus responsabilidades diarias. Como empleadores, proporcionaremos estricta supervisión del desempeño de nuestros empleados mediante la realización de visitas frecuentes y sin previo aviso del cliente, el rendimiento mensual de evaluación de nuestro personal y lo más importante de todo, para hacer cumplir las políticas y procedimientos. Vamos a girar el programa de contratación de personal para reducir la posibilidad de desarrollar una relación personal o favoritismo entre los clientes y el personal.

Al tratar con los clientes, nos va a enseñar a nuestro personal constantemente para observar la declaración de la misión de la empresa ... SIEMPRE TRATAR CLIENTES con dignidad y respeto.

Como dueño de negocio, tenemos la responsabilidad de permanecer en sincronización con sus clientes y con su personal, a que participen no sólo en el funcionamiento de la empresa, sino también estar en contacto constante con los clientes y sus familias a ser conscientes de sus satisfacción de sus necesidades y de los servicios que ofrecemos.

Habrá momentos en que el personal a sentirse cómodo con sus relaciones con los clientes y serán expuestos a los intereses personales del cliente y las propiedades. Los clientes mental, condición médica y física los hace vulnerables a todo tipo de negligencia, incluidos los financieros, verbal, físico e incluso el abuso sexual.

A su competencia, la práctica lo que es justo y no vayan en detrimento de la prestación de servicios por prácticas de trabajo y servicios que son inadecuados y poco prácticos, que en consecuencia reduce el exceso de todos los costes del servicio.

Ahora, hacer lo correcto para usted y la empresa.

Abuso y negligencia del cliente:

Las estadísticas demuestran que cada año, diez de millares de americanos mayores está abusado en la aislamiento de sus propios hogares, en los hogares de los parientes, e incluso en las instalaciones que son responsables de su cuidado diario. Un más viejo abuso tiende a ocurrir donde vive el mayor: lo más a menudo posible en el hogar donde están niños magníficos y miembros los abusadores adultos de la familia; o esposos/socios de ancianos. Más de medio millón informes de las autoridades del alcance del abuso como millones más casos van no denunciados. La parte difícil sobre ella es que cada vez que se divulga un incidente del abuso los autores son haber ido largo o ha salido del país incluso durante una investigación está en curso. Este capítulo apunta enseñarnos que más sobre abuso y sus muestras, y ésa aprendiendo las muestras y los síntomas del abuso, podemos poder prevenirlo en el estado inicial. No sólo podremos ayudar algún otro a sentir seguro y justificada, pero también estamos consolidando nuestras propias defensas contra un más viejos abuso y pleitos contra nuestra agencia en el futuro tomando medidas preventivas para reducir los números de víctimas posibles y para desalentar a autores posibles. Si usted sospecha que una persona mayor que usted conoce o en su cuidado está siendo dañado físicamente o emocionalmente por un cuidador/un personal negligente o abrumado u otra persona/pariente, usted debe actuar inmediatamente divulgando el incidente a la policía local y a los servicios protectores adultos. ¿Cuál es un más viejo abuso? Es muy importante para usted como dueño de la agencia guardar una lengüeta en los funcionamientos de su personal conduciendo una evaluación de funcionamiento mensual y visitas imprevistas del cliente para conducir un examen regular que se contestará por sus clientes en una base terminantemente confidencial. Cuando usted conduce sus visitas y observó que uno de sus clientes (señora frágil y mayor) tiene contusión en sus brazos o piernas, usted necesita preguntarle cómo ella las consiguió y si por su explicación, su propia sensación de tripa le dice que es absolutamente impar y cambia o intenta evitar el tema, no deje su dictado del sentido común. A veces, nuestro sentido común no tiene sentido en absoluto. Su trabajo es proteger a sus clientes y las sus derechas, no su personal ni el negocio.

A menudo, sus clientes dirán la verdad, pero si algo no parece correcto, usted necesita hacer algo. No importa incluso si podría comprometer el estado de su negocio. Los ancianos incluyendo los que no puedan más jovenes pero hablar para arriba y levantarse para sí mismos, los que hagan más físicamente frágiles y médicamente frágiles o incapaces de pensar ni de defenderse son vulnerables a la gente sin escrúpulos y despiadada que se aprovechará de ella en cualquier momento.

Tipos de abuso mayor:

a. Abusos físicos
b. Negligencia o abandono de los cuidadores
c. Abuso emocional
d. Abusos sexuales
e. Fraude y abuso del cuidado médico
f. Explotación financiera

A. Abusos físicos Los abusos físicos son el uso de la fuerza intencional o no-accidental contra una persona que dé lugar a dolor, a lesión, o a la debilitación física. Tal abuso incluye asaltos físicos tales como golpe o empujar, el uso inadecuado de drogas, alojamientos, o confinamiento para la conveniencia de los cuidadores.

B. Negligencia o abandono de los cuidadores: La negligencia es la falta de un individuo que proporciona el cuidado para satisfacer una responsabilidad o un deber caregiving. Puede ser intencional (participación activa) o inintencional (pasivo no haciendo caso de las necesidades urgentes o de las llamadas del cliente), basado en factores incluyendo intento, ignorancia, o la negación malévola de la disposición de un servicio que el cliente necesita urgente como parte integrante de su cuidado.

C. Abuso emocional: El abuso emocional puede incluir abuso psicologico y verbal y otras maneras de tratamiento de un individuo en las maneras que pueden causar dolor emocional, la tensión y el impacto psicologico en el personaje del cliente.

El abuso verbal puede incluir a. Intimidación con el uso de amenazar a). palabras o a acciones b). Palabras y o acciones que pueden hacer humillar y poner en ridículo otras c). Acusaciones y uso inadecuados de bromas que derriba a otros las sensaciones y las emociones de la gente d). El abuso psicologico no verbal de la anciano puede tomar la forma intencionalmente de no hacer caso la petición de una persona mayor, de aislar una anciano de amigos o de actividades, de aterrorizar o de amenazar a la persona mayor.

D. Abusos sexuales: Los abusos sexuales son contacto con una persona mayor sin el consentimiento de la anciano para satisfacer los deseos sexuales del individuo que perpetúa los actos. Tal contacto puede incluir los actos de sexo físicos, demostrando a una persona mayor un poco de material pornográfico inadecuado que los ancianos rechacen ver, forzando a la persona a mirar actos de sexo, o forzando la anciano a desnudar.

E. Fraude y abuso del cuidado medico: Este tipo de acto a menudo es realizado por las enfermeras inmorales, los doctores, las enfermeras, los personales del hospital, y otros abastecedores profesionales del cuidado. El fraude y el abuso del cuidado médico en los ancianos pueden incluir: a). Carga de honorarios en los servicios que no son necesarios o desproveídos, el acto de cobrar excesivamente o doble-facturación para la asistencia médica o los servicios. b). Recepción de los contragolpes para las remisiones a otros abastecedores o para prescribir ciertas drogas. c). El uso de overmedicating o de undermedicating del paciente. e). Remedios fraudulentos de recomendación para las enfermedades u otras dolencias.

F. Explotación financiera: La explotación financiera ocurre no sólo dentro de las instalaciones, pero también en el hogar de la persona mayor o en un relativo/amigos diríjase. Es el uso desautorizado de los fondos o de la característica de una persona mayor, por otra persona, un relativo/amigo o un cuidador. Los actos malévolos de un cuidador para malversar las tarjetas de crédito personal de una anciano, cheques o cuentas bancarias, roban el efectivo, ventajas de Seguridad Social/los cheques de la renta del seguro/de retiro, o las mercancías de hogar, el acto de forjar la firma de la anciano.

Muestras y síntomas de un más viejo abuso

Como careprovider, usted puede ser que sea muy cauteloso en el reconocimiento del menor de edad a las muestras serias de un más viejo abuso. Usted no debe descontar el hecho de que sus clientes pueden ser contusión mayor y frágil y propensa o el aspecto de síntomas posibles de la demencia. Muchos de las muestras y de los síntomas de un más viejo abuso se traslapan con síntomas de la deterioración mental, pero ése no significa que usted debe desatender las muestras.

Muestras generales del abuso Los siguientes son señales de peligro del abuso posible de la anciano:

1. Discusiones o tensión frecuentes entre el cuidador y el cliente.
2. Cambios en personalidad o comportamiento en el cliente. Si usted sospecha abuso, pero no sure, busque las muestras físicas y del comportamiento siguientes:

a). Contusión inexplicada de las pieles, de los huesos rotos, de los esguinces, o de las dislocaciones.
b). Incidencias de la sobredosis de droga o de la falta evidente de tomar medicación regularmente.
c). ontusión, lesión o el marcar con una cicatriz inexplicada particularmente si aparece simétricamente en bilateral del cuerpo.
d). Lentes o marcos quebrados
e). Las muestras de refrenan manifestado como marcas de la cuerda en las muñecas.

Éstas son la información importante que usted como necesidad del cuidador de ser consciente adentro de una base constante para mantener a sus clientes seguros y sanos que a largo plazo traduce para mantener la satisfacción y la renta para el negocio. Mientras que el negocio prospera tanto en las remisiones y la repetición clienteles', usted tiene que recordar la razón más importante por la que usted está en este negocio. Mantenga primero, después el resto seguirá.

EXPOSICION UNO:
Ejemplo de Un Plano de Negocio

ANGELCARE, Incorporated.

Un Plan de Negocios para Establecer una personalizada Cuidado de personas de negocios en San Bernardino AngelCare cuidadores

Un Plan de Negocios
Hecho exclusivamente para la investigación de
ANGEL CARE Company, Inc.
Por: Formación y HealthCare Staffing Services ®.
01 de Septiembre, 2000

Tabla de contenidos

ANEXO I: PLAN DE PRESUPUESTO
ANEXO II: FICHA FINANCIERA

1. Resumen Ejecutivo:

ANGELCARE es un servicio orientado a tipo de negocio que proporcionará atención personalizada para atender las necesidades de personas de la tercera edad, los adultos y los niños que viven independientemente en su casa que por su condición médica y otras discapacidades requieren ellos vinculados a la cama-y en necesidad de atención personalizada como un alternativa a la reclusión en una institución o un grupo. ANGELCARE a las necesidades de las personas que viven en los condados de San Bernardino. El negocio está establecido como resultado de una abrumadora demanda de un único tipo de atención individualizada que proporcionará un respiro a los cansados miembros de la familia y amigos el cuidado de un ser querido, la compañía de origen, el transporte, la asistencia en vivo, cuidador, casa fabricante, formación profesional y actividades de habilitación y la capacitación, tutoría, una modificación del comportamiento y terapia, y para suministrar servicios de personal a las instalaciones de atención residencial y otras instituciones bajo el mismo objetivo de servicio. ANGELCARE servirá las necesidades de una amplia gama de clientes con discapacidad y el envejecimiento de la mayoría de los valles del interior y del Departamento de Envejecimiento.

El plan individualizado de servicios se tendrán en cuenta las específicas necesidades de los clientes y servicios, su capacidad funcional, de los clientes problemas, sus comportamientos y su capacidad para retener y responder a determinada tarea.

Es un servicio único en el sentido de que el objetivo es proporcionar al servicio de atención personalizada a los clientes en un apoyo individualizado, recreativas y de ocio de manera de poder asistir a la variabilidad de sus necesidades básicas de compañerismo, la preparación de la comida, la luz del hogar, recordatorios de medicación, la asistencia en la higiene y las necesidades personales, el transporte a sus médicos, dentales y personal de las citas y recados, y todos los demás servicios relacionados en la asistencia a sus lugares de origen determinado y, sin embargo, las necesidades básicas.

A partir de este momento, no existe ningún servicio como en el sentido de que el servicio comprende una amplia variedad de servicios de atención individualizada para ayudar a los clientes en el logro de su objetivo de vivir cómodamente en casa, mientras que atender a sus médicos, psicológicos, las necesidades terapéuticas. AngelCare del papel es el de asegurarse de que los clientes objetivos y la satisfacción de las necesidades en consecuencia. También atienden a los problemas y satisfacer las necesidades de personal de centros de atención, hospitales, instalaciones de enfermería especializada, hospicios y atención privada.

DESTACADOS: Gráfico

Objetivos:

Los objetivos de nuestro negocio son los siguientes:

1. Para proporcionar un único servicio de atención personalizada que servirá las necesidades de las personas de la tercera edad, adultos y niños con problemas médicos o de conducta que

      viven independientemente en su casa como una alternativa a la institucional y un ambiente de grupo.

2. Para proporcionar una excelente calidad de los servicios prestados por regularmente formados, cortés, el cuidado, el personal profesional, a un costo que sea competitiva y accesible a todos.

3. Para mantener nuestra proyectada la puesta en marcha de costos de aproximadamente menos de $ 8,764.00.

4. Para iniciar nuestras operaciones con poco menos de $3,500.00 y aumentar nuestros gastos en la base, según sea necesario.

5. Proyección de ventas de nuestro $100,000.00 en nuestro primer año de funcionamiento, que excedan de $800,000.00 por nuestro quinto año en los negocios.

6. Nuestro objetivo es superar nuestro margen bruto superior a 45% en nuestro segundo año y llegar a nuestro máximo de las proyecciones por el quinto año.

7. A los ingresos netos de más de 30% de las ventas por el tercer año y llegar a nuestro beneficio neto / ventas en un 53% por nuestro tercer año en el negocio.

Misión:

Nuestra misión es satisfacer y superar las expectativas de una abrumadora demanda de los servicios de atención personalizada de las personas que viven en su hogar privado, altos viviendas, vida asistida, y los que están confinados en los hospitales y las instituciones, la atención y el cuidado de enfermería especializada y proporcionar la dotación de personal de apoyo de personal en centros de atención, hospitales, cuidado de hospicio, servicios de enfermería especializada.

Hay aproximadamente 87 millones de estadounidenses envejecimiento y nuestro objetivo es atender sólo a una pequeña fracción de esa población, incluidos los que viven en las instalaciones e instituciones. Somos conscientes de esta gran demanda no sólo de personas de la tercera edad, sino también de aquellos que están sujetos a la cama y la falta de apoyo de familiares y amigos debido a otros compromisos y asuntos personales.

El servicio no sólo satisfacer las necesidades de la media de los clientes sino también a aquellos con discapacidades de desarrollo y aquellos con problemas de salud mental, centrándose en las necesidades de la persona y servicios, las discapacidades, las posibilidades, la curva de aprendizaje, comportamiento y sobre todo para aumentar los clientes' físico, social, profesional y habilidades recreativas.

ANGELCARE ofrecerá una variedad de atención personalizada de cuidado, compañía de origen, el transporte, la asistencia en vivo, cuidador, casa fabricante, la formación profesional y actividades de habilitación y la capacitación, tutoría, una modificación del comportamiento y terapia todos bajo un objetivo de servicio.

Resumen de la empresa:

ANGELCARE Company, Inc. es una nueva empresa que creará el servicio de atención personalizada y la dotación de personal en el área de Inland Empire y su título es ANGELCARE negocio. Esta empresa se enorgullece de ser el primero en introducir un enfoque revolucionario en la atención individualizada en la que se elevará por encima de la media de las normas de su agencia de cuidado ya que introduce un enfoque único para atención privada, el compañerismo, actividades, la terapia, la comunidad de integración, socialización y proporcionar servicios de apoyo personal a las instalaciones e instituciones en la medida de lo necesario.

ANGELCARE Company, Inc. proporcionará la mejor calidad de servicio de atención personalizada apoyado por unobjetivo que es mantener los más altos estándares en seguridad y calidad, y centrado en la persona a cuidar.

Propiedad empresa

ANGELCARE será establecida por ANGELCARE Company, Inc., como parte de su proyecto inicial en el campo de la atención de la salud. AngelCare, Inc. es propiedad y está operado por su consejo de administración y de los miembros principales como los inversores y los principales operadores. La primera dirección comercial de la empresa estará ubicada en 123 Main Street, No.4, principal City, CA. 123456. Teléfono (800) 456-7890. La primera junta de directores son los siguientes:

> Sr. Joe muestra, Presidente
> Ejemplo de la Sra. Mary, V-Presidente
> Sra. Onlee muestra, Secretario
> Sra. Onlee muestra, Tesorero
> Sr. Wan Onlee muestra, Jefe de Finanzas
> Oficial

AngelCare será dirigido y administrado por el Sr. Joe muestra, en calidad de Presidente/Gerente/cuidador personal. Como clientela sigue creciendo, también lo es el número de funcionarios que trabajan como contratistas independientes en el negocio.

Start-Up Resumen

El total de gastos de puesta en marcha AngelCare es de aproximadamente $ 8,764.00. Sin embargo, basta $ 3,500.00 o menos para iniciar el negocio de forma conservadora inicialmente adquisitivo siguientes:

a. Registro de la Corporación con el Secretario de Estado.
b. Asegurar una licencia de negocios.
c. Verificación de antecedentes y la toma de huellas dactilares.
d. Teléfono de contacto Número.
e. Un negocio seguro Dirección / P.O.Box
f. Tarjeta de visita y folletos.
g. Políticas y Procedimientos.
h. Acuerdo de Servicio.
i. Formularios comerciales

Al término de los requisitos antes mencionados, la empresa operará sus actividades oficialmente.

Durante nuestra primera operación, vamos a utilizar nuestros fondos disponibles para alquilar un apartado postal (PO Box) después de usar nuestra residencia como la dirección de la oficina. Entonces, nuestra empresa con el Secretario de Estado. Nuestro siguiente paso es conseguir una licencia comercial, abrir un negocio cuenta de cheques en un banco local, la compra de una empresa de telefonía (celular), hacer un depósito para cubrir parcial general y seguro de responsabilidad profesional, obtener huellas digitales de una policía local o comunitario de atención oficina de licencias y autorización del Departamento de Justicia de la FBI, producir tarjetas de visita y folletos para su distribución en lugares públicos y de estacionamiento y los locales de barrio.

Nuestro activo total estimado es de $ 5,000.00 en efectivo y equipo de reserva. Vamos a esperar el primer lote de los clientes después de tres meses de la comercialización de nuestros servicios, y en el sexto mes del primer año de operación del proyecto que nuestros gastos mensuales y las obligaciones se cumplen fácilmente después de alcanzar nuestro servicio a la población por lo menos cuatro clientes que va a utilizar nuestro servicio día a día.

Nuestro negocio se opera en un "solo personal" base representada por el propietario de la empresa como la persona con muchas responsabilidades de garantizar un contacto de negocios (teléfono celular), impresión de volantes y tarjetas de visita que refleja nuestro servicio de números de contacto y dirección, entonces el distribución de volantes, correos electrónicos, tarjetas y otros artículos relacionados a la comunidad va a lugares poblados, como el estacionamiento, centros comerciales, tiendas de comestibles, los vecinos y la comunidad local, centros para ancianos, etc ...

Lo primero en el orden del día después de alcanzar nuestra misión oficial es la condición para garantizar un teléfono de empresa dedicada en forma de un teléfono celular que tiene un mensaje recordatorio de la capacidad para poder devolver la llamada en forma oportuna.

Durante nuestros primeros tres meses de la actividad comercial, que será operativo en un único personal representado por el propietario de la empresa / persona con otro personal de apoyo que está en una "en la llamada" base. Tenemos que llegar a la comunidad para darles a conocer nuestro nuevo negocio. Tenemos que distribuir masivamente la información y la publicidad, ya que estamos en un presupuesto muy apretado, tenemos que aplicar ideas creativas sobre cómo hacerlo utilizando el World Wide Web a través de correos electrónicos y mensajes de texto. Si tenemos que ir de casa en casa, la oficina a la oficina y persona por persona, tenemos que hacerlo a tambor hasta la empresa.

6.0 PRINCIPIO DE GRÁFICO

Tabla 6.1 Costo Start-Up

Servicios

ANGELCARE ofrecerá la más alta calidad en atención personalizada y servicios de personal para poder capturar a un mínimo del 10% del mercado existente en el área local. El objetivo de la empresa es ser capaz de atraer a clientes potenciales de las siguientes áreas:

a. Las residencias privadas 65%

b. De enfermería especializada, Assisted Living, hospitales residencias de ancianos y 15%

c. De clientes residenciales Instalaciones de atención de 10%

d. Servicios de personal para Servicios de personal 7%

e. Otros 3%

La mayor parte de nuestro servicio que consta de 65% deberá atender a las necesidades de las personas que viven en sus domicilios particulares en los que nuestro organismo de la oferta en los cuidadores una base 1:1 individualizados para satisfacer sus necesidades. Nuestro marketing y publicidad se centrará en los que están a punto de ser dados de alta de hospitales, hospicios y cuidados por sus necesidades médicas personales requerirá supervisión, tratamiento y asistencia en sus tareas domésticas y de cuidado diario, los que se encuentran en las instalaciones de vida asistida y las comunidades de retiro que se acostumbrados a ser independientes y por su salud y su edad sería necesario compañerismo y la asistencia en sus actividades cotidianas o las tareas domésticas. La segunda a la mayor parte de las proyecciones de nuestro servicio clientela sigue siendo de 15%. Mientras tanto, el resto del 20% de nuestro negocio se atienden a aquellos que viven en las instalaciones de atención residencial para personas mayores y las instalaciones que son de personal y en la necesidad de "en la llamada" sólo a tiempo parcial y temporal del personal y los cuidadores.

El objetivo es ofrecer un servicio personalizado para capturar una necesidad que es difícil de cumplir ... de una excelente calidad de la atención individualizada sobre la base de una necesidad genuina por el cuidado, bien formados y profesionales. El servicio está centrado en el cliente y sus objetivos se centraron en la orientación personalizada de sus necesidades y los servicios, el comportamiento y capacidad de desarrollo. La empresa cree en el enfoque ..."cliente que no se dejará sin supervisión, inactivos y desmotivados por cualquier motivo, a participar en su cuidado y estilo de vida activo a menos que médicos, psicológicos y de la libre elección" que se les impide hacerlo. AngelCare intentarán dar cabida a todas las necesidades de los clientes, independientemente de la cuestión, ya sea de comportamiento, emocionales o psicológicas. Un plan personalizado se elaborará individualmente a sus necesidades y mantenerlos activos y motivados para aprender y participar en las actividades cotidianas, ya sea ejercicios, terapia período de sesiones, el hogar las tareas domésticas y el auto-desarrollo, salidas en la comunidad o cualquier cosa que gozan de haciendo de manera regular.

AngelCare se ofrecen los siguientes servicios de componentes, con énfasis en los clientes la elección, los derechos y el interés propio:

A. Necesidades de personal:

AngelCare deberá evaluar inicialmente los clientes sobre la base de sus necesidades de atención personalizada de la compañía, los servicios médicos, tales como actividades de apoyo a la terapia con sus habilidades disponibles, recordatorios de medicación, alimentación, baño, etc ... El cliente de cuidado diario se basará en su evaluación, evaluación y las recomendaciones de los profesionales de la salud, médico, antes de iniciar el servicio. El servicio se basa en lo siguiente:

1. Inicio Companion.
2. Cuidado de respiro.
3. En vivo cuidadores.
4. Por hora de atención.
5. Personal de apoyo para cuidadores.

El enfoque principal de nuestro servicio es proporcionar apoyo personalizado orientado a la prestación de servicios para aliviar la carga sobre el problema del cliente. Para lograr esto, las necesidades individuales del cliente es el principal objetivo del servicio. Sin embargo, hay que delimitar lo que se trata en el servicio y lo que no lo es. Nuestro personal no son los cuidadores y camareras, jardineros, carpinteros, electricistas, limpiadores, fontaneros amas de casa etc ... Su principal función es proporcionar supervisión, cuidado personal y de la individualización de los derechos que están dirigidos a las necesidades personales de los clientes y no sobre lo que está relacionada con ellos, tales como la luz a casa las tareas para poner en orden la casa para mantenerla segura y ordenada. Nuestro personal está en el cliente de la casa para cuidar de las necesidades del cliente personalizada, y no para cuidar de las necesidades de la casa sea lo que puede conllevar. Vamos a dejar la responsabilidad de limpiar la casa a la casa sirvientas, el grifo goteando a la fontanería, el césped para el jardinero, etc ... y por esta muestra, nuestro servicio es clara y definida y que es centrarse en el cliente y no en su casa. Sin embargo, parte de la responsabilidad de mantener la seguridad del cliente y satisfacer sus necesidades, la casa debe mantenerse en un ambiente seguro y ordenado para beneficio del cliente. Nuestros clientes podrán disponer de luz y de limpieza para ofrecer para satisfacer las tareas del cliente estándar de la atención.

Con el fin de mantener el medio ambiente seguro y en orden, el personal puede proporcionar funciones de luz para que sea posible, pero no comprometer las necesidades personales del cliente.

Inicio-compañero servicios pueden incluir los siguientes servicios:

a. Luz de limpieza
b. La preparación de la comida
c. Recordatorios de la medicación
d. Proporcionar asistencia en el transporte o el transporte de los clients su médico, dental nombramientos recados y otros entre ellos va a los comestibles, centros comerciales, parques para mantener el cliente activa.
e. Alimentación
f. Terapia
g. Actividades interactivas
h. Lavado y secado de ropa
i. Y otros relacionados con la atención al cliente servicios que pueden ser solicitadas por y el

cliente o la familia, siempre y cuando que no comprometa 1:1 supervisión y el cuidado de los el cliente.

Tarifas de servicios:

1. Respiro: Mínimo 3 Horas de $15.00/hour.
2. Inicio base de Compañía: $12.00/hour- $15.00/hour
3. En vivo-Compañerismo:

   a. $150.00/day (entre semana)
   b. $180.00/day (fines de semana)
   c. Conductor / Transporte: $ 50.00/trip
   d. Tareas domésticas sólo $50.00/3horas

La tasa varía de estado a estado, política de la agencia, así como el tipo de asistencia, incluido el transporte, la movilización, la elevación o el reposicionamiento del cliente (si es necesario) puede servir como un factor en el coste del servicio. El personal de la capacidad para manejar la física y el levantamiento de las necesidades del cliente son factores fundamentales a considerar en la asignación de un personal para manejar la responsabilidad de asegurar no sólo la seguridad del cliente, así como el personal. La tasa de la compañía de servicios varía por hora o por día, a un promedio de 8-horas por servicio por cliente dependiendo del lugar donde el servicio está establecido y lo que requiere el estado. La tasa media para la compañía de servicio es de $12.00 a $25.00 por hora, dependiendo sobre todo en lo que requiere la atención especial, tales como levantar pesos pesados para el reposicionamiento o bañera. Levantamiento de los clientes para mantener la integridad de la piel pueden comprometer su seguridad, así como el personal. Hay una razón para que el coste del servicio es variable y que sigue siendo a ser opcional y depende de la agencia y su política. El pago de los servicios se pagan directamente a la oficina principal que se encargará de la nómina y otros gastos que se cuenta. En caso de que requieren el servicio de 24 horas de supervisión, un personal dedicado, se imputarán a la estancia en los locales. Se trata de vivir-ins para permanecer en los locales de al menos cinco días. A continuación, una de dos días de duración sustituir personal deberá cubrir el resto de la semana para cubrir el horario de trabajo requisito.

El personal se centra principalmente en proporcionar a los clientes con la atención básica seguida por creativo y funcional, entretenidas actividades educativas que les ayuden a fomentar las metas personales y las habilidades y facilitar el libre ambiente de libertad de elección de actividades, el aprendizaje y crecimiento personal. Las actividades estarán constituidas de 8,0 horas de atención personalizada, luz y limpieza, recordatorios de medicación, la preparación de la comida, alimentación, libros y lectura de noticias, los mandados a los ultramarinos, las citas médicas, dentales, de la comunidad, entre otras actividades, excursiones al parque, iglesias y centros de recreación, cines teatros etc ..

Aunque la mayoría de nuestros clientes son frágiles y el envejecimiento se les anima a ser activos y participar en las actividades cotidianas y no llegar a ser totalmente dependiente de la cuidadora. El cuidador deberá facilitar las actividades de supervisión sobre el uso de equipos de hogar, utensilios de cocina etc ... El objetivo es familiarizar a los clientes con la vida de la autosuficiencia y la independencia por aprender a cocinar, la preparación de alimentos, limpieza y mantenimiento del hogar.

Desarrollar competencias personales, sociales, recreativas, táctiles y otras habilidades.

AngelCare personal individualizada promover el desarrollo personal de auto-cuidado, alimentación, habilidades profesionales y recreativas proporcionando actividades que estimule el interés de los clientes de los cuentos, lectura de noticias y otras actividades para mejorar el cliente individual del personal. Los clientes se proporcionará transporte desde y hacia los lugares de especial interés como museos, parques, viajes a los casinos y otros lugares de interés que los clientes prefieren a fin de mejorar sus habilidades sociales y recreativas.

Programa de Vida Independiente.

Para promover la autosuficiencia y la confianza de los clientes son alentados a participar en la comunidad para mejorar sus experiencias personales, proporcionar una interacción positiva con los demás en la comunidad. AngelCare proporcionará capacitación, asistencia y apoyo en diversas áreas de la integración en la comunidad como

parte de los clientes' las expectativas de aprendizaje incluida la seguridad en el hogar y en público, la motricidad fina, la movilidad de formación y otras actividades de interés para el cliente.

Física, recreación, terapia ocupacional y emocional.

Ofrecer a sus clientes con actividades que mejoren sus condiciones físicas, recreativas y de necesidades emocionales, tales como ejercicios de mañana, paseos a los parques, la aromaterapia, la música interactiva,

Modificación de la conducta.

Con el fin de mantener activo el cliente sobre una base diaria, un psicólogo / conductista se consultará a la elaboración de un plan de tratamiento para hacer frente a los comportamientos individuales que se llevarán a cabo por un funcionario familiarizado con el cliente en particular.

Transporte.

Con los clientes se les asigna un cuidador que les puede conducir hacia y desde sus hogares y otros lugares de interés para ellos y pertinente a sus necesidades y servicios.

Análisis de Mercado

El organismo de mantener una dirección comercial de la utilización de una residencia personal o un apartado postal (PO Box) como su lugar de operación que se encuentra en algún lugar de la ciudad de Ontario, Fontana o Rancho Cucamonga autopista entre los 10 y los 15 para poder autopista servicio de las necesidades de los clientes locales, así como en las ciudades vecinas. Nuestro mercado objetivo serán clientes de la zona que viven en las ciudades de Claremont, Upland, Chino, Pomona, Diamond Bar, Alta Loma, Rancho Cucamonga, San Dimas, Montclair, Corona, Fontana, Colton, Apple Valley, Temecula, Palmdale, Victorville y otros ciudades vecinas. Todas estas ciudades se dividen en zonas uno, dos, tres y cuatro respectivamente.

Nuestro mayor potencial grupo de clientes son los procedentes de área local dentro de los 25-30 millas de nuestra oficina.

Segmentación del Mercado:

1. El mayor grupo de clientes que vienen desde los ámbitos de Pomona, Diamond Bar, Chino, Chino Hills, Claremont, Montclair, Upland, Ontario, Fontana, Rancho Cucamonga, Rialto, Temecula y Perris áreas.
2. El segundo mayor grupo de posibles clientes serán procedentes de Rialto, Corona, Riverside y Norco áreas.
3. Y el tercer grupo de clientes son de la parte superior incluida la región desértica de Victorville, Apple Valley y las ciudades vecinas de postre.

Gráfico 9.1: Área de Segmentación
Tabla 9.1: Análisis de Mercado

a. Segmento de mercado objetivo de la estrategia:

La estrategia detrás de la segmentación de nuestro mercado está a la escucha de las necesidades de la comunidad y los clientes. Vamos a mantener la flexibilidad, practicidad y sobre todo la capacidad de adaptación a los clientes' las necesidades siempre cambiantes.

Otro punto central de nuestra referencia será la variedad de servicios que proporcionamos a nuestros clientes, la calidad de nuestros servicios que se ajusta a los más altos estándares de cuidado y supervisión, la coherencia en nuestra relación personal a los clientes que es un promedio de 1:1 a mantener un alto estándar de calidad, así como la formación continua de nuestro personal y sobre todo nuestro enfoque sobre la seguridad y la limpieza.

Análisis de Negocio de Servicio

Entre 2004 y 2030 habrá más de 87 millones de americanos llegar a la edad de 65 años. Una gran parte de la población que puede vivir independientemente en casa o en caso de que tengan algunos problemas médicos que limite su independencia, quizá sería en hogares con vida asistida, hospicios, servicios de enfermería especializada, los hospitales o los que viven con una familia además de su propio. Una pequeña porción de la misma población puede ahorrar lo suficiente para tener un cómodo estilo de vida o puede no estar. Nuestra base de clientes son los que pueden permitirse el uso de nuestros servicios independientemente de su lugar de residencia o el estilo de vida que tienen. Algunos de ellos pueden ser sujetos a la cama o simplemente en la necesidad de conseguir a través de la asistencia en los días de su vida a partir de las tareas del hogar a una las tareas más complejas que, debido a su actual condición de salud que se ven limitados por lo que pueden hacer físicamente en su propio.

La competencia y patrones de compra:

Los elementos más importantes en nuestro servicio es la publicidad y promociones, de alta calidad de la atención, la formación regular del personal, comprobación de antecedentes y la mayoría de todas las comunicaciones.

Hay por lo menos cuatro grandes tipos de competidores para nuestro negocio.

a. Agencias de personal cuidador (Sin licencia y la licencia)

    b. Los cuidadores familiares

    c. Organismos de Salud en el Hogar

    d. Sin fines de lucro Organizaciones de Voluntariado

Hay más concursos que tenemos en este negocio. ¿Qué hace que nuestro servicio se destacan del resto de la competencia es la alta calidad de nuestro servicio y su asequibilidad. Nuestro personal es nuestro abogados y la representación de lo que nuestro organismo representan. Su excelente relación con los clientes y las familias del cliente dibujar un impacto significativo sobre nuestro servicio. ¿Qué nos hace únicos entre el resto de nuestra competencia son los siguientes:

    a. La mejor calidad de servicio.

    b. Todo el personal está completamente comprobado sobre sus antecedentes, el crédito, la historia y la personalidad,

    c. Se requiere personal para mantener anualmente 40 horas de formación de unidades que se activa en el trabajo de   pie.

    d. Centrarse en la seguridad y el cliente.

LA COMPETENCIA:

    a.   Agencias de personal cuidador (Sin licencia y la licencia)

    b. Los cuidadores familiares

    c. Organismos de Salud en el Hogar

    d. Sin fines de lucro Organizaciones de Voluntariado

    e. Cuidador personal organismos:

Al igual que AngelCare, estas agencias proporcionan la misma dotación de personal tipo de servicios. Sin embargo, los precios de sus servicios es inferior a lo que ofrecemos, debido a sus prácticas de contratación y la calidad de su servicio. La mayor parte de su personal son extranjeros indocumentados que requieren de baja remuneración mínima. Aunque, no todos los de nuestra competencia son ilegales en sus prácticas comerciales, que tratan de reducir sus costos en sus operaciones con lo que resulta en la reducción en el precio de su servicio.

Nuestros organismos de cuidados más comunes que vamos a competir son:

1. Homestead (Franquicias)
2. Senior Care (SBO)
3. Visiting Ángels
4. Caring Hands

Estrategia y Ejecución

AngelCare se centrará en diversos mercados geográficos a saber:

1. **Zona Uno**: Diamond Bar, Chino, Chino Hills, Claremont, Montclair,

2. **Zona Dos:** Upland, Rancho Cucamonga, Ontario, Etiwanda,
3. **Zona Tres:** Fontana, Rialto, Corona, Temecula, Perris,
4. **Zona Cuatro:** Victorville, Apple Valley y otros vecinos superior Postre   zonas.

Nuestro objetivo son los clientes procedentes de las residencias privadas, comunidades de vida asistida, hospicios, centros de enfermería especializada, los hospitales y centros de atención para adultos y personas de la tercera edad que viven en las zonas geográficas antes mencionadas.

Con nuestro objetivo que es la ubicación estratégica adecuada para clientes que viven dentro del radio de 20-30 millas.

Pronóstico de ventas

Sobre la base de nuestro pronóstico de ventas, los meses de enero, febrero, marzo y abril, cuando nos proponemos son buenos para empezar meses después de las vacaciones y la temporada de invierno-primavera, cuando muchas de nuestras población objetivo se enferman fácilmente con simples casos de gripe, resfriados y otras enfermedades que los hace sujetos a la cama. Nuestro primer mes del año, vamos a la publicidad agresiva de nuestros servicios. Vemos a nuestro primer cliente en el próximo llamamiento a mediados de enero. En el mes de febrero de 2002, esperamos recibir alrededor de cinco referencias de clientes de los hospitales, hogares de ancianos y de los particulares / familiares que no están en condiciones de cuidar de su envejecimiento o malos miembro de la familia. Por los sucesivos meses, esperamos que la remisión a un aumento de hasta 5 a 12 clientes desde el primer día de operación. Damos por sentado el crecimiento de las ventas por tanto como 10% durante los primeros tres cuartas partes de nuestro funcionamiento y prevé alcanzar una capacidad de servicio a tiempo completo dentro de menos de 8 meses desde la fecha de operación inicial.

GRÁFICO: VENTAS MENSUAL
Cuadro 3.0 Previsión de ventas

Hitos:

A los efectos de nuestro aniversario, durante los meses de junio, julio y agosto, esperamos tener un flujo constante de investigación sobre nuestro servicio a un promedio de tres inscripciones por mes. En dicho mes, nuestra publicidad fondos continuará agresivamente y esperamos presentar los contratos de servicios en abril, mayo y junio de 2002. En el mes de septiembre de 2002, deberíamos tener un total de 15 contratos firmados y el servicio debe ser de manera permanente.

Cuadro 14.0 Hitos

Resumen de Gestión

Nuestro equipo de gestión inicial se compone de los siguientes que recibe la tutoría de la Junta de Directores:

Consejo de Administración:

Onlee muestra, Presidente
Onlee Wan, Vice President
Muestra, Secretario
Muestra, Tesorero
Administrador: Onlee muestra

Plan de personal

El conjunto inicial de personal estará compuesto por un cuidador o administrador y un apoyo a cuidadores / personal. En el primer día de funcionamiento, el personal de primera persona es el Presidente / Administrador / cuidador que deberá distribuir volantes y tarjetas de visita a los lugares públicos y los clientes están interesados en utilizar el servicio, debería también ser la primera persona en llamar y firmar el contrato de servicio. Cuando una investigación llamada, deberá responder todas las consultas sobre el servicio. Asimismo, la disposición para hacer cumplir el primer cliente y su familia. En este punto, el administrador debe tener disponible la lista de espera de los funcionarios que han superado el proceso de la entrevista y ha verificado sus antecedentes y verificados antes de ser enviados a sus respectivas tareas o llamadas de servicio. A medida que la población aumento de clientes, por lo que es el número de funcionarios para aumentar en proporción a los clientes suscrito al servicio.

Cuadro 16.1 Personal Plan

17. Plan financiero

El plan es operar inicialmente a la empresa de manera rentable. Con el total de costo de operación inicial de $8,764.00 solo $ 3,500.00 necesidad realmente a la empresa empezó.

El desglose de nuestro costo inicial es el siguiente:

Reserva de denominación social	$ 10.00
Live-Exploración Huellas	$ 184.00
Artículos de Incorporación	$ 100.00
Gas / Kilometraje	$ 80.00
Ley de Empresas de Software y	$ 100.00
Hepatitis / VIH Certificación	($ 80.00)
Software de Contabilidad	($ 80.00)
Nombre de la empresa ficticia	$ 100.00
Licencia de negocio /	
Ciudad de registro	$ 100.00
Negocios Seguros / sitio de depósito	($ 300,00)
Automobile Insurance Depósito	$ 100.00
Profesional / Seguro de	

Responsabilidad Civil General	($ 600.00)
Trabajadores Comp. Depósito	($ 800.00)
No seguro de transporte de alquiler	($ 800,00)
Otros	$ 200.00
Computadora	($ 1,500.00)
P.O. Box / Dirección	($ 200.00)
Teléfono-Fax	$ 150.00
10-clave Calc.	($ 25.00)
Contestador automático	$ 40.00
Software / Base de Datos	$ 65.00
Bolígrafos / lápices / Suministros	$ 50.00
Equipo y suministros de costes	
Investigación de Mercados y de consulta	
(Opcional)	($ 3.000,00)
Otros	$ 100.00
Total de Start-Up Precio:	
Excluyendo los costos fijos y variables	($ 8764,00)
Nuestros gastos mensuales son los siguientes:	
1. P.O. Cuadro de Alquiler:	$ 25.00
2. Teléfono Bill	$ 145.00
3. Pago con tarjeta de crédito	$ 50.00
4. Publicidad cuestan	$ 100.00
5. Empleado de la nómina (1 personal)	
@ $ 12.00/hour	$ 2,500.00
6. Administrador de la nómina de sueldos	$ 3,000.00
7. Seguro de	$ 145.00
	$ 5,965.00

Supuestos importantes:

Nuestra hipótesis importantes son las siguientes:

1. Que no hay ningún retraso en la proyectada operación de nuestro tiempo.
2. Que seremos capaces de localizar a un apartado postal (PO Box) como nuestra primera dirección para nuestro negocio.
3. Que durante nuestro primer mes en funcionamiento, estaremos en condiciones de garantizar dos contratos de servicios en $ 15.00/hour durante 25 días por mes de servicio.
4. Que podamos para garantizar un compromiso de contrato de un Live-En la compañía es de $ 150.00/day por un

mínimo de tres clientes al mes.

5. Y, si nuestro servicio sigue para garantizar un promedio de 1 contrato adicional por mes para sufragar para nuestros gastos mensuales.

Cuadro: 18.1 Hipótesis General
Incluso romper Análisis:

Nuestro punto de equilibrio es la proyección de $5,965.00 por mes para cubrir nuestros costos fijos mensuales incluido el sueldo de un administrador y personal / cuidador. Con el fin de lograr esto, tenemos que tener por lo menos tres (3) los contratos de servicios por mes para alcanzar nuestro potencial de ingresos en exceso de nuestro objetivo mínimo rango. Con nuestro bajo costo de operación mensual, tenemos la flexibilidad de nuestro servicio de control de costos en una serie que hará de nuestro negocio al alcance de la media de los que necesitan de nuestro servicio. Proyectamos que si mantenemos nuestro medio mínimo de tres (3) los contratos de servicios por mes, vamos a ser capaces de sobrevivir y hacer un modesto beneficio como resultado de la misma. Si sólo podemos superar nuestro objetivo mínimo, que puede mantenerse en el negocio durante mucho tiempo. Nos gustaría

a formular la hipótesis de que somos capaces de mantener un Live-En compañía de $ 150.00/ day por cliente con necesidades especiales y si podemos mantener por lo menos un (1) de clientes al mes que no es difícil de lograr, entonces vamos a superar nuestro umbral de rentabilidad mensual. Con nuestro estilo agresivo de comercialización de golpear en las puertas en las comunidades y la entrega personalmente nuestros folletos de persona a persona y casa a casa, no es muy difícil de alcanzar nuestro objetivo financiero. Todos estos objetivos son fácilmente alcanzables en un período de 12 meses.

| Gráfico: | 21.1 | Descanso | Incluso | Análisis |
| Cuadro: | 21.1 | Descanso | Incluso | Análisis |

Proyección de Pérdidas y Ganancias

Nuestro proyectado de pérdidas y ganancias (como se indica en nuestra tabla) muestra que durante los primeros seis meses de funcionamiento, esperamos que para el primer lote de dos (2) los pacientes, por el mes de enero-febrero, marzo y abril, después de la guerra de comercialización de conformidad y la publicidad. En dicho mes, estaremos generando las ventas brutas de cerca de $ 6,825.00 cada mes. Durante los dos primeros meses de funcionamiento, un proyecto negativo en cifras brutas, después de pagar nuestros gastos mensuales. Con nuestros dos clientes proyectados para servir en el segundo y tercer meses, un proyecto de punto de equilibrio. Sin embargo, si se quiere combinar un Live-En los servicios que los proyectos de adquirir durante el segundo y tercer mes de operaciones, proyectamos un flujo de caja positivo. El promedio mensual de gastos de funcionamiento son de aproximadamente $5,350.00. Con al menos tres (3) clientes, incluyendo un servicio directo de las que nuestro proyecto para superar el umbral de punto y todo lo que exceda de tres (3) los servicios a los clientes es positiva para nuestros ingresos proyecciones. Nos damos cuenta de que con el fin de hacer un considerable beneficio en este negocio, tenemos que ampliar nuestros servicios en la dotación de personal de los servicios de atención residencial y debemos tener un mínimo de 15 cuidadores en nuestra lista.

Cuadro 22.1 Estado de Pérdidas y Ganancias

Flujo de caja proyectado

Por nuestra proyecciones de flujo de efectivo, además de los $3,500 de fondos puesta en marcha se utilizará en la compra de jumpstarting nuestro negocio, tenemos que publicasen continuamente en los periódicos locales, directorio telefónico, directorio de la iglesia y la comunidad, centros para ancianos, etc ... con el fin de atraer más clientes. En nuestro primer trimestre en funcionamiento, es necesario infundir capital adicional para compensar a nuestros gastos mensuales. Para ello, tenemos que inyectar al menos un promedio de $1,500.00 de nuestra reservas de efectivo. Durante el difícil mes de enero, marzo hasta el mes de junio y julio donde se espera escasez de ingresos. Al mantener el flujo de caja positivo la posición y el aumento de nuestra publicidad, seremos capaces de incrementar gradualmente nuestros ingresos proyectados en una fase consistente de crecimiento del 25% al 35% sobre una base mensual.

Gráfico: 21.1: Flujo de fondos

22. Balance proyectado

Previsión de balance indica que nuestro equilibrio a partir de $ 5.000,00 por el que el año siguiente de 2003, nuestro saldo de caja es de $190,381.00 y por nuestro tercer año de funcionamiento, nuestro saldo de caja es de $321,567.00. Con esa proyección de los ingresos, esperamos que para alquilar un espacio de oficinas a un costo inferior a $800.00/mes. Al inicio de nuestra operación, nuestros gastos mensuales se encuentra en una muy mínima que nos dé una oportunidad de salvar una gran parte de nuestros ingresos que a su vez se traduce en un ahorro bajo y asequible que transmitir a nuestros clientes. Dado que, el precio de nuestro servicio es más bajo que los competidores, más clientes prefieren usar nuestro servicio a largo plazo. Parte de nuestro objetivo es ampliar el negocio por el cuarto año y teniendo en cuenta el concepto de venta de la empresa en forma de una franquicia. Mediante la venta de nuestra franquicia, un proyecto que los ingresos brutos de más de $ 1 millón de dólares por año en los ingresos totales.

Cuadro 24.1: Hoja de Balance

EXPOSICION DOS:
Muestra-Por Leyes

POR LEYES
DE
TIO SAM CORPORATION
(Una corporación en California)

ARTÍCULO I - OFICINAS

Sección 1. El domicilio social de la corporación será en: _____, City, CA. _____
El agente encargado de ello será el siguiente:
Sr. _____
Sección 2. La sociedad también puede tener oficinas en otros lugares tales como el Consejo de Administración podrá de vez en cuando, nombrar o el negocio de la empresa puede requerir.

ARTÍCULO II - SELLO

Sección 1. El sello de la empresa al respecto se han inscrito el nombre de la empresa, el año de su organización y las palabras "Sello Corporativo," Estado ".

ARTÍCULO III - Accionistas REUNIONES

Sección 1. Reuniones de accionistas se celebrarán en la sede de la empresa en este estado o en cualquier lugar, dentro o fuera de este estado, como pueden ser seleccionados de vez en cuando por el Consejo de Administración.

Sección 2. Reuniones anuales: La reunión anual de los accionistas se celebrará el 1er miércoles del mes de febrero de cada año, si no un feriado legal, y si un día festivo, a continuación, en el próximo seculares día siguiente a las 10:00 AM en punto, cuando se elegirá un Consejo de Administración y de las demás transacciones de negocios que puedan ser debidamente presentada ante la reunión. Si la reunión anual para la elección de directores no se celebrará en la fecha designada, por lo tanto, los directores se causa a la reunión que se celebrará tan pronto como convenga.

Sección 3. Elección de Directores: Elecciones de los directores de la corporación se hará por votación escrita.

Sección 4. Reuniones Extraordinarias: Las reuniones extraordinarias de los accionistas puede ser llamada en cualquier momento por el Presidente, o el Consejo de Administración, o de los accionistas derecho a emitir al menos una quinta parte de los votos que todos los accionistas tienen derecho a emitir en la reunión. En cualquier momento, previa solicitud por escrito de cualquier persona o personas que han llamado debidamente una reunión especial, será el deber del Secretario de fijar la fecha de la reunión, que se celebrará a más de sesenta días después de la recepción de la solicitud, y dar la debida notificación del mismo. Si el Secretario o el descuido se niegan a fijar la fecha de la reunión y dar aviso de ello, la persona o personas que la convocatoria puede hacerlo.

Asuntos tratados en todas las reuniones especiales se limita a los objetos que se indica en la convocatoria y los asuntos relevante al mismo, a menos que todos los accionistas con derecho a voto están presentes y el consentimiento.

Notificación escrita de una reunión especial de accionistas indicando la hora y el lugar y el objeto del mismo, se dará a cada accionista con derecho a voto en ellas por lo menos 30 días antes de dicha reunión, a menos que un mayor período de aviso se requiere por ley en un caso particular.

Sección 5. Quórum: La mayoría de las acciones en circulación de la empresa con derecho a voto, representada en persona o por poder, constituirán quórum en una reunión de accionistas. Si es menos de la mayoría de las acciones en circulación con derecho a voto está representado en una reunión, la mayoría de las acciones representado puede suspender la reunión de vez en cuando sin previo aviso. En dicha reunión en la que levantó un quórum deberán estar presentes o representados, cualquier empresa puede ser que la transacción podría haber sido negociados en la reunión como se había observado. Los accionistas presentes en una reunión debidamente organizada puede seguir para realizar transacciones comerciales hasta que se levante, a pesar de la retirada de los accionistas, suficiente para dejar menos de un quórum.

Sección 6. Proxies: Cada accionista tendrá derecho a votar en una junta de accionistas o de expresar su consentimiento o disentimiento de la acción empresarial por escrito, sin una reunión, podrá autorizar a otra persona o personas a que actúe para él por poder, pero no estos representantes se someterán a votación o después de actuar en consecuencia tres años a partir de su fecha, a menos que el proxy se prevé un período más largo. Un representante debidamente cumplimentada será irrevocable, si se afirma que es irrevocable y si, y sólo el tiempo que, es, junto con un interés suficiente en la legislación de apoyo a un poder irrevocable. La representación puede hacerse irreversible, independientemente de si el interés con que se une es un interés en la población por sí misma o un interés en la sociedad en general. Todos los apoderados deberán presentarse con el Secretario de la reunión antes de ser sometida a votación.

Sección 7. Anuncio de reuniones: Siempre que los accionistas están obligados o autorizados a tomar ninguna acción en una reunión, una notificación por escrito de la reunión dado que se deberá indicar el lugar, fecha y hora de la reunión, y, en el caso de una reunión especial, el fin o los fines para los que se denomina la reunión. Salvo que se disponga la ley, la notificación escrita de cualquier reunión se dará no menos de diez ni superior a sesenta días antes de la fecha de la reunión a cada accionista con derecho a voto en dicha reunión.

Sección 8. Consentimiento, en lugar de reuniones: Cualquier acción que debe tomarse en cualquier anuales o reunión especial de accionistas o de una corporación, o cualquier otra acción que pueda tomarse en cualquier reunión anual o especial de dichos accionistas, se puede tomar sin una reunión, sin previo aviso y sin someterlo a votación, si un consentimiento por escrito, exponiendo las medidas adoptadas a fin, deberá ser firmada por los titulares de acciones en circulación que tengan por lo menos el número mínimo de votos que serían necesarios para autorizar o tomar las medidas en una reunión en la que todas las acciones con derecho a voto sobre la misma estuvieron presentes y votaron. Pronta notificación de la toma de la acción empresarial, sin una reunión en menos de unánime consentimiento por escrito se dará a los accionistas que no hayan consentido por escrito.

Sección 9. Lista de los accionistas: El oficial que se ha encargado de las existencias del libro mayor de la corporación deberá preparar y realizar, al menos diez días antes de cada reunión de accionistas, una lista completa de los accionistas con derecho a voto en la reunión, en orden alfabético, y que muestra la dirección de cada accionista y el número de acciones registradas a nombre de cada accionista. No parte de las existencias en la que cualquier instalación se debe y no remunerada, se someterán a votación en una sesión. La lista estará abierto al examen de cualquier accionista, para cualquier fin relacionado con la reunión, durante el horario comercial normal, durante un período de al menos diez días antes de la reunión, ya sea en un lugar dentro de la ciudad cuando la reunión es se celebrará, que será el lugar especificado en el anuncio de la reunión, o, si no es así se especifica, en el lugar en que la reunión se llevará a cabo. La lista también se produce y se mantiene a la hora y el lugar de la reunión, durante todo el tiempo, y podrá ser consultado por cualquier accionista que está presente.

ARTÍCULO IV - DIRECTORES

Sección 1. Los negocios y asuntos de esta sociedad será gestionada por su Consejo de Administración, en el número _____. Los directores no necesitan ser clientes de este estado o de los accionistas en la empresa. Serán elegidos por los accionistas en la reunión anual de accionistas de la sociedad, y cada director será elegido por el término de mineral de año, y hasta que su sucesor será elegido y se beneficiarán o hasta su anterior renuncia o destitución.

Sección 2. Ordinario de reuniones: reuniones periódicas de la Junta se celebrará sin previo aviso, por lo menos trimestral, en el domicilio social de la empresa, o en cualquier otro tiempo y lugar que se determinará por la Junta.

Sección 3. Reuniones especiales: Reuniones de la Junta podrá ser convocado por el Presidente el 2 días de antelación a cada director, ya sea personalmente o por correo, fax o por telegrama, reuniones especiales será convocado por el Presidente o el Secretario de la misma manera y como aviso sobre la solicitud por escrito de la mayoría de los directores en el cargo.

Sección 4. Quórum: Una mayoría del número total de directores constituirán quórum para la transacción de las empresas.

Sección 5. Consentimiento, en lugar de la reunión: Cualquier acción requerida o permitida que deben tomarse en cualquier reunión de la Junta de Directores, o de cualquier comisión del mismo, podrán adoptarse sin una reunión, si todos los miembros de la Junta de comisión, según sea el caso, consentimiento por escrito, y el escrito o escritos se presentan en el acta de la sesión de la Junta o comité. El Consejo de Administración podrá celebrar sus reuniones, y tener una oficina o las oficinas, fuera de este estado.

Sección 6. Conferencia Teléfono: Uno o más directores podrán participar en una reunión de la Junta, o una comisión de la Junta o de los accionistas, por medio de conferencias telefónicas o similares equipos de comunicaciones por medio de la cual todas las personas que participaron en la reunión pueden escuchar unos a otros ; la participación de esta manera se considerará la presencia en persona en dicha reunión.

Sección 7. Indemnización de Directores como tales, no recibirán ninguna remuneración declaró por sus servicios, pero por resolución de la Junta, una suma fija y los gastos de asistencia a cada sesión ordinaria o extraordinaria de la Junta, siempre que nada de ella se entenderán, para evitar cualquier posible director de servicios a la sociedad en cualquier otra capacidad y, por tanto, recibir una indemnización.

Sección 8. Eliminación: Cualquier director o la totalidad del Consejo de Administración podrán ser removidos, con o sin causa, por los titulares de la mayoría de las acciones a continuación, tienen derecho de voto en una elección de directores, salvo que, cuando se permite la acumulación de voto, si es inferior a la toda la Junta es que deben eliminarse, ningún director puede ser removido sin causa, si los votos emitidos en contra de su expulsión sería suficiente para elegir a él si luego cumulativamente votado en una elección de todo el Consejo de Administración, o, en caso de ser clases de directores, en una elección de la clase de los directores de la cual forma parte.

ARTÍCULO V - MESA

Sección 1. A los funcionarios ejecutivos de la corporación serán elegidos por los directores y será un Presidente, Presidente, Secretario y Director Financiero. El Consejo de Administración también podrá elegir una o más Vicepresidentes y los demás funcionarios que estime necesarias. Cualquier número de oficinas puede ser realizado por la misma persona.

Sección 2. Sueldos: Los sueldos de todos los funcionarios y agentes de la corporación será fijada por el Consejo de Administración.

Sección 3. Duración del mandato: Los agentes de la sociedad ejercerán su cargo durante un año y hasta que sus sucesores sean elegidos y se han beneficiado. Cualquier funcionario o agente elegidos o designados por la Junta podrá ser removido por el Consejo de Administración cuando en su sentencia, el mejor interés de la corporación será servido por el mismo.

Sección 4. Presidente: El Presidente presidirá todas las reuniones de los accionistas y directores, que se verá que todas las órdenes y resoluciones de la Junta se lleven a efecto, con sujeción, sin embargo, a la derecha de los directores de delegar facultades específicas, excepto como puede ser exclusivamente por la ley confiere al Presidente, a cualquier otro funcionario o funcionarios de la corporación. Deberá ejecutar los bonos, hipotecas y otros contratos que requieran un sello, bajo el sello de la corporación. Él será ex-officio como miembro de todos los comités.

Sección 5. Presidente: El Presidente estará presente en todas las sesiones de la Junta. El Presidente será el principal funcionario ejecutivo de la corporación, que tendrá un alcance general y la gestión activa del negocio de la corporación, con sujeción, sin embargo, a la derecha de los directores de delegar facultades específicas, salvo, como pueden ser exclusivamente por la ley conferidas al Presidente, a cualquier otro funcionario o funcionarios de la corporación. Él tendrá el poder general y los deberes de supervisión y gestión por lo general recae en el cargo de Presidente de una corporación.

Sección 6. Secretario: El Secretario asistirá a todas las sesiones de la Junta y todas las reuniones a los accionistas, y actuará como secretario, y registrar todos los votos de la sociedad y las actas de todas sus operaciones en un libro que se mantiene para ese fin, y se como realizar tareas de todos los comités del Consejo de Administración cuando sea necesario. Se dará, o hará que se dé, la notificación de todas las reuniones de los accionistas y de la Junta de Directores, y desempeñará las demás funciones que le sean prescritos por el Consejo de Administración o el Presidente, y bajo cuya supervisión se le. El Secretario General mantendrá en custodia el sello corporativo de la empresa, y cuando esté autorizado por la Junta, la fijación del mismo a cualquier instrumento que lo requieran.

Sección 7. Director Financiero: El Director de Finanzas tendrá la custodia de los fondos y valores corporativos y deberá llevar cuentas completas y exactas de los ingresos y los gastos en los libros pertenecientes a la corporación, y mantendrá los fondos de la corporación en cuenta separada para el crédito de la corporación. Deberá desembolsar los fondos de la sociedad como puede ser ordenado por la Junta, teniendo debidamente en vales de tales desembolsos, y hará posible que al Presidente ya los directores, en las reuniones ordinarias de la Junta, o cuando así lo requieran, de una cuenta todas sus operaciones como Director Financiero y de la situación financiera de la empresa.

ARTÍCULO VI - VACANTES

Sección 1. Las vacantes que se registran en las oficinas de la corporación por la muerte, renuncia, destitución o de otro modo, se llenarán por el Consejo de Administración. De nueva creación y las vacantes de consejeros que resulten de cualquier aumento en el número autorizado de directores podrá ser cubierto por la mayoría de los directores de entonces en el cargo, aunque no menos de un quórum, o por un único director restantes. Si en cualquier momento, por motivo de fallecimiento o renuncia u otra causa, la empresa no debería tener directores en el cargo, cualquier funcionario o de cualquier accionista o un ejecutor, administrador, fideicomisario o tutor de un accionista, u otro fiduciario encargado de la responsabilidad como para la persona o bienes de accionista, podrá convocar una reunión extraordinaria de accionistas de conformidad con las disposiciones de estos Estatutos.

Sección 2. Renuncias efectiva en el futuro Fecha: Cuando uno o más directores presentará su dimisión de la Junta, en vigor en una fecha futura, la mayoría de los directores de entonces en el cargo, incluyendo a aquellos que han renunciado, tendrá el poder para llenar esa vacante o vacantes, el votación al respecto a tener efecto cuando tal renuncia o dimisión será efectiva.

ARTÍCULO VII - REGISTROS CORPORATIVOS

Sección 1. Cualquier accionista de registro, en persona o por otro agente fiscal, deberá, a la demanda bajo juramento por escrito indicando la finalidad del mismo, tienen derecho durante el horario habitual de las empresas a inspeccionar para cualquier finalidad de la corporación del libro mayor de existencias, una lista de sus accionistas , y sus demás libros y registros, y para hacer copias o extractos de la misma. Un buen propósito: el propósito razonablemente relacionados con el interés de esa persona como un accionista. En todos los casos en que un abogado u otro agente será la persona que solicita el derecho de inspección, bajo juramento de la demanda deberá ir acompañada de un poder o en cualquier otro escrito que se autoriza al abogado u otro agente a fin de actuar en nombre de la accionista. La demanda bajo juramento debe orientarse a la sociedad en su domicilio social en este estado o en su lugar principal de negocio.

ARTÍCULO VIII - Certificados bursátiles, DIVIDENDOS, ETC.

Sección 1. Los certificados de acciones de la corporación serán numerados y registrados en el libro mayor y el porcentaje de transferencia de los libros de la sociedad como de su expedición. , Deberán llevar el sello de la empresa, y deberá estar firmada por el Presidente.

Sección 2. Transferencias: Las transferencias de las acciones se realizará en los libros de la empresa a la entrega de los certificados, por lo tanto, refrendada por la persona nombrada en el certificado o por abogado, legalmente constituida en la escritura. No se efectuará ninguna transferencia que es incompatible con la ley.

Sección 3. Certificado perdido: La sociedad podrá emitir un nuevo certificado de acciones en el lugar de cualquier certificado firmado por él hasta entonces, supuestamente se han perdido, robado o destruido, y la empresa podrá requerir al propietario de los extraviados, robados o destruidos certificado, o su representante legal a la empresa una fianza suficiente para indemnizar contra cualquier reclamación que se pueda hacer en contra de ella en razón de la presunta pérdida, robo o destrucción del certificado o de la emisión de estas nuevas certificado.

Sección 4. Fecha de registro: A fin de que la empresa puede determinar los accionistas tienen derecho a la notificación o de voto en cualquier reunión de accionistas o de la suspensión del mismo, o el consentimiento expreso de la acción empresarial por escrito, sin una reunión, o derecho a recibir pago de dividendos o de otro tipo de distribución o asignación de cualquier derecho, o derecho a ejercer los derechos con respecto a cualquier cambio, conversión o intercambio de acciones o con el propósito de cualquier otra acción legal, el Consejo de Administración podrá establecer, de antemano, una fecha de registro, que no deberá ser superior a sesenta ni inferior a diez días antes de la fecha de dicha reunión, ni superior a sesenta días antes de cualquier otra acción.

Si no se fija la fecha de registro:

(a) La fecha de registro para determinar el derecho a los accionistas o de aviso para votar en una reunión de titulares de acciones deberán estar en el cierre de actividades el día anterior al siguiente día en el que se da, o - en caso de aviso de renuncia , al cierre de operaciones el día siguiente antes de la fecha en que se celebre la reunión.

(b) La fecha de registro para determinar los accionistas tienen derecho a expresar su consentimiento a la acción empresarial por escrito sin reunión, si no antes de la adopción de medidas por la Junta de Directores es necesario, será el día en que el primero se expresa el consentimiento por escrito.

(c) La fecha de registro para la determinación de los accionistas para cualquier otro propósito queda fijada en el cierre de las actividades del día en que el Consejo de Administración adopte la resolución correspondiente.

(d) La determinación de los accionistas de registro a la notificación de derecho de voto o en una reunión de accionistas se aplicará a cualquier levantamiento de la sesión, siempre que, sin embargo, que el Consejo de Administración podrá fijar una nueva fecha de registro para la reunión aplazada.

Sección 5. Dividendos: El Consejo de Administración podrá declarar y pagar dividendos sobre las acciones en circulación de la sociedad de vez en cuando y en la medida que estimen conveniente, en la forma y las modalidades y condiciones previstas por el estatuto y el Certificado de Incorporación.

Sección 6. Reservas: Antes de proceder al pago de dividendos puede ser retiradas de la producción fuera de los beneficios netos de la empresa, tales como suma o sumas de los directores, de vez en cuando, en su absoluta discreción, considere adecuada como un fondo de reserva para atender contingencias, o para igualar los dividendos, o para la reparación o el mantenimiento de todos los bienes de la empresa, o por cualquier otra finalidad que los directores se cree propicio a los intereses de la sociedad, y los directores mayo abolir este tipo de reserva en la forma en que se ha creado.

ARTÍCULO IX - VARIOS DISPOSICIONES

Sección 1. Cheques: Todos los cheques o las demandas de dinero y las notas de la empresa deberá ser firmada por dicho funcionario o funcionarios que el Consejo de Administración podrá de vez en cuando designar.

Sección 2. Año Fiscal: El año fiscal comenzará el primer día de enero.

Sección 3. Nota: Siempre que un aviso por escrito debe ser dado a cualquier persona, puede ser dado a esa persona, ya sea personalmente o mediante el envío de una copia del mismo a través del correo electrónico, por fax, o por telegrama, pagando los gastos, a su dirección que aparece en la libros de la corporación, o suministrados por él a la sociedad a los efectos de la notificación. Si la notificación se envió por correo, fax o por telégrafo, se considerará que se han dado a la persona con derecho a ella cuando se deposita en los Estados Unidos de correo, por fax o con una oficina de telégrafos para su transmisión a esa persona. Dicho anuncio se especificará el lugar, día y hora de la reunión y, en el caso de una reunión especial de accionistas, el carácter general de la empresa a ser transferido.

Sección 4. Renuncia a la notificación: En el caso de cualquier notificación por escrito se requiere por ley, o por el certificado o los Estatutos de esta empresa una renuncia por escrito, firmado por la persona o personas que tienen derecho a dicha notificación, ya sea antes o después del tiempo que allí , se considerará equivalente a la entrega de dicha notificación. Salvo en el caso de una reunión especial de accionistas, ni la empresa a ser transferido, ni en el objeto de la reunión deben ser especificados en el aviso de suspensión de la reunión de este tipo. Asistencia de una persona ya sea en persona o por poder, en cualquier reunión constituirá una renuncia a la notificación de la misma, excepto cuando una persona asiste a una reunión con el propósito expreso de oponerse a la operación de cualquier negocio, porque la reunión no era legalmente llamado o convocadas.

Sección 5. La indemnización no reconocidos: Todos los pagos efectuados a un funcionario o empleado de la empresa, tales como un salario, comisiones, primas, intereses, alquileres, viajes de ocio o gasto incurrido por él, que deberá ser rechazada en su totalidad o en parte como gasto deducible por la Servicio de Rentas Internas, serán reembolsados por tal funcionario o empleado de la empresa en la medida de este tipo de rechazo. Será responsabilidad de los directores, como la Junta, para hacer cumplir el pago de cada uno de estos importe no. En lugar de pago por parte del funcionario o empleado, sujeto a la determinación de los directores, proporcionadas las cantidades pueden ser retenidos de sus futuros pagos de compensación hasta que la suma adeudada a la sociedad se ha recuperado.

Sección 6. Renuncias: Cualquier director u otro funcionario podrá renunciar en cualquier momento, tal renuncia conste por escrito, y surtirá efecto desde el momento de su recepción por la sociedad, a menos que alguna vez se establezca en la dimisión y, a continuación, a partir de esa fecha. La aceptación de una renuncia no será necesaria para que sea eficaz.

ARTÍCULO X - DECLARACIÓN ANUAL

Sección 1. El Presidente y Consejo de Administración presentará en cada reunión anual de una declaración plena y completa de los negocios y asuntos de la corporación para el año anterior. Tal declaración será preparada y presentada en el sentido que sea el Consejo de Administración estime convenientes y no necesitan ser verificados por un contador público certificado.

ARTÍCULO XI - ENMIENDAS

Sección 1. Estos Estatutos podrán ser modificados o derogados por el voto de los accionistas derecho a emitir al menos una mayoría de los votos que todos los accionistas tienen derecho a emitir al respecto, en cualquier sesión ordinaria o extraordinaria de los accionistas, debidamente convocada después de que la notificación a los accionistas de ese propósito.

USEFUL CONTACT INFORMATION

Associations
American Health Care Association
1201 L St, NW
Washington DC 20005
(202) 842-4444
American Society on Aging833 Market St, Ste 511
San Francisco, CA 94103
(415) 974-9600 www.asaging.org

California Association for Health Services at Home
723 S St., Sacramento, CA 95814
(916) 443-8055
www.cahsah.org

California Association of Adult Day Services
921 11th St, Ste 701
Sacramento, CA 95814(916) 552-7400
www.caads.org

California Association of Health Facilities
2201 K Street
Sacramento, CA 95816
(916) 441-6400 www.cahf.org

California Association of Homes and Services for the Aging , 7311 Greenhaven Dr, Ste 175Sacramento, CA 95831
(916) 392-5111 www.aging.org

California Association of Residential Care Homes
2380 Warren Road, Walnut Creek, CA 94595
(925) 937-3046

California Center for Assisted Living
2201 K Street, Sacramento, CA 95816
(916) 441-6400, www.ca-assistedliving.org
National Center for Assisted Living
1201 L St, NW
Washington DC 20005
(800) 434-0222; (202) 842-4444 www.ncal.org

State Government
California Department of Aging
16 K Street
Sacramento, CA 95814
(916) 322-3887
Office of State Ombudsman
(916) 323-6681
www.aging.state.ca.us

California Department of Health Services
P.O. Box 942732
Sacramento, CA 94234-7320
(916) 445-4171
www.dhs.ca.gov

California Department of Social Services
744 P Street
Sacramento, CA 95814
(916) 657-3661
www.dss.cahwnet.gov

California State Capitol
Governor's Office
(916) 445-2841 www.governor.ca.gov
State Government Information Line
(916) 322-9900 www.ca.gov

Federal Government
White House
(202) 456-1414 www.whitehouse.gov

Insurance Resources
California Partnership for Long Term Care
714 P Street, Room 616
Sacramento, CA 95814
(800) 434-0888
www.dhs.ca.gov/cpltc

Health Insurance Counseling and Advocacy Program
(800) 434-0222
www.aging.state.ca.us/html/programs/hicap.htm

Other Resources

Area Agencies on Aging (www.cahf.org/public/client/areaagcy.php)
The California Department of Aging contracts with a statewide network of 33 Area Agencies on Aging (AAAs) which are responsible for the planning and delivery of community services for older persons and persons with disabilities. (800) 510-2020

Eldercare Locator (www.eldercare.gov/)
A nationwide toll-free information and referral service
(800) 677-1116

Regional Centers for Persons With Developmental Disabilities (www.cahf.org/public/client/ddregctr.php) Regional centers are responsible for coordination of services and case management for persons with developmental disabilities, as well as diagnosis and assessment, preventative services to parents and persons at risk of having developmental disabilities, individual program planning, advocacy, monitoring and evaluation.

Statewide Ombudsman (www.cahf.org/public/client/calombud.php)
Each county has a Long Term Care Ombudsman program, whose goal is to advocate for the rights of all clients of long-term care facilities and adult day health-care centers in the state. (800) 231-4024

EXPOSICION TRES:
Políticas y Procedimientos

(SOLO MUESTRA)

Tabla de contenidos

POLÍTICAS Y PROCEDIMIENTOS
(Sólo la muestra)
AngelCare Respito y
Inicio de Servicios de Apoyo

Introducción

AngelCare proporcionará personalizada "En Portada" los servicios de atención en un entorno residencial para niños, adultos y personas de la tercera edad. Su objetivo es ofrecer no médicos de atención personalizada de servicios de diseño específicamente para satisfacer las necesidades de los niños, adultos y personas de la tercera edad que viven en el hogar con independencia física, social y / o discapacidad del desarrollo que necesitan la supervisión y asistencia las 24 horas del día. Es un servicio desarrollado para ayudar a las familias y sus seres queridos en su cuidado y supervisión de carácter temporal como alternativa a una institución como un hospital o un asilo de ancianos. El servicio se centra en la mejora de la calidad de los servicios de salud orientados a la seguridad, la salud, sociales y otros servicios de apoyo en uno de protección, de amistad y no institucional.

AngelCare proporcionará los servicios de atención personalizada incluyendo enfermería, rehabilitación, actividades de asesoramiento, el ejercicio, socialización, comidas y bocadillos nutritivos, y los arreglos para el transporte hacia y desde la escuela o el programa de día y otros lugares de interés para los clientes, incluyendo pero no limitado a su recados y citas médicas, dentales. Se establece como resultado de una abrumadora demanda de un único tipo de servicio de atención personalizada que proporcione la atención individualizada, formación profesional y la terapia de habilitación, modificación y terapia de comportamiento, todo bajo un objetivo de servicio.

El programa individualizado plan se tomarán en cuenta las necesidades específicas del cliente y los servicios, la capacidad funcional, los desafíos, los comportamientos y la capacidad de retener y responder a determinada tarea.

Muestra el cuadro de personal:

AngelCare
Nota: Personal representa el personal N º N º ID
(Ejemplo de Personal 0,1)

WKEnd	Day	Mon 7:00a 2:00p	Tue 7:00a 2:00p	Wed 7:00a 2:00p	Thu 7:00a 2:00p	Fri 7:00a 2:00p
	1	Staff 0.1	Staff 0.1	Staff 0.1	Staff 0.12	Staff 0.12
	2	Staff 0.12	Staff 0.12	Staff 0.12	Staff 0.12	Staff 0.12
	3	Staff 0.13	Staff 0.13	Staff 4	Staff 4	Staff 4
	4	Staff 4	Staff 0.13	Staff 4	Staff 0.12	Staff 0.12
	5	Staff 5	Staff 0.13	Staff 4	Staff 0.12	Staff 0.12
6		Staff 6	Staff 0.13	Staff 4	Staff 0.12	Staff 0.12

7		Staff 6	Staff 0.13	Staff 4	Staff 0.12	Staff 0.12
	8	Staff 8	Staff 8	Staff 7	Staff 8	Staff 8
	9	Staff 9	Staff 9	Staff 8	Staff 9	Staff 9
	10	Staff 10	Staff 10	Staff 9	Staff 10	Staff 10
	11	Staff 0.13	Staff 0.13	Staff 10	Staff 0.12	Staff 0.12
	12	Staff 10	Staff 10	Staff 9	Staff 10	Staff 10
13		Staff 7	Staff 7	Staff 4	Staff 7	Staff 7
14		Staff 7	Staff 7	Staff 4	Staff 7	Staff 7
	15	Staff 0.1	Staff 0.1	Staff 0.1	Staff 0.12	Staff 0.12
	16	Staff 0.12	Staff 0.12	Staff 0.12	Staff 0.12	Staff 0.12
	17	Staff 0.13	Staff 0.13	Staff 4	Staff 4	Staff 4
	18	Staff 0.13	Staff 4	Staff 0.12	Staff 0.12	Staff 0.13
	19	Staff 0.13	Staff 4	Staff 0.12	Staff 0.12	Staff 0.13
20		Staff 0.13	Staff 4	Staff 0.12	Staff 0.12	Staff 0.13
21		Staff 0.12	Staff 0.12	Staff 0.12	Staff 0.12	Staff 0.12
	22	Staff 0.13	Staff 0.13	Staff 4	Staff 4	Staff 4
	23	Staff 0.13	Staff 4	Staff 0.12	Staff 0.12	Staff 0.13
	24	Staff 0.13	Staff 4	Staff 0.12	Staff 0.12	Staff 0.13
	25	Staff 0.13	Staff 4	Staff 0.12	Staff 0.12	Staff 0.13
	26	Staff 0.12	Staff 0.12	Staff 0.12	Staff 0.12	Staff 0.12
27		Staff 4	Staff 0.13	Staff 4	Staff 0.12	Staff 0.12
28		Staff 5	Staff 0.13	Staff 4	Staff 0.12	Staff 0.12
	29	Staff 6	Staff 0.13	Staff 4	Staff 0.12	Staff 0.12
	30	Staff 6	Staff 0.13	Staff 4	Staff 0.12	Staff 0.12

Enfermería y trabajo social

AngelCare ofrecerá una variedad de fines no médicos, servicios sociales y de necesidades. Médica y mental / problemas de comportamiento son supervisados por una enfermera y una trabajadora social en el personal. Ambos deben tener conocimiento y experiencia en atender las necesidades psicológicas y sociales de los clientes. La enfermera se conservará como un personal presente en AngelCare mientras que los clientes están presentes. El personal se espera que proporcione la vigilancia de medicamentos y recordatorios. El personal también está capacitado en forma regular para supervisar las necesidades de los clientes los siguientes:

a. Administración de medicamentos y la gestión.
b. La presión arterial y peso.
c. El entrenamiento de la vejiga y / o continencia.
d. Nutrición y dieta especial instrucción.
e. Procedimientos específicos de enfermería.

    f.   Servicios de atención personal

    g.   De baño, secador de atención

    h.   Ayuda con las comidas

    i.   Tomará las medidas necesarias para el habla, físicas,

recreativas y de comportamiento terapia o consejería

Habrá un trabajador social para el personal que proporcionará una orientación terapéutica, información, servicios de referencia, grupos de apoyo a cuidadores, individual, de grupo y / o familiar,

Tipos de servicios de enfermería disponibles:

1. Administración de medicamentos y la gestión.
2. La presión arterial y peso
3. El entrenamiento de la vejiga y / o la continencia
4. Nutrición y dieta especial instrucción
5. Taburete de vigilancia

Servicios de atención personal

1. Baño
2. El cuidado del cabello
3. Ayuda con las comidas
4. Asistencia en Actividades de la Vida Diaria

Otros Servicios:

1. Terapia del lenguaje
2. Recreación terapia
3. Terapia física
4. Servicios de trabajo social
5. Información y remisión
6. Individual y / o familiar
7. Lugares para los nombramientos de transporte, compras, etc ...
8. Evaluación médica
9. Tratamiento Médico
10. Podiatría atención
11. Arte terapia
12. Musicoterapia
13. Realidad terapia
14. Ejercicios
15. Asistencia vestir / aseo / usar el baño

Actividades:

AngelCare proporcionará a los clientes con excelentes servicios personalizados y actividades que es importante para su bienestar. El programa de actividades se ofrecen diversos, centrándose en la estimulación mental y física, las fortalezas y los intereses de los clientes.

Los clientes son alentados a participar en las actividades de forma regular ..

Cerámica, jardinería, arte y artesanía, juegos, baile, ejercicios, ordenador de Internet, participar en una obra de teatro o de la fase de presentación, etc ....

Nutrición:

Una nutrición adecuada desempeña un papel importante en la preservación de la salud de nuestros clientes. AngelCare deberá presentar un mínimo de dieta saludable comidas y meriendas en el día a día y según sea necesario.

Dietas especiales a veces son necesarias para los clientes. Esas comidas, así como la norma de las comidas, también se apetitosa, sabrosa y atractiva servido, así como una comida regular. AngelCare también proporcionará las comidas que son controladas en calorías, kosher, vegetariana o satisfacer las necesidades especiales de los diabéticos, proporcionar alimentación suplementaria o puré de alimentos que cuando es necesario.

Los clientes se sirven con un buen balance de la dieta que consta de los seis grupos de alimentos básicos.

Ejemplo de comidas: Menú estará disponible previa solicitud y se actualizará cada mes, una semana de antelación.

Transporte

AngelCare proporcionará un conductor experimentado y de seguridad de forma periódica y oportuna. Habrá un transportista capacitado y con experiencia y se someterán periódicamente formación en materia de seguridad patrocinado por AngelCare. El medio de transporte seguro y se mantienen en buenas condiciones de trabajo cuando un registro de mantenimiento y kilometraje se conservarán en una base regular. Habrá equipos de seguridad presentes y disponibles en todo momento. Antes de que el transporte de todos los cinturones se ata para garantizar la seguridad de los clientes y habrá una radio o teléfono celular para emergencias.

Políticas de admisión:

Las políticas de admisión deben proporcionar información pertinente a la categoría de los clientes y los tipos aceptados para la atención, las edades de los clientes, tarifas y políticas de devolución, la aceptación y la retención de las limitaciones, de pre-admisión en las evaluaciones, las necesidades y los planes de servicios, evaluaciones médicas y un Acuerdo de Admisión que contiene la información típica de un cliente o su representante autorizado que necesita saber antes de entrar a aceptar el servicio. Una descripción de los siguientes elementos deben incluirse en esta sección:

1. Las personas aceptadas para la atención, incluyendo la edad y el compatibilidad con el personal.
2. Procedimientos de admisión
3. Criterios para determinar la conveniencia de que los servicios y las actividades propuestas (por ejemplo, entrevistas, procedimientos para la obtención y elaboración de la documentación necesaria).
4. Plan de necesidades y servicios.
5. Derechos del cliente / Derechos personales. (Como mínimo debe haber una declaración de que el cliente / clientes serán informados de sus derechos y que el cliente / client's derechos no serán vulnerados).
6. Evaluación Médica.
7. Admisión Pre-Plan de Evaluación.
8. Información de Emergencia.
9. Registro y Procedimiento de Registro.
10. Requisitos de inmunización.
11. Acuerdo de admisión. La admisión es un acuerdo para incluir la siguiente información:

+ Descripción de los servicios básicos que ofrece. (Todos los servicios básicos deben ser ofrecidos o, si un cliente se encuentra actualmente la obtención de servicios concretos a través de otros medios, previsto en el caso de que el servicio es necesario en una fecha futura.).
+ Descripción de los servicios opcionales que ofrece. (Revisado necesarios para garantizar que "los servicios básicos" no se incluyen en esta descripción).
+ Pago disposiciones, tales como tarifas para los servicios básicos y opcionales, pagador, fecha de vencimiento, y la periodicidad de los pagos. (Revisado para garantizar las disposiciones son claras y tarifa de SSI / SSP beneficiarios no supere el máximo establecido).
+ Modificación condiciones. (Revisado para garantizar un mínimo de 30 días previo aviso de tipo de cambio).
+ Política de Reembolso. (Revisado para garantizar que la política es clara y no está en violación de normas de concesión de licencias).
+ Razones para la terminación.
+ Visitar la política.
+ Reglas de la casa.

Ejercicio

AngelCare fomentará la participación del cliente en todos los ejercicios diarios.

Terapia Ocupacional:

Equipo y suministros para las aptitudes creativas, tales como cuero, bordado, cerámica, carpintería, pintura y artes gráficas.

Masajes / YOGA / Musicoterapia

Los clientes que se espástica y otros que tienen problemas musculares y conjunta se beneficiará de un masaje terapéutico que un personal capacitado proporcionará musculación y tratamiento de agua. Con el uso de alfombras suavizado clientes podrán establecer y rodar sobre una pelota terapéutica; remoje sus pies en un vibrante lavabo, ya que escuchar una suave música clásica para calmar sus dolores de dolor.

Terapia musical

1. Estéreo / reproductor de CD
2. Luces de colores y la invitación de la habitación
3. Grandes almohadas
4. Plantas de plástico blando
5. Sonido natural y cintas de audio visuales
6. Colorido suave tono imágenes y carteles.

AngelCare personal será con un estetoscopio, termómetro, probador de azúcar en la sangre. Habrá una enfermera designada que hará el diagnóstico y evaluación, y también habrá un médico que está de guardia y siempre disponible cuando la necesidad de consulta y evaluación es necesaria.

ACTIVIDADES DE LOS GRUPOS / TABLE TOP / RECREATIVO / DEPORTIVO ADAPTABLE COGNITIVA FORMACIÓN:

Desarrollo de las aptitudes profesionales ACADEMICOS QUE INCLUYE, BÁSICA Y CARTA DE ESCRIBIR NOMBRE IDENTIFICACIÓN Y RECONOCIMIENTO CALENDARIO.

HABILIDAD: ESTIMULACIÓN SENSORIAL DE MOTOR, EDIFICIO HABILIDADES SOCIALES Y COMUNICACIÓN. APRENDIZAJE ACERCA DE TEXTURAS, olores, colores, seguridad, etc., OFICIOSAMENTE APRENDER A PONER LAS COSAS DE / EN META, utilizar variedad de artículos para crear proyectos.

JUEGOS DE MESA SUPERIOR: INTRO A VARIOS JUEGOS; OFICIOSAMENTE enseñar a tomar turnos, Cómo mover objetos, piezas de juego y de cooperación, JUGAR, y la capacidad de comunicación.

CLASES DE COCINA: INFORMAL DE FORMACIÓN SOBRE CÓMO LEER UNA RECETA, medir los ingredientes, POUR, agitar y mezclar. PREPARACIÓN PARA LA MERIENDA MERIENDA EN TIEMPO EN SU CASO.

HABILIDADES DOMÉSTICAS: OFICIOSAS / FORMAL PARA ESTABLECER MESA DE FORMACIÓN Y PREPARACIÓN DE COMIDA POR ISP OBJ.

ARTE DE ALIMENTOS: HACER COSAS DE EMBARCACIONES OBJETOS ENCONTRADOS EN LA COCINA, HACIENDO LA ALIMENTACIÓN (Jello JIGGLERS, etc.) Que puede comerse MERIENDA PARA EL VIERNES, LOS SENTIDOS playdough HACER QUE HA OLOR / estimulación táctil.

ARTE / PINTURA PROYECTO: HACER UNA PINTURA CON COLORES DE ASSORTED WTERCOLORS; FINGERPAINTS, lavables PINTURAS EN EL USO DE PAPEL ARTBOARD DEDOS / CEPILLOS / RODILLOS, ETC.

ARTE: OFICIOSAS ENSEÑANZA, EL USO DE CREACIÓN DE PROYECTOS CRAFT variedad de artículos, PAPEL, CHALK, MAATERIALS, joyas, plumas, etc.

Arriba CUADRO DE ARTE: OFICIOSAS FORMACIÓN DE MOLDE Y COMO FORMA DE ARCILLA crear diferentes objetos. COLOR Y TEXTURA CONCIENCIA.

JARDINERIA HABILIDADES: OFICIOSAS ENSEÑANZA EN CUANTO AL AGUA EL PATIO Y PLANTAS.

La forma de cultivar SUELO y semillas de plantas y vegetales de CARE.

BANDA MUSICAL: TARINING INFORMALES SOBRE CÓMO MANTENER Y HACER SONIDOS CON VARIOS MUSICALES INRUMENTS, OFREZCO OPORTUNIDAD PARA ELECCIONES.

EJERCICIO DE MÚSICA: ESTIMULACIÓN SENSORIAL DE MOTOR, INTRODUCCIÓN AL EJERCICIO DIVERSAS TÉCNICAS, ROM de capacitación a diferentes sonidos y ritmos de la música, terapeutas físicos SIGUIENTE RECOMENDACIÓN PARA INDIVIDUALES. A MUSIC VIDEO ROM.

MOVILIDAD DE CAPACITACIÓN: DESARROLLAR LA INDEPENDENCIA A LOS CLIENTES ECH desplazarse dentro de su entorno, tanto en la Comunidad y en el hogar.

ADAPTABLE DEPORTES: OFICIOSAS DE FORMACIÓN SOBRE CÓMO LAN-ZAR / CATÁLOGO / CAPTURAS / PASS Una bola u otro objeto, baloncesto, bolos, DARTS VELCRO, ETC.

COMUNIDAD Salida: OFICIOSAMENTE TRABAJO SOBRE COMPORTAMIEN-TO social adecuada, COMUNICACIÓN Y APTITUDES DE COMPRA.

La sensibilización de la comunidad: FORMACIÓN EN SITUACIÓN DE IDENTIFI-CACIÓN, identificación de objetos (flor, árbol, COLOR, CAR, VECINOS, ETC.) Recoge obje-tos tales como hojas, flores, bellotas, etc DE ARTE / PROYECTO PARA EMBARCACIONES jueves o viernes. (Paseos por la naturaleza, picnics).

COMUNICACIÓN HABILIDAD: OFICIOSAS / capacitación formal COORDINA-DOS THA DIA TODO EN TODAS LAS ACTIVIDADES, PARA DESARROLLAR LA COMUNICACIÓN receptivo y expresivo.

DEBATE DE ACTUALIDAD: OFICIOSAS formación para desarrollar habilidades social-es, CONCIENCIA de lo que acontece diariamente en su vida personal.

PERIODO DE DESCANSO Y RELAJACION:

CLIENTES RELAJE y escuchar música en la radio o CINTAS SOCIAIZE y con sus com-pañeros.

Tiempo de Cuentos

Libros grabados, libros leídos en voz alta, correspondiente Marionetas HABILIDAD: CO-MUNICACIÓN, DE COLOR DE CORRESPONDENCIAS A IMAGEN DE COLOR, SENSORU TOQUE A SENTIRSE LIBROS, ETC.

Declaración de Misión:

El elemento clave de nuestra atención es la excelente relación entre el personal y los clientes y sus familias.

Los siguientes factores son nuestro activo:

1. Calidad de la atención y el control que mantiene los más altos estándares
2. Seguridad y limpieza.
3. La dotación de personal que se adhiere a lamáxima cortesía, el respeto, la libertad del abuso y el descuido, la experiencia y la educación que mantiene el personal en general.
4. Continua capacitación del personal y de servicios de certificación de medicamentos en el seguimiento, el riesgo y la gestión de la seguridad y la buena atención al cliente y supervisión.
5. Programa de variedad, la aplicación práctica y la coherencia.
   La coherencia de la programación y el seguimiento de los progresos del cliente y el desarrollo.

7. ¿Cómo los clientes serán capaces de aprender y disfrutar de sus actividades que respondan a sus necesidades y servicios.

CRITERIOS DE ADMISIÓN

1. Clientes que necesitan de nuestros servicios, el uso de sillas de ruedas, que necesiten ayuda con la higiene, la transferencia y otras necesidades personales.
2. Debe estar libre de condiciones de comportamiento que suponen un peligro para sí mismo y al personal.
3. Acepta las condiciones de salud con las personas que requieren servicios médicos incidentales, los clientes con condición médica (s) que son crónicos y estables, de carácter temporal y se espera para volver a una condición normal para ese individuo y está bajo la atención médica de un profesional .
4. Acepta tanto ambulatorios y no ambulatorios clientes.
5. Debe estar en el proceso de adquisición de habilidades de autoayuda.
6. Proporcionará la alimentación ayuda a aquellos clientes que lo necesiten.
7. Proporcionará a los clientes de transferencia de la asistencia en silla de ruedas. Si un dispositivo de elevación es necesario, este debe ser prestado por otra entidad.
8. Aceptará los clientes que usan los adultos escritos.
9. Acepta garantizar que los clientes son incontinentes comprobarse a intervalos regulares y se mantengan limpias.
10. Aceptará los clientes que necesitan ir al baño programadas a intervalos regulares.

11. Prestará asistencia a los clientes que pueden beneficiarse de la prevista por ir al baño o ayudar a recordar a ir al baño a intervalos regulares.
12. Aceptará los clientes que necesitan asistencia en materia de higiene y auto-cuidado tareas.
13. Proporcionará toda la asistencia necesaria a los clientes que la necesitan.
14. No va a aceptar las personas que requieren servicios de salud o tiene una condición de salud prohibida (s) incluyendo:
    1. Naso-naso-gástrica y duodenal tubos.
    2. Staph infección u otras infecciones graves.
    3. Activa, las tuberculosis.
    4. Condiciones que requieren cuidados de

enfermería 24 horas o de supervisión.

5. Fase 3 o 4 úlceras por decúbito.
6. Cualquier otra condición o las necesidades de atención que requieren la Asociación que se disponga de una licencia de la salud.

CLIENTE DE FORMACIÓN TEMAS:

+ Recreación / Tiempo libre
+ Viajes de capacitación
+ Cuidado Personal
+ Salud y Seguridad de sensibilización
+ Gestión de Medicamentos
+ Preparación de alimentos y nutrición
+ Auto-Identidad, ajuste personal, comunicación, conciencia cívica y la responsabilidad
+ Desarrollo Profesional
+ Funcional Académicos
+ Habilidades de clientes
+ Gestión de Comportamiento
+ Otros apoyos "As Needed"

A. Recreación / Ocio: El personal dará instrucciones a los clientes en la elección de actividades recreativas adecuadas. Personal se hará hincapié en los beneficios de la comunidad basada en la recreación y actividades de ocio.

+ Ayuda a los clientes relajarse y descansar
+ Las oportunidades de conocer gente nueva
+ La exposición a diferentes situaciones sociales y el uso de las competencias, tales como habilidades de comunicación, vestido adecuado y apropiado de aseo
+ La exposición a las diferentes culturas
+ Haga ejercicio a través del deporte
+ Aprender sobre el entorno
+ Aumentar el conocimiento (por ejemplo: museos, conferencias)

Los clientes también recibirán instrucciones sobre cómo elegir una actividad recreativa, incluy-endo:

+ Cliente de interés
+ Presupuesto - ¿Cómo se lo puede permitir
+ Disponibilidad
+ Elija de actividades recreativas

+ Diferentes tipos de partes: Selección de una parte por las vacaciones, cumpleaños y ocasiones diferentes, formal e informal, cena a las películas
+ Los diferentes ocasiones
+ El tipo de entretenimiento
+ Los clientes aprenden a utilizar los recursos naturales de la adopción de disposiciones para la recreación y el esparcimiento; tales s, periódicos, guías telefónicas, etc
+ Planificar un menú apropiado para el número de personas
+ Invitaciones

Planificación de un viaje:
+ Decidir a dónde ir
+ Cantidad de dinero necesario
+ Alimentación acuerdos
+ Lugares de interés o las visitas, los costos, los tiempos

Hacer Reservaciones:
+ Decidir la ubicación y motel
+ Estancia en hotel o con amigos
+ Llamando por delante de los costos y la información

B. Viajes de Capacitación: Los clientes recibirán formación para una conducción de transporte público para las actividades de integración de la comunidad. Incluirá la formación real de los viajes hacia y desde el programa a los posibles lugares:

+ Centros Comerciales
+ Eventos Recreativos
+ Restaurantes
+ Yacimientos de Empleo
  Se dará capacitación en:
+ Localización de las paradas de autobús
+ Selección de la correcta autobús
+ Transferencia de autobuses
+ Pago de tarifas de los autobuses
+ Desembarcando el autobús
+ Peatones leyes
+ horarios de autobuses

C. Autonomía Personal y Atención Higiene: Personal ayudará a los clientes en la presentación al público de manera aceptable. Moderna, la edad la ropa adecuada, junto con un cuerpo limpio y atractivo estilo de peinado, será el centro para establecer la autoestima, así como, la presentación de una imagen bien preparados para el público. Para aquellos clientes que necesitan ayuda con sus tareas de auto-cuidado, el personal de proporcionar todos los apoyos.

El trabajo se centrará en las siguientes áreas:

+ Hable de los juegos de rol y cómo reconocer cuando un baño o una ducha es necesario
+ Discutir y demostrar cómo mantener su propio cabello
+ Discutir y demostrar la forma correcta de cepillarse los dientes y las encías
+ Discutir y jugar con mujeres clientes cómo tomar el cuidado necesario durante su ciclo menstrual
+ Discutir y demostrar la forma de presentar un aspecto aseado
+ Discutir y demostrar de qué manera para atender a sus necesidades de afeitar, incluido el uso de diversos electrodomésticos y artículos de tocador
+ Discutir y demostrar cómo el cuidado de la ropa adecuada
+ Discutir y demostrar la manera correcta de cuidar de las uñas

D. Salud y seguridad de sensibilización, de medicamentos de administración: Los clientes aprender, en un grupo, así como sobre una base individual, los procedimientos de emergencia:

+ Qué hacer en caso de incendio
+ ¿Qué hacer en caso de un desastre
+ ¿Qué hacer en caso de un accidente
+ ¿Qué hacer en caso de enfermedad
+ Cómo utilizar técnicas básicas de primeros auxilios en el tratamiento de lesiones menores
+ ¿Qué hacer si alguien tiene una convulsión
+ ¿Qué hacer si alguien se está asfixiando
+ Cuando se llama a un policía, ¿Qué información necesita para decirles
+ La identificación y almacenamiento seguro de los venenos
+ Mantener los pisos y áreas de paseo clara de objetos peligrosos
+ Cómo obtener los puntos de difícil acceso y la forma de levantar objetos pesados
+ El uso seguro de los enchufes eléctricos y aparatos
+ ¿Cómo operar una linterna y comprender su valor como un dispositivo de emergencia
+ Uso de extintores de incendios

+ Discusión de medicamentos que toma conciencia de su
  necesidad, y las dosis
+ Enseñe el uso adecuado de venta libre de drogas y
  medicamentos que no requieren receta
+ números de teléfono de emergencia: Policía, Bomberos,
  Médico, Farmacia, Etc.
+ Discusión de los servicios prestados por los servicios de
  atención médica

Desastres y simulacros de incendio se realizó al azar cada mes. Tiempo personal de los clientes y en una nota de Desastres / Incendios Registrarse todo el tiempo y preocupaciones. El personal también discutir el taladro con los clientes. Tanto los clientes y el personal de hablar sobre cualquier inquietud que puedan tener.

E. Nutrición y la preparación de la comida:

El personal del cliente instrucciones básicas sobre nutrición y cocina y las tareas de preparación de alimentos sobre una base individual. Capacitará a personal de los clientes por la mañana para preparar sus meriendas, así como impartir formación en habilidades de preparación del almuerzo. (Ejemplo: El uso de microondas, corte de bocadillos, bebidas colada). Capacitación también se proporcionará en la preparación de alimentos simples.

Los clientes también aprender y demostrar el uso de:

+ ollas y sartenes para cocinar
+ El uso seguro de cuchillo
+ Mediciones
+ Cocina técnicas como el picado, Paring, rallado, para
  hornear, asar, hervir, freír
+ El correcto almacenamiento de alimentos
+ El uso seguro de la estufa y horno
+ Adecuado y uso seguro de las aplicaciones de la cocina
  (por ejemplo: recolección de basura, tostadora, cafetera,
  batidora eléctrica, horno microondas)

F. Auto-Promoción, la auto-identidad, de ajuste personal, relaciones interpersonales y la comunicación:

AngelCare se centrará en las necesidades de cada individuo en el aprendizaje autónomo de promoción Habilidades. Se prestará especial atención, pero no limitado a, los siguientes ámbitos:

+ Conocer sus derechos
+ Aprender a decir no
+ Obtención y soliciten asistencia
+ Learning to express their own view point
+ Hablando de manera adecuada

+ Hacer una elección informada

Auto-identidad, de ajuste personal, relaciones interpersonales y Habilidades de Comunicación incluyen:

+ Uso de identificación personal
+ Discusión de los deseos 7 deseos
+ Desarrollo de objetivos
+ Discusión y demostración de llevarse bien con otros
+ Discusión del tema de la intimidad, respetando a los demás y la conducta social apropiada
+ Discusión y demostración de habilidades básicas de Comunicación.

G. Habilidades Cliente:

Cliente aprenderán compras / cliente de competencias en el medio ambiente natural. Capacitará a personal de los clientes en las siguientes áreas:

+ Para comprar artículos sencillos
+ Para solicitar la asistencia del vendedor en caso necesario
+ Para comprar gangas
+ Para verbalizar información sobre los tipos de tiendas
+ Para el intercambio de artículos
+ Para exponer el comportamiento apropiado en las tiendas
+ Para localizar productos en diferentes áreas de las tiendas
+ Para adquirir los artículos adecuados a las necesidades
+ Para la compra de alimentos en un restaurante o tienda de comida para llevar
+ Para comprar artículos de máquinas expendedoras y otras máquinas que funcionan con monedas

H. funcional Académicos:

Personal dará instrucciones a los clientes en las habilidades académicas funcionales en la configuración de grupos pequeños y sobre una base individual. Habilidades académicas funcionales formación serán los siguientes: Funcional Lectura

+ Funcional de escritura
+ Funcional Académicos
+ Habilidades funcionales Cliente
  Se impartirá formación en el medio natural e incluirá:
+ Identificación de los importantes datos de carácter

personal

+ Responder adecuadamente a la información escrita en los relojes, relojes y otros diales y medidores
+ Responder adecuadamente a la información escrita se encuentran en la señalización de seguridad, tamaño de las etiquetas, etiquetas de precios y otros signos y etiquetas
+ Acceso a la información necesaria desde simples gráficos, diagramas, mapas y menus
+ Llevar a cabo instrucciones simples por escrito en los envases, máquinas, equipos y elementos que se ensamblan
+ Responder adecuadamente a las palabras clave se encuentran en formas de empleo y otros espacios y formas sencillas
+ Identificar quería ayudar a los anuncios, anuncios impresos, la correspondencia y otros materiales escritos y se procurará la asistencia de una persona responsable para decodificar el material impreso y por escrito que él / ella es incapaz de leer
+ Llevar a cabo transacciones relacionadas con dinero (Ejemplo: pago de teléfono, la tarifa de autobuses, máquinas expendedoras)
+ Identificar las situaciones que afectan el tiempo (Ejemplo: el día de la semana, los meses del año, las estaciones, los días feriados más importantes, llegando a tiempo a las actividades programadas y eventos)

CONDICIONES DE SALUD:

Restringido condiciones de salud de los clientes que AngelCare no se puede aceptar menos que una formación adecuada y se dispone de personal con experiencia:

+ Utilización de dispositivos de inhalación-asistencial
+ Colostomía / ileostomía
+ Necesidad de eliminación de impactación fecal, enemas o supositorios
+ El uso de catéteres urinarios morada
+ Staph u otras graves, las infecciones
+ Diabetes insulino-dependiente
+ Heridas (etapa 1 o 2 o una úlcera cutánea unhealed, incisión quirúrgica cerrado o herida)
+ Gastronomía (alimentación, hidratación, y la atención)
+ Tracheostomies
+ Clientes con los inhaladores de dosis medidas e

inhaladores de polvo seco
+ Clientes que requieren de oxígeno
  + Los clientes que dependen de otros para llevar a cabo
    todas las actividades de la vida diaria (ADL)
      Baño
      Vestir
      Toiletiing
      Transferencia de
      Comer
      Continencia
  + Clientes con incontinencia
  + Clientes con contracturas
  + Naso-naso-gástrica y duodenal tubos
  + Activo, las tuberculosis
  + Condiciones que requieren 24 horas de cuidados de
    enfermería y el seguimiento
  + Cualquier otra condición o las necesidades de atención
    que requieren los que se disponga de una licencia de
    salud, tal como se define en las secciones 1202 y 1250 del
    Código de Salud y Seguridad

Precaución Universal

PROCEDIMIENTO DE LAVADO MEAR		
DÍA A DÍA INTERACCIONES	X	X
SHOWERINNG / BAÑOS, TOOTH	X	X
CEPILLADO, DIVERSOS		
HIGIENE ORAL		
MENSTRUAL CUIDADO	X	X
PRIMEROS AUXILIOS	X	X
CAMBIO LINENS / LAVANDERIA	X	X
LIMPIEZA baño	X	X
ACCIDENTES / vómito		
TOMA DE TEMPERATURA RECTAL	X	X
O de la administración		
Enemas / SUPOSITORIOS		
SHAVING DESECHABLE CON	X	X
CUCHILLA Razors		
APLICACIÓN DE ACTUALIDAD	X	X
MEDICAMENTOS		
DISPENSACIÓN medicamentos orales	X	X
COLECCIONISMO orina o BM	X	X
ESPECÍMENES		

PRECAUCIONES UNIVERSALES

Para evitar la transmisión de enfermedades transmitidas por SANGRE
Información General
Muchas de las enfermedades transmisibles potencialmente no reconocidas a fin de ir precauciones universales (barrera precauciones) debería tenerse en cuenta de forma rutinaria la conoce o no el diagnóstico de una persona cuando el contacto con sangre o fluidos corporales se prevé.

Todos el personal de atención directa (las personas cuyas actividades manos en contacto con los clientes) deben utilizar rutinariamente barrera precauciones adecuadas para evitar la piel y las membranas mucosas de exposición al contacto con sangre u otros fluidos corporales de cualquier cliente está previsto. Guantes desechables deben ser usados para tocar la sangre y los fluidos corporales, membranas mucosas o piel no intacta de todos los clientes, para la manipulación de objetos o las superficies sucias con sangre o fluidos corporales. El personal debe ser consciente de las posibilidades de transmisión de enfermedades al cliente, personal de cliente a cliente y cliente.

Técnicas
Lavarse las manos antes y después del contacto con cada cliente es la manera más efectiva la prevención y el control o la propagación de la infección.

El lavado de manos debe realizarse cuando:
+ Llegada y salida de trabajo;
+ Entre cada contacto directo con un cliente;
+ Antes y después del uso de guantes desechables;
+ Cuando las manos están sucias;
+ Después de manipular el equipo y sucias sábanas sucias;
+ Preparar o servicio de comidas;
+ Preparación y dispensación de medicamentos;
+ Después de usar el baño o para sí mismo y de cliente.

Esencial de lavarse las manos:
+ Agua corriente;
+ Frote / frote las manos;
+ Cleansing agent such as soap or detergent (liquid soap preferred);
+ Toallas de papel que son fácilmente disponibles.

Procedimientos de lavado de manos:
+ Retire reloj y joyas;
+ Exponer los antebrazos;
+ Abra el grifo del agua a una temperatura confortable;
+ Matorral vigorosamente con jabón y agua corriente durante al menos 30 segundos, con especial atención a las zonas entre los dedos, alrededor de las uñas y los

antebrazos;
+ Enjuague con agua;
+ Seque las manos con toallas de papel y desechar las
toallas de papel en la cubierta, revestida de contenedores
de basura.

Guantes deben ser usados cuando la asistencia a los clientes con:
+ baño o la limpieza de las zonas genitales o el recto;
+ Dar atención de la boca;
+ afeitado con una cuchilla de afeitar desechables;
+ Limpieza de los aseos;
+ Limpieza de la orina, heces o vómito
+ menstrual atención sanitaria y la eliminación de las
almohadillas;
+ Realizar el cuidado de heridas.

Los guantes deben cambiarse después de un contacto directo con cada cliente. Las manos deben lavarse inmediatamente después de los guantes se quitan. Si un guante es desgarrado durante el uso, retirar el guante y sustituir con un nuevo guante. Guantes deben ser usados siempre cuando los funcionarios tienen heridas abiertas o erupciones en las manos.

Utilidad de los guantes de uso general (guantes de goma del hogar) pueden ser utilizados para tareas de limpieza que impliquen contacto potencial con sangre, guantes de utilidad y pueden ser reutilizados por descontaminado debe desecharse si están pelando, agrietados o descoloridos, o si tienen perforaciones, desgarros, o otras pruebas de deterioro. Guantes desechables no deben ser reutilizados.

Los recordatorios diarios de las Precauciones Universales

Cuarto de baño:

Los baños deben limpiarse y desinfectarse regularmente con desinfectante diluido con agua. Tinas de lavado / duchas con una botella de spray desinfectante diluido con agua. Guantes deben utilizarse para limpiar los baños. Aseo cepillos deben ser empapado en desinfectante entre usos y ser sustituidos cuando sea necesario. Disponer de la orina, heces, vómito, utilizan el agua sucia no debe utilizarse en suelos de cocina. Utilizados para el agua sucia hasta trapear el piso no se deben tirar en el fregadero de donde se preparan los alimentos.

Lavandería:

Todas las sábanas sucias deben ser manipulados lo menos posible. Prendas de vestir o ropa de cama sucia con materia fecal, orina o sangre se debe lavar por separado y el personal debe usar guantes al manipular estos contaminados linos.

Cuidado Personal:

Cada uno de las necesidades de los clientes propios artículos de higiene: sonar cepillo, cepillo de peine y maquinilla de afeitar (si se utiliza). Estos elementos no deben ser compartidas y deben ser almacenados por separado. Cepillos de dientes hay que cambiar con frecuencia. Guantes desechables deben ser usados para todos los boca de atención. El personal debe cambiar los guantes después de cada cliente.

A.   Personal Requisitos:
     ADMINISTRADOR: DESCRIPCIÓN DE TRABAJO

El Administrador tiene la plena responsabilidad de la supervisión de los cuidadores y el personal asignado en casas privadas o en las instalaciones. Responsabilidades incluyen las siguientes:

1. Para supervisar todos los cuidados y servicios prestados   a los clientes.
2. De guardia y se debe estar disponible cuando sea necesario durante el día y ser capaz de llenar cualquier posición sobre cualquier cambio de persona, si el personal no está disponible para el servicio.
3. Para manejar todos las transacciones diarias con el cliente y sus familias, médicos, terapeutas y relé de salud de manera oportuna y iniciar sesión en el registro del cliente, los cambios y el progreso notas.
4. Contratar, evaluar y emplear personal. Manejar todas las reprimendas o despidos.
5. Completar todas las evaluaciones de los clientes, y mantener registros de clientes. Para controlar los signos vitales del cliente y las condiciones físicas, conversar periódicamente con el cliente y las familias para establecer sus necesidades.
6. Para proporcionar control físico sobre el estado del cliente en caso de un incidente o inusual ocurre.
7. Establecer políticas y procedimientos, programas y presupuestos.
8. Supervisar todos los registros financieros y relacionados con la oficina de negocios.
9. Se en contacto con la comunidad y relaciones públicas.
10. Proporcionar capacitación en servicio para el personal y todo el personal nuevo orientación y capacitación. Asistir a todas las reuniones con inclusión del personal, los consultores de los clientes y sus familias.
11. Medicación revista mensual de auditoría y revisión con los clientes si es necesario. Ir regularmente con los clientes más de registros, las drogas y el perfil de necesidades de evaluación y plan de evaluación.

Descipción del Empleo: GERENTE DE OFICINA:

Requisitos de Educación: Escuela Secundaria de Graduación
Experiencia: 1 año de experiencia realizando las funciones de secretario y jefe de oficina, incluidos los de alfabetización.

1. Mantener todos los archivos y registros (en general, clientes, personal).
2. Respuesta teléfonos con cortesía y educación, y para transmitir mensajes a las partes en un oportunamente.

3. Interfaz con el cuidado personal y los clientes / familias y su médico. Computadora de entrada, incluidos los
   el almacenamiento y la recuperación de los informes generados y la correspondencia.
4. Conservar y distribuir suministros de oficina.
5. Correspondencias (entrante, saliente y fax).
6. Distribución de la administración de correo.
7. Otras funciones a lo solicitado por la administración.

PERSONAL cuidador / Cuidado Personal directo

Requisitos de Educación: Graduado de la Secundaria
Experiencia: preferente 1 año de experiencia en la atención directa a un establecimiento residencial.
Los derechos de todos los funcionarios serán los siguientes:

1. Para proteger y supervisar la atención a las necesidades del cliente en todos los veces.
2. Para interactuar constantemente con el cliente.
3. Para poder escuchar y ayudar a resolver las necesidades de los cliente.
4. Para identificar las posibles necesidades del cliente para servicios profesionales y comunicar resultados al personal profesional.
5. Para mantener al día los registros:
   5.a. Los progresos del cliente.
   5.b. Comportamiento del cliente y problemas.
   5.c. Medicación.
   5.d. Progreso.
6. Para ayudar a los clientes y ofrecer a diario las tareas del hogar.
7. Para el transporte de clientes a citas médicas y dentales y otras actividades programadas.

Trabajador nocturno:

Requisitos de Educación: Graduado de la Secundaria
Experiencia: 1 año de experiencia en cuidados residencial.
Los derechos de los trabajadores de noche serán los siguientes:

8. Obligado a permanecer despierto a través del turno de noche para la seguridad del cliente.
9. Realizar cualquiera y todas las obligaciones del personal Cuidador.
10. Control de los clientes por hora o cada treinta minutos.
11. Registro en el diario de navegación.
12. Satisfacer las necesidades del cliente durante las horas nocturnas.
13. Limpiar la casa y la ropa de lavandería.
14. Vaciar todos los botes de basura.
15. Mantener las normas de casa, incluidas las normas,

disciplina, limpieza etc

16. Despertar en el cliente designado horas.
17. Preparar las comidas y meriendas para los clientes.
18. Desempeñar otras funciones como lo exige el Administrador.

(Ejemplo de Acuerdo para el Empleo)
ACUERDO

El presente Acuerdo para el Empleo se realiza en este día del _____ _____, 200___, y por between_____ (en lo sucesivo denominada "empleador") y _____ (en lo sucesivo, "Empleado").

Los empleadores deberán contratar a los empleados sujetos a los siguientes términos y condiciones.

1. Para el empleo por encima de los empleados comenzarán en _____, 20___.
2. Las siguientes funciones y responsabilidades deberán ser estrictamente observadas por el Empleado:
a. Para supervisar, proteger y cuidar a las necesidades del cliente en todos los veces.
b. Para interactuar constantemente con el cliente.
c. Para poder escuchar y ayudar a resolver las necesidades de los cliente.
d. Para identificar las posibles necesidades del cliente y proporcionar un alimentar y cuidar el medio ambiente, y para comunicarse todas las observaciones, inquietudes y problemas del cliente a la y el personal que asisten a los profesionales de la salud.
e. Para mantener al día los registros:
   e.1. Los progresos del cliente.
   e.2. Comportamiento del cliente y problemas.
   e.3. Medicación.
   e.4. Progreso.
   e.5 Para ayudar a los clientes y ofrecer a diario las tareas del hogar.
   e.6 Para el transporte de clientes a citas médicas y dentales y otras actividades programadas.

Trabajador nocturno:

   e.7. Obligado a permanecer despierto toda la noche para la seguridad del cliente.
   e.8. Realizar cualquiera y todas las obligaciones del personal Cuidador.
   e.9. Control de los clientes por hora o más de 15-30 minutos.

e.10 Registro en el diario de navegación.

e.11 Satisfacer las necesidades del cliente durante las horas nocturnas.

e.12. Limpiar la casa y la ropa de lavandería.

e.13 Vaciar todos los botes de basura.

e.14 Mantener las normas de casa, incluidas las normas, la limpieza ... etc

e.15 Despertar en el cliente designado horas.

e.16 Preparar la comida por la mañana para los clientes.

e.17 Desempeñar otras funciones como lo exige el Administrador.

Además de las funciones se ha señalado anteriormente, el empleado deberá llevar a cabo las nuevas funciones y otros requeridos por el empleador.

2. El empleado trabajará a través de _____ de ____ ____ AM a ____ P.M. y tales horas adicionales que se requieran por el empleador para el empleado competente para ejercer las funciones de su cargo.

   El empleado deberá utilizar sus mejores esfuerzos en favor de los empleadores.

3. El empleado deberá cumplir con todas las normas de desempeño afirmó, las políticas, normas y reglamentos

   Una copia del manual de políticas y procedimientos que contiene una explicación más completa de muchas de estas normas ha sido confiada a la de empleados.   En este momento, los empleados reconoce haber recibido este manual. El empleado deberá cumplir también las futuras Empresas políticas, normas, reglamentos, normas de funcionamiento y manuales que sean publicados o modificado de vez en cuando.

4. Empleo en virtud del presente Acuerdo comenzará on_____, 20___ y finalizará el _____, 20__, a menos que se denuncie antes de la fecha por causa justificada.

5. El empleador deberá efectuar el pago al empleado una cantidad fija en concepto de indemnización por servicios prestados.   El empleado se compromete a aceptar la suma de $ _____ por hora, (Mínimo: 3 horas) a pagar [elija uno] (semanal, quincenal, mensual, bimensual) de la cantidad de $_____.

   Para Live-en el personal, los empleados recibirán $ _____/ día.

   Además de lo anterior la indemnización, el empleado no tendrá derecho a todo "beneficios":

6. Este contrato de trabajo puede terminar a la aparición de cualquiera de los siguientes eventos:

   (a).   La muerte del empleado, (b).   El hecho de que el empleado para el ejercicio de sus funciones satisfactoriamente después de que la notificación o aviso del mismo; (c).

   Por una causa justa basada en el incumplimiento de las obligaciones por los empleados, (d).   Razones económicas de los empleadores que puedan surgir durante la vigencia del presente Acuerdo, y que pueden ser ajenas a la voluntad del empleador.

7. El empleado no podrá, en cualquier momento durante el período del mismo, y durante 10 años a partir de la fecha de terminación del presente Acuerdo, directa o indirectamente, dentro de área geográfica de 20 kilómetros, participar en, o participar en, cualquier empresa competitiva o similares a la de los empleadores.

8. El presente Acuerdo no podrá ser cedido sin previo aviso de cualquiera de las partes. Tal cesión está sujeta a una cláusula de consentimiento mutuo y la aprobación de dicha cesión.

9. Este Acuerdo constituye el completo entendimiento entre las partes, salvo que se modifique, por medio de una instrumento escrito firmado por el empleador y el empleado. Toda controversia en virtud de este contrato estará obligado a ser resuelto por arbitraje vinculante de las partes firmantes. Cada parte deberá seleccionar un árbitro y los dos árbitros deberán seleccionar a un tercero. El arbitraje se regirá por las normas de la Asociación Americana de Arbitraje vigentes en ese momento y el efecto.

Firmado el día _____ de _____, 20___

_____   _____

Empleado   Empleador

MUESTRA TODOS LOS DIAS DEL PERSONAL DE CALENDARIO

6:00   Preparar comidas
7:00   Despertador Cliente
7:15   Comida tiempo
7:35   Asegúrese de transporte a tiempo.
7:40   Comida / Pase meds
7:50   Comida
8:00   Transporte de clientes de su nombramiento
8:30
9:00   Limpieza casa / actualizar los registros Preparar el almuerzo
11:00   comida
12:00   Almuerzo tiempo
12:30
1:00   actividad comunitaria
1:30
2:00   Cliente tiempo libre / Películas / Noticias
3:00   Refrigerio
3:30
4:00   Interacción / Comunicación / Ejercicio
4:30   Ducha tiempo
5:00   Cena
5:30   Limpieza
6:00   TV / lectura / interacción

e.10 Registro en el diario de navegación.

e.11 Satisfacer las necesidades del cliente durante las horas nocturnas.

e.12. Limpiar la casa y la ropa de lavandería.

e.13 Vaciar todos los botes de basura.

e.14 Mantener las normas de casa, incluidas las normas, la limpieza … etc

e.15 Despertar en el cliente designado horas.

e.16 Preparar la comida por la mañana para los clientes.

e.17 Desempeñar otras funciones como lo exige el Administrador.

Además de las funciones se ha señalado anteriormente, el empleado deberá llevar a cabo las nuevas funciones y otros requeridos por el empleador.

2.   El empleado trabajará a través de _____ de _____ AM a _____P.M. y tales horas adicionales que se requieran por el empleador para el empleado competente para ejercer las funciones de su cargo.
El empleado deberá utilizar sus mejores esfuerzos en favor de los empleadores.

3.   El empleado deberá cumplir con todas las normas de desempeño afirmó, las políticas, normas y reglamentos
Una copia del manual de políticas y procedimientos que contiene una explicación más completa de muchas de estas normas ha sido confiada a la de empleados.   En este momento, los empleados reconoce haber recibido este manual. El empleado deberá cumplir también las futuras Empresas políticas, normas, reglamentos, normas de funcionamiento y manuales que sean publicados o modificado de vez en cuando.

4.   Empleo en virtud del presente Acuerdo comenzará on_____, 20____ y finalizará el _____, 20___, a menos que se denuncie antes de la fecha por causa justificada.

5.   El empleador deberá efectuar el pago al empleado una cantidad fija en concepto de indemnización por servicios prestados.   El empleado se compromete a aceptar la suma de $ _____ por hora, (Mínimo: 3 horas) a pagar [elija uno] (semanal, quincenal, mensual, bimensual) de la cantidad de $_____.
Para Live-en el personal, los empleados recibirán $ _____/ día.
Además de lo anterior la indemnización, el empleado no tendrá derecho a todo "beneficios":

6.   Este contrato de trabajo puede terminar a la aparición de cualquiera de los siguientes eventos:
(a).   La muerte del empleado, (b).   El hecho de que el empleado para el ejercicio de sus funciones satisfactoriamente después de que la notificación o aviso del mismo; (c).
Por una causa justa basada en el incumplimiento de las obligaciones por los empleados, (d).   Razones económicas de los empleadores que puedan surgir durante la vigencia del presente Acuerdo, y que pueden ser ajenas a la voluntad del empleador.

7. El empleado no podrá, en cualquier momento durante el período del mismo, y durante 10 años a partir de la fecha de terminación del presente Acuerdo, directa o indirectamente, dentro de área geográfica de 20 kilómetros, participar en, o participar en, cualquier empresa competitiva o similares a la de los empleadores.

8. El presente Acuerdo no podrá ser cedido sin previo aviso de cualquiera de las partes. Tal cesión está sujeta a una cláusula de consentimiento mutuo y la aprobación de dicha cesión.

9. Este Acuerdo constituye el completo entendimiento entre las partes, salvo que se modifique, por medio de una instrumento escrito firmado por el empleador y el empleado. Toda controversia en virtud de este contrato estará obligado a ser resuelto por arbitraje vinculante de las partes firmantes.   Cada parte deberá seleccionar un árbitro y los dos árbitros deberán seleccionar a un tercero.   El arbitraje se regirá por las normas de la Asociación Americana de Arbitraje vigentes en ese momento y el efecto.

Firmado el día _____ de _____, 20___

_____   _____

   Empleado   Empleador

MUESTRA TODOS LOS DIAS DEL PERSONAL DE CALENDARIO

6:00   Preparar comidas

7:00   Despertador Cliente

7:15   Comida tiempo

7:35   Asegúrese de transporte a tiempo.

7:40   Comida / Pase meds

7:50   Comida

8:00   Transporte de clientes de su nombramiento

8:30

9:00   Limpieza casa / actualizar los registros Preparar el almuerzo

11:00 comida

12:00 Almuerzo tiempo

12:30

1:00   actividad comunitaria

1:30

2:00   Cliente tiempo libre / Películas / Noticias

3:00   Refrigerio

3:30

4:00   Interacción / Comunicación / Ejercicio

4:30   Ducha tiempo

5:00   Cena

5:30   Limpieza

6:00   TV / lectura / interacción

24. Sr. Pete se ha ido y no puedes encontrarlo en cualquier lugar. ¿Qué medidas, excepto la búsqueda en el área, debe hacer?
25. Sra. Cathy quiere una aspirina. ¿Puedes darle una?

MUESTRA DE MANUAL DE LOS TRABAJADORES

Este manual contiene las políticas que se espera que sean estrictamente observados por el cuidador o el personal en todo momento. Debe servir para responder a la mayoría de las preguntas que normalmente surgen. Nuestra principal preocupación es ultraperiféricas y teniendo buen cuidado de nuestros clientes y garantizar su seguridad en todo momento. Esto es, después de todo, su hogar y que merecen respeto, cortesía y para ser tratados con dignidad en todo momento. Es esencial que toda la información sobre el cliente siguen siendo confidenciales, a menos que reveló a los representantes autorizados y consultores.

Es importante conocer sus responsabilidades en la medida de su capacidad y para mantener relaciones y un espíritu de cooperación con sus clientes y compañeros de trabajo, independientemente de su raza, color, religión, sexo, u origen nacional. Personal de los empleados deben mantener un aspecto limpio y ordenado y tener actitud cortés hacia las personas que nos entran en contacto con el cliente en la casa en todo momento.

Cada persona en este se encuentra bajo la dirección del Administrador, que es responsable de su rendimiento y bienestar.

Esto es tratado de emplear únicamente a personas que están mejor calificados para la posición, y al comienzo del empleo, garantizar que estén debidamente orientadas. No vamos a discriminar contra cualquier empleado por motivos de sexo, edad, religión, credo, color u origen nacional. Las condiciones de trabajo se mantendrán en una forma justa y libre de prejuicios y discriminación. El empleado entiende que el empleo es a voluntad. El empleador o empleado puede terminar el empleo en cualquier momento, por cualquier razón o sin razón en absoluto.

Para ayudar a los empleados saben lo que se espera de ellos, las siguientes políticas de personal se han establecido:

1. Ausencia, la licencia de: Todas las hojas de ausencia debe ser aprobado por el Administrador. Esto puede provocar un ajuste en la fecha del aniversario del empleo.

    _____ Empleado inicial

2. Ausencia, de la Notificación: Los empleados deben notificar a su supervisor de turno o cuando el administrador no puede informar a trabajar por cualquier motivo. Este aviso será a los 24 horas si es posible, pero a más tardar (3) horas antes del tiempo de trabajo previsto.

    _____ Empleado inicial

3. Abuso de los clientes: Tolerancia cero para el maltrato y abandono de clientes. Esta agencia no tolerará ninguna forma de abuso y descuido. Cualquier empleado que ha denunciado y es sospechoso de abusar de ninguno de los clientes física, emocional, económica o mental, será inmediatamente suspendido, y en la posibilidad de que el administrador podrá ser denunciado y las autoridades locales notificado la espera de la investigación. Terminación inmediata será necesaria tras la finalización de la

investigación y la conclusión de que, en efecto, tal afirmación se basa / fundamentadas.

_____ Empleado inicial

4. Accidentes de trabajo, empleados y clientes: Todos los accidentes, por leve que sea, debe ser comunicado al Administrador a la mayor brevedad posible. Si un empleado se lesiona, las formas de compensación del trabajador debe ser llenado y entregado al administrador o gerente.

_____ Empleado inicial

5. Direcciones: Es responsabilidad del empleado para mantener informado a la oficina cualquier cambio de domicilio, estado civil, número de dependientes y el número de teléfono. Es imperativo que nuestra operación en condiciones de contacto de cada empleado por teléfono.

_____ Empleado inicial

6. Beneficios: Se pagan en el programa federal de seguridad social, el seguro de desempleo, y programas de compensación de trabajadores. Sin embargo, no proporcionan seguro médico y dental, y otros beneficios a nuestros empleados.

_____ Empleado inicial

7. Escapadas: Un empleado trabaja un completo turno de 8 horas deberá tomar una de 30 minutos para comer después de las primeras cuatro horas. Un empleado está a tomar de 30 minutos para comer después de 5 horas de trabajo, si trabaja menos de 8 horas. Si el empleado está en el deber (por ejemplo: Supervisor de turnos de noche), se concederá para el tiempo ordinario de servicio de comidas período; empleado es tener inalteradas almuerzo. Cada empleado tiene derecho a tomar un descanso de 10 minutos por cada dos horas trabajadas.

_____ Empleado inicial

8. Tablón de anuncios: información de importancia a los empleados se pueden encontrar en el tablón de anuncios en el salón de los empleados. Programada a los servicios y actividades de los empleados del mes también se publicarán allí.

_____ Empleado inicial

9. Prospección y solicitar: Adquisición, de cualquier tipo, está prohibido. Cualquier solicitud o colección para cualquier propósito, o la venta de billetes y mercancías por los empleados o de terceras personas, debe la aprobación del Administrador, por ejemplo. Avon, Mason Zapatos, Fuller Brush, etc

_____ Empleado inicial

10. Conducta: Tenemos altos estándares de conducta de mantener. Bondad y amistad hacia los demás funcionarios, los clientes y sus visitantes que se espera.
    Los empleados se abstendrán de chismes, hablando en voz alta (especialmente en la noche), ruidos innecesarios, y cualquier otra actividad inquietante a los clientes. La información relativa a los clientes son estrictamente confidenciales y no serán transmitidos a personas no autorizadas.

_____ Empleado inicial

11. Comer y beber: no habrá de comer o beber en distintos de las zonas designadas, y sólo durante el almuerzo previsto o se rompe.

_____ Empleado inicial

12. Empleado de crédito Referencias: No hay información engañosa se dará a los acreedores solicitar la verificación de empleo y sueldo. De hecho sólo la información relativa a la posición y la fecha de empleo se dará.

_____ Empleado inicial

13. Empleado, full-time/part-time: Un empleado de tiempo completo es una persona que trabaja un mínimo de 32 horas a la semana, un empleado a tiempo parcial es aquel que es regular para trabajar menos de 32 horas en una semana.

_____ Empleado inicial

14. Evaluaciones: Los empleados serán evaluados semestralmente y anualmente sobre su desempeño en el trabajo.

_____ Empleado inicial

15. Las huellas dactilares: los Reglamentos requieren que todos los trabajadores sometidos a la toma de huellas dactilares y antecedentes penales de liquidación antes de que los primeros contactos con los clientes. Los empleados deberán reembolsar al empleador para el.

_____ Empleado inicial

16. Prevención de incendios: Bomberos normas y reglamentos deben ser publicados en el tablón de anuncios y se actualizan anualmente. Todos los empleados deben familiarizarse con el fuego y el plan para casos de desastre y comprender el papel que desempeñan en una emergencia. Está prohibido fumar en cualquier parte del hogar del cliente a menos que lo permita el cliente y sólo en las zonas de fumadores designadas. Sólo se permite fumar durante las pausas. Colillas de cigarrillos no deben ser arrojados sobre el terreno y deben ser eliminados en un incendio de forma segura.

_____ Empleado inicial

17. Embargo de los salarios: Los empleados deben entender la importancia de una planificación cuidadosa de crédito en sus compras para evitar la cesión de los salarios y embargos deben ser honrados.

_____ Empleado inicial

18. Regalos: Todos los empleados no aceptarán regalos, propinas o gratificaciones de cualquier tipo por parte de los clientes, sus familias e invitados, ni se designó representante del cliente en toda la confianza, la voluntad, el poder de los abogados o de cualquier documento público que impliquen la propiedad del cliente o interés. Esto será un motivo para la terminación inmediata de empleo.

_____ Empleado inicial

19. Salud de los empleados: Todos los empleados tendrán la obligación de tener un empleo antes de un examen físico y la tuberculosis la prueba cutánea, pagado por el empleado. Radiografía de tórax, si es necesario, es el empleado en la propia costa. Los empleados también están obligados a tener un curso de primeros auxilios de CPR tarjeta.

_____ Empleado inicial

20. Vacaciones: tiempo completo y los trabajadores a tiempo parcial se pagará el tiempo y medio para trabajar un día festivo. Para recibir estos beneficios, el empleado debe haber sido empleado durante al menos 30 días.

_____ Empleado inicial

Se consideran los siguientes días festivos:
Día de Año Nuevo
Semana Santa
4 de julio
Día del Trabajo
Gracias Día de Navidad

21. Información acerca de los clientes: Todas las investigaciones relativas a un cliente de asuntos personales o condición se refiere al Administrador. Un autorizado la liberación de información puede ser motivo de despido. Además, todas las investigaciones acerca de los posibles servicios a los clientes debe ser remitido de inmediato al administrador / director; por favor tome un nombre y número de teléfono y tomar nota de la fecha y la hora.

_____ Empleado inicial

22. Jurado: Toda persona que pide a servir como jurado en el Administrador notificará tan pronto como sea posible.

_____ Empleado inicial

23. Mail: Toda la correspondencia se entregará sin abrir al administrador del escritorio. Los empleados deben tener su correo dirigido a sus hogares. Del cliente de correo electrónico debe seguir siendo privado y sin abrir el momento de su entrega a los mismos por parte del personal. Personal nunca se pueden abrir, inmiscuirse ni interferir con los clientes de correo y la correspondencia.

_____ Empleado inicial

24. Horas extraordinarias: Hora y media será pagado por el sexto día consecutivo dentro de la misma semana de trabajo (de lunes a domingo). Doble tiempo será pagado por el séptimo día consecutivo en la misma semana. Esto sólo se aplica a los empleados por horas.

_____ Empleado inicial

25. Periodo de nómina: días de pago son el 15 y 30 de cada mes, después de las 10 AM. Si el día de pago cae en sábado, los controles se publicará el viernes. Si el día de pago cae en domingo, los controles se publicará el lunes.

_____ Empleado inicial

26. Promociones: Cuando las oportunidades de promoción que se disponga, en primer lugar se estudiará la posibilidad de presentar los trabajadores, teniendo en cuenta la actuación, la capacidad, la lealtad, la antigüedad y la duración prevista del servicio en virtud de nuestro futuro empleo.

_____ Empleado inicial

27. Propiedades: Los empleados serán responsables de negligencia y la destrucción deliberada de propiedades De cliente y agencia. Encuentra la eliminación de cualquier empleado del cliente y la agencia de la propiedad serán procesados y terminados.

_____ Empleado inicial

28. Horarios: horarios de trabajo se preparan cada dos semanas y se publicará en el tablón de anuncios. No hay cambios se harán pidió antes de la publicación. Los empleados serán programados para las vacaciones de trabajo en forma rotativa. Si necesita algún tiempo libre, póngase en contacto con el Administrador.

_____ Empleado inicial

29. Licencia por enfermedad: La agencia no ofrece las prestaciones de baja por enfermedad.

_____ Empleado inicial

30. Teléfono: Cada empleado debe responder a las llamadas de teléfono con la máxima cortesía en todo momento. Los empleados se abstendrán de utilizar el teléfono para asuntos personales, salvo para uso de emergencia solamente.

De larga distancia para llamadas por cobrar que no sea el negocio no serán aceptadas. Todas las facturas de teléfono que haya incurrido el trabajador que no están relacionadas con sus negocios se deducirá de la nómina.

_____ Empleado inicial

31. Formación: Todos los nuevos empleados se necesitarán 8-horas antes de introducción de formación para el personal asignado a proyectos. Con el fin de continuar su trabajo con esta agencia, todos los empleados deberán recibir 40 horas de formación anuales. Todos los empleados tendrán la obligación de asistir a un mínimo de al menos 20 horas de educación continua en el servicio-los cursos de formación sobre una base anual. En estos servicios se publicarán en el tablón de anuncios. Todos los empleados deben asistir a todos los servicios de formación.

_____ Empleado inicial

32. El empleo es "a voluntad": el empleo no tiene duración determinada y podrá ser denunciado por cualquiera el empleador o el empleado en cualquier momento, con o sin motivo o causa.

_____ Empleado inicial

33. Uniformes: Los empleados se utilizarán para su propio uniforme en las tapas y los pantalones. Pulcritud, la limpieza, la buena higiene personal y buenas costumbres son necesarios para todos los empleados. Los empleados pueden usar pantalones o faldas de su elección, sino que debe estar en limpio, apropiado y condición presentable en todo momento.

_____ Empleado inicial

34. Horario de visitas: Establecido horas para visitar las solicitudes es de 7:00 am a 5:00 pm, tiempo que queda después de lo cual los visitantes se les pedirá a salir con un enfoque diplomático. Los empleados son desalentados que tengan cualquiera de los visitantes durante las horas de trabajo. Los niños sólo podrán ser llevados a trabajar en caso de emergencia y sólo con el permiso del Administrador.

_____ Empleado inicial

35. De registro de tiempo de trabajo: Todos los empleados a mantener sus propias hojas de tiempo actual. Registre el tiempo de inicio y fin. Nadie estará en el reloj (de signo) para el resto del personal. Si lo hace, será un motivo de rescisión.

_____ Empleado inicial

36. Intoxicante Licores / Bebidas alcohólicas o drogas: Cualquier empleado de beber en los locales o ir a trabajar en estado de embriaguez o bajo la influencia de cualquier sustancia prohibida / drogas / alcohol se dará por terminado inmediatamente. Personal no se les permite beber en el trabajo. De ensayo de drogas se requiere para todos los empleados antes de su empleo y durante el empleo en forma aleatoria. La negativa a someterse a la prueba es un terreno para la posible terminación del empleo o la contratación.

_____ Empleado inicial

37. Vacaciones: No tenemos vacaciones pagadas en este momento. Los empleados que deseen tiempo libre debe dar 20 días de aviso.

_____ Empleado inicial

38. Suspensión: La política de esta agencia es una de dos días de suspensión por no realización de trabajo. Estos dos días serán sin goce de sueldo.

_____ Empleado inicial

39. Horarios de trabajo: Todos los empleados deben seguir su calendario de trabajo en todo momento. Son responsables de asegurarse que las tareas se han completado sobre una base semanal. Nos damos cuenta de las interrupciones suceder, pero el trabajo debe ser hecho dentro de ese trabajo semanas.

_____ Empleado inicial

NOTA FINAL: Este manual de política no contiene una lista completa de todos los factores de empleo. Hemos proporcionado como una guía, escrita adiciones se publicarán en el tablón de anuncios empleado. Si hay alguna pregunta, no dudes en preguntar.

Todos los empleados se les pedirá que firmen una declaración que reconoce el hecho de que ha leído y entendido las políticas de este manual.

Personal recibirá un Descipción del Empleo en el momento de empleo. El administrador / director de mantener el derecho a añadir al trabajo o de intercambio de derechos, según lo justifiquen las circunstancias.

_____ Empleado inicial

PROCEDIMIENTOS DE EMERGENCIA
EXTREMO DE EMERGENCIA

Ejemplos:

A. Un cliente muestra signos de un ataque al corazón accidente cerebrovascular
B. Un cliente ha caído y caído es la hemorragia o está inconsciente
C. Un cliente se está asfixiando
D. Cualquier situación de riesgo para la vida

PLAN DE ACCIÓN

Si usted está solo, llame al 911.

El personal debe permanecer con el cliente y administrar los primeros auxilios, mientras que la otra persona llama al 911 para ayuda. Tomar los signos vitales, si es posible, y escribir en la hoja de información de emergencia. Cuando las necesidades de los clientes que ir al hospital, el personal debe completar y enviar la "Hoja de Información de Emergencia" con la copia adicional de la "Hoja de Medicamentos" (situada en la parte frontal de su registro) con él / ella. El personal debe documentar cada persona, lugar y cosa (lo que ocurrió, cuando ocurrió, quién participó, qué hora ocurrió, ¿qué hacer para resolver la situación de emergencia, que le hizo llamar y notificar a) que se relaciona con el evento en el registro del cliente.

ATENCIÓN URGENTE:

Esto es cuando un cliente no está en necesidad de atención inmediata, pero puede necesitar ver a un médico dentro de un par de horas.

Fiebre leve de 101, migraña severa, los pequeños cortes o lesiones que no necesitan atención de emergencia, erupciones, etc

PLAN DE ACCIÓN

1. Tomar los signos vitales; escribe.
2. Llame al administrador o gerente, en este momento, él / ella puede asumir y gestionar los próximos pasos que se describen.
3. Llame al médico. Asegúrese de informar a él / ella los signos vitales, los síntomas y la secuencia de los acontecimientos o sucesos, (es decir) cuando empezó, ¿con qué frecuencia, etc (algunos de los médicos ver el cliente).
4. Hacer lo dirige el médico, a menos que no está permitido por nuestro consultor de enfermería. No somos una agencia de personal médico y no ofrecen atención de enfermería a menos que el personal está autorizado o registrado a hacerlo dentro de los reglamentos.
5. Llame a la familia y dar un informe de la situación. Si es necesario, el transporte, o hacer los arreglos para el transporte, a la atención de urgencia o el hospital preferido.
6. Complete la "Hoja de Información de Emergencia" y obtener el cliente y la "Hoja de Medicación" dispuesta en el momento de transporte. Documento, en el gráfico, sus acciones y resultados, y luego completar un inusual / Informe Especial de incidentes.

PROCEDIMIENTOS DE PRESENTACIÓN DE ENFERMEDAD

1. Cualquier cambio en una condición física del cliente deben ser reportados al director / administrador. No asuma que alguien más ya ha informado de la condición de que el administrador, la falta de notificación de un suceso o incidente que pueda dar lugar a una escritura o la posible terminación de los trabajos.
2. Asegúrese de que el cambio de registro en el registro del cliente, e informar de ello a los vehículos del personal y otros medios idóneos de personal sea notificado en forma oportuna y en consecuencia. El director designado deberá informar al cliente y el médico de familia.
3. Aislar a un cliente que tiene un resfriado, gripe o cualquier otra enfermedad transmisible etc, manteniendo él / ella en la habitación, incluso cuando se toman las comidas.

4. Si el cliente está enfermo en la cama, mantener en su interior de la habitación. Si su condición de ser a largo plazo, debe ser transferido a una instalación adecuada, con la aprobación y recomendación del médico de familia.

VIOLENTOS O DIFÍCIL DE CLIENTES

SI HA HABIDO VIOLENCIA FISICA, LLAME AL 911 Y SOLICITUD DE POLICÍA y servicios de ambulancia.

Si un cliente se convierte en inmanejable, violento, destructivo, loco, completamente dementes, etc

PLAN DE ACCIÓN

1. No deje desatendido al cliente, llame al 911.
2. Mantener a otros clientes fuera de la incontrolable cliente. Trate de mantener le separa una zona de no dejar a esta persona por sí sola.
3. Llame al administrador, si inalcanzable, llamar en ayuda adicional.
4. Llame al médico del cliente, si no, llame a uno de los médicos de guardia y preguntar si ellos vendrán más y tratar al cliente.
5. El servicio de ambulancia local le puede ayudar, llame a ellos si se siente que el cliente lo más probable es que sea trasladado a un hospital.

CLIENTE DE EVALUACIÓN FUNCIONAL

Cliente Name_____ Fecha de Nacimiento :_____
Soc. Sec. N º: _____
()_____ De clientes es de 85 años de edad, de raza

caucásica masculino, con diagnóstico de demencia severa, convulsiones. Él no tiene ninguna aparente pérdida de la visión o audición. Él no tiene la capacidad de comunicar / expresar sus deseos y necesidades verbalmente o por gestos con las manos. Él no es ambulatorio, debido a la parálisis cerebral.

Cliente será necesario levantar. _____ Cliente es: HT _____ peso.

()_____ Cliente es incapaz de realizar cualquier habilidades de autoayuda, incluido el baño, vestido, higiene, higiene o alimentación. Él no es capaz de reposicionar a sí mismo o sentarse sin apoyo. Él no está en condiciones de operar su silla de ruedas.

Medicamentos:

Actualmente toma Neurontin 300 mg dos veces al día; Dilantin 50mg en a. m. y 100 mg. En p. m., y de 20 mg en Reglan p.m.

Él no tiene déficit de salud mental. Sus habilidades de socialización son limitados debido a retraso mental. Esto también afecta a su funcionamiento cognitivo habilidades que son muy limitados. Él no tiene conductas abusivas. Él no tiene la capacidad de gestionar su propia higiene y auto-cuidado.

Fue remitido por el cliente: _____

Contactos de emergencia: _____

EJEMPLO: PLAN INDIVIDUAL DE CUIDADO DE SALUD NOTA (formulario)

()_____ Cliente será alimentado a través de su sonda gástrica. Sus necesidades se cubrirán con arreglo a las directrices aceptables. Él se alimenta tres veces al día en casa, con la siguiente dieta :_____

Él asiste a desgaste y hay que cambiar tres veces por día (es incontinente). Mientras que el cliente no es capaz de comunicarse eficazmente sus deseos y necesidades utilizando convencionales

métodos (verbalización / expresiones), organismo se asegurará de que todos los funcionarios están capacitados para determinar las necesidades / quiere a través de la observación y la familiarización con los métodos actuales clientes de las comunicaciones según lo informado por el personal.

(Cliente se)_____ tristeza y / o llorar cuando

incómodo. Cuando todos los esfuerzos para hacer cómoda no tienen éxito, los números de contacto se llama.

Los números de emergencia están listadas en la hoja de vital mantenerse en su tabla. Los números de emergencia serán contactados para médicos y no médicos emergencias en caso de necesidad.

(cliente)_____ será reubicada en su silla de ruedas, mientras que cada _____ en casa. Alimentación y el cambio se producirá en _____ por los funcionarios. Su alimentación y todas las necesidades médicas serán manejadas por el LVN y contactos de emergencia.

FUNCIONAL DE EVALUACIÓN DE CAPACIDADES
NOMBRE:
BAÑOS:

A. No se baña o ducha libre
B. Realiza algunas tareas de baño o la ducha
C. Baño o ducha independiente, libre

CONTINENCIA:

A. No intestinal y / o control de la vejiga
B. Algunos intestinal y / o control de la vejiga
C. Utilización de asertiva dispositivos, como catéteres
   Comentarios :_____
D. completo intestinal y / o control de la vejiga

Vestirse:

A. No se visten libre
B. Pone en algunas prendas de vestir por cuenta propia

C. Vestidos completamente libre
Comentarios :_____

COMER:

A. No se pienso yo.
B. Piensos libre con la ayuda de otra persona
C. Feeds completamente libre
Comentarios :_____

GROOMING:

A. ¿no tienden a la propiedad de la higiene personal
B. Tiende a algunas tareas de higiene personal
C. Tiende a propia higiene personal
Comentarios :_____

VISIÓN:

A. Severo / profundo deterioro
B. leve y moderado deterioro
C. No hay impedimentos visuales
Comentarios :_____

Ir al baño:

A: No aseo capacitados
B. No baño libre
C. Va al baño por la libre
Observaciones :_____

AUDIENCIA:

A. Severo / profunda pérdida
B. leve y moderado deterioro
C. No hay pérdida de la audición
Comentarios: _____

TRANSFERENCIA:

A. No se puede entrar y salir de una cama o silla
B. Necesidades de asistencia a la transferencia
C. Es capaz de entrar y salir de una cama o silla

Comentarios: _____

COMUNICACIÓN:

A. No se expresa no verbal
B. No expresar verbalmente
C. No hay pérdida de la audición
Observaciones :_____

REPOSICIONAMIENTO:

A. No es posible reubicar
B. recoloca de un lado a otro
C. recoloca de adelante hacia atrás y de atrás hacia adelante
Comentarios: _____

HISTORIA MÉDICA Y CONDICIONES:
SILLAS DE RUEDAS:

A. No se puede sentarse sin apoyo
B. Se sienta sin apoyo
C. Necesidades de asistencia se desplazan en silla de ruedas
D. mueve en silla de ruedas independiente
E. No utiliza silla de ruedas

MEDICAMENTOS:

_____
_____

MENTAL Y / O ESTADO EMOCIONAL:
Comentarios :_____

A. PIE:
A. No se camina
B. Paseos con el apoyo
C. Paseos bien solos

La socialización y la situación cognitiva:

_____
_____

Comentarios :_____

Evaluación médica será clara y completa incluyen:

(1). Evaluación será efectuada por un médico con licencia, o su designado, quien es también licencia profesional, y la evaluación no será superior a un año de edad cuando obtuvo.

(2). Examen de las tuberculosis y otras contagiosas / enfermedades infecciosas.

(3). Identificación del cliente de problemas y necesidades especiales.

(4). La identificación de cualquier medicamentos recetados.

(5). Ambulatorio de estado del cliente

(6). Restricción física, incluidas las restricciones de dieta que sea médicamente necesario "

(7). Diagnóstico primario y secundario diagnóstico.

(8). Otras condiciones médicas.

(9). Antes de los servicios médicos y de la historia.

(10). Actual de servicios médicos y de la historia.

(11). Identificación de las necesidades del cliente como resultado de cualquier información médica contenida en el informe.

CUIDADO PARA EL CLIENTE, que dependen a otros a realizar todas las Actividades de la Vida Diaria (Total Care) Antes de aceptar un cliente en la atención, el organismo gestor de admisión deberán cumplimentar los siguientes:

1. Un plan de operación que demuestra la capacidad del personal para atender a los clientes, tal como se especifica en el plan de atención.

2. Un Plan de necesidades y servicios que incluye todas las características siguientes:
   a. Un plan para monitorear la condición de la piel del cliente
   b. Directrices específicas para convertir el cliente (tiempo, método, aceptables posiciones).
   c. Objetivo síntomas que indican cuando un profesional debe ser contactado.
   d. Un método para la alimentación.
   e. Un método para determinar las necesidades del cliente.
   f. Un método para la comunicación con el cliente.

3. Una lista de contactos de emergencia y una lista de condiciones fácilmente observables que indican cuando es necesaria una intervención de emergencia.

4. Una lista de personas a contactar en caso de que no sean de emergencia cliente angustia o malestar y una lista de condiciones fácilmente observables que indican cuando el administrador es ponerse en contacto con esas personas.

5. Una descripción de la formación específica del cliente que el personal que va a recibir. La capacitación debe ser proporcionada por el cliente del proveedor de servicios de salud (médico o enfermera).

A fin de determinar la capacidad del organismo para prestar los servicios requeridos por un cliente con problemas de salud mental, el miembro de la familia se asegurará de que un escrito de evaluación de la ingesta se ha preparado. Un escrito de evaluación de la ingesta es preparado por un profesional de la salud mental con licencia antes de la aceptación del cliente. Esta evaluación puede ser proporcionado por un médico si el trabajo es supervisado por una licencia profesional de la salud mental. Administrador deberá utilizar las agencias de colocación, incluyendo pero no limitado a, las clínicas del condado para remisiones y evaluaciones.

CLIENTE DE EVALUACIÓN
ESTADO MENTAL A. SI NO
1. Trastorno mental
2. Discapacidad del desarrollo
3. Diagnóstico dual - Drogas / Alcohol / Abuso de Sustancias / MH
   o Centro Regional

Si alguna de las condiciones, por favor describa:
La condición :_____
Gravedad de la enfermedad: _____
Tratamiento actual o anterior: _____

COMPORTAMIENTO DE EVALUACIÓN:
¿El cliente tiene un historial de cualquiera de los siguientes:

SI/NO

1. Físico agresivo
2. Verbal agresivo
3. Agresivos o de acoso sexual
4. La violencia a sí mismo oa otros
5. La crueldad con los otros
6. Los intentos de otros veneno
7. Uso de armas
8. La crueldad con los animales
9. Destrucción de la propiedad
10. Robo
11. Incendio provocado

B.   HISTORIA DE SALUD
Médico del cliente nombre: _____
Teléfono :_____

SI/NO

¿El uso de cualquier cliente de medicamentos recetados?
En caso afirmativo, por favor haga una lista sin receta:

_____
_____

¿El uso de cualquier cliente sin receta SI/NO
medicamentos? En caso afirmativo, por favor haga una lista sin receta:

_____

_____ _____

¿El cliente tiene alguno de los siguientes: SI NO

1. Asma
2. Epilepsia
3. Alergias
4. Diabetes
5. Los trastornos de la alimentación
6. Discapacidad visual
7. Discapacidad física
8. Las enfermedades infecciosas
9. Dieta especial
10. Embarazo
11. Condición médica crónica
12. Incontinencia

Si la respuesta a cualquiera de lo anterior es afirmativa, sírvase
describir:

El tipo y la gravedad de la condición:

_____

_____ _____

El tratamiento que el cliente está recibiendo de la condición:

_____

Nombres y las dosis de medicamentos para el cliente recibe:

_____

Toda limitación a causa de la condición:

_____

Cualquier servicio especial necesario debido a las condiciones:

_____

¿El cliente de utilizar cualquier medicamento recetado?

SI/NO

En caso afirmativo, enumerar prescripción

_____

Si el cliente no utilice ningún recetas?

SI NO

GRAVAMEN DEL COMPORTAMIENTO Si la respuesta a antedicho un de los está sí,
describa por favor:

Los comportamientos: _____

Frecuencia y duración de los comportamientos:

_____ Fecha de aproximación de la ocurrencia pasada de los comportamientos:

_____

Cualquier cosa que parece accionar el comportamiento:

_____

_____

Cómo el comportamiento es controlado:

_____

Hace al cliente tienen una historia del siguiente un de los: SÍ NO

1. Depresión o retiro
2. Ansiedad
3. Oscilaciones de humor
4. Tentativas del suicidio
5. Tentativas del suicidio
6. Paranoia
7. Alucinaciones
8. Desasosiego o hiperactividad
9. Actividad sexual inadecuada
10. Confusión con identidad sexual
11. Denegación para atender a terapia
12. Disruptiveness
13. Rabietas
14. El vagar
15. AWOL
16. Abuso de sustancia
17. Ingestión del tóxico
18. Denegación de medicaciones
19. Denegación del tratamiento médico
20. Denegación para bañar o para usar la ropa limpia
21. Resistencia a la autoridad
22. Disposición descuidada de materiales que fuman Si la respuesta a antedicho un de los está sí, describa por favor: _____

_____

Los comportamientos:

_____

Frecuencia y duración del comportamiento:

_____

Gravamen médico: ¿Están tratando para, o ha sido dicho al cliente por un doctor en el pasado que él tiene siguiente un de los? (Compruebe por favor todo el que apliquése):

Enfermedad cardíaca _____ Enfermedad larga crónica _____

Enfermedad de riñón _____ Asma _____ Hepatitis C _____ Diabetes _____ Aneurysm _____ Movimiento _____ Enfermedad del higado _____ Asimientos _____ Melanoma, pecho _____ SIDA _____ Cáncer de la próstata o de vejiga _____ Otros problemas médicos serios _____ Cáncer de piel _____ Ninguno del antedicho _____ Otros cánceres _____ Tensión arterial alta _____ Usted toma, o usted se ha aconsejado para tomar, las medicaciones de la prescripción regularmente para (compruebe por favor todo el que apliqúese): Tensión arterial alta _____ Enfermedad cardíaca _____ Rico en colesterol _____ Dolor de pecho/angina _____ Estómago o problemas intestinales _____ Pulmones o respiración _____ Riñón o incontinencia _____ Dolor abdominal _____ Pérdida de peso inexplicada _____ Fiebre _____ Usted tiene síntomas inexplicados y/o undiagnosed por ejemplo: Fiebre _____ Glándulas hinchadas _____ Pérdida de sentido _____ Sangría rectal _____ Pérdida de apetito _____ ¿Usted utiliza actualmente el tabaco? _____ ¿Cuál es su uso medio? _____ ¿Le han aconsejado en los 3 años pasados experimentar cirugía, la prueba, el tratamiento, o la consulta para dolencia que usted no haya experimentado?

Haga las condiciones siguientes unas de los se aplican al cliente:
1. No-Ambulativo _____
2. Postrado en cama/bedfast _____
3. Parálisis _____
4. Contracción _____
5. Inhabilidad de transferir a y desde cama _____
6. Inhabilidad de transferir a y desde cama _____
7. Necesita ayuda con la consumición, _____ baño, vestido, preparación o el toileting Si la respuesta a antedicho un de los está sí, describa por favor: _____
_____

El tipo de limitación y de su severidad:
_____ Cuaesquiera dispositivos assistive usados por el cliente:
_____ Cualquier tratamiento de la terapia necesitó por el cliente como resultado de la condición:
_____ En caso de una emergencia:
Médico primario del cliente: Familia:
Nombre:
_____ _____ Teléfono: _____
_____ Paginador: _____ _____ El aspirante/autorizó Representante: _____ Fecha:
_____ Representante: _____ Fecha: _____
Entrenamiento proporcionado para los clientes del cuidado (formulario de evaluación)

Nombre del cliente: _____ Entrenarán al personal para cuidar para (cliente) en el siguiente manera por LVN: 1. Entrenarán al personal para levantarlo y para transferir a y desde cama y tabla cambiante. 2. Entrenarán al personal para lavar las manos y la cara, dientes del cepillo y pelo según preferencia (del cliente). 3. Entrenarán al personal cómo comunicar con el cliente), usando su método de comunicaciones (sonrisas/ceños fruncidos). 4. Entrenarán al personal para observar (cliente) para las muestras y síntomas de la señal de socorro usando su método de comunicación malestar (griterío, retorciéndose en silla). 5. Entrenarán a los instructores en cuanto a qué actividades (el cliente) prefiere participar adentro y cómo comprobar lo que actividad que él desea participar adentro. Tan pronto como el encargado del producto determine que la agencia puede cubrir las necesidades del cliente, es hora de dibujar un acuerdo de servicio. De acuerdo con qué se indica en el acuerdo de servicio, la agencia requerirá por lo menos tres días laborables para que la agencia proporcione el servicio o al personal. Los tres días también darán bastante tiempo para la agencia a la mirada en su base de datos para que el proveer de personal disponible cubra el cambio. Para el Horario de Greenwich, la agencia puede también resumir al personal en el cliente que alrededor recibir el servicio. Contrato de servicio de Caregiving (MUESTRA) Este contrato de servicio se incorpora en entre los servicios personalizados del cuidado del ángel adjunto conocidos como "cuidador" cuyo negocio esté situado en el _____, el _____, el _____ del CA, y Sr. _____ de 12345 una calle, Pomona, CA 91764 adjunto conocido como el cliente. EN LA CONSIDERACIÓN de la cantidad de _____$15.00 por el compañero del hogar de la hora _____$ 150.00 por el día para la jornada completa del servicio Qué cantidad será pagada por el cliente al "cuidador" en la consideración del siguiente: 1. Economía doméstica de Lite. 2. Recordatorios de la medicación. 3. Conducción/que transporta a las citas médicas/dentales. 4. Cocinando, preparación de la comida 5. Lite que cultiva un huerto con el cliente como parte de la actividad 6. Elevación de Lite. 7. Lavadero. 8. Ayuda en todas las actividades de la vida diaria tales como higiene, baño, el toileting, colocando de nuevo, 9. Periódico de la lectura y el decir de historia. 10. Tienda de comestibles, 11. Pagos de Bill 12. Diligencias 13. Caminatas de la comunidad. 14. Ejercicios diarios. El pago para el servicio será pagado en el final del servicio. Firmado _____ Fecha: Representante (firma) _____ Fecha: Cliente (Firma) POLÍTICA DE LA MUERTE Si encuentran a un cliente difunto, llame 911 y notifique el administrador o al encargado inmediatamente. El administrador o el encargado debe notificar el partido responsable del cliente inmediatamente.

PROCEDIMIENTOS DE EMERGENCIA EMERGENCIA EXTREMA Ejemplos: A. Un cliente demuestra muestras de un movimiento del ataque del corazón B. Un cliente ha caído y caída es la sangría o es inconsciente C. Un cliente está estrangulando D. Cualquie situación peligrosa para la vida PLAN DE LA MUESTRA DE ACCIÓN SI USTED ES SOLO, LA LLAMADA 911. SI HAY MÁS DE UNA PERSONA DEL PERSONAL: El supervisor debe permanecer con el cliente y administrará los primeros auxilios mientras que la otra persona del personal llama 911 para la ayuda. Tome las muestras vitales, si es posible, y escriba en la hoja de la emergencia Info. Siempre en que usted está enviando a un cliente al hospital, termina y envía la "hoja de la emergencia Info" con la copia adicional de la "hoja de la medicación" (situada en el frente de su expediente) con él/ella. Esté seguro que usted documenta cada persona, lugar y cosa que se relacione con el acontecimiento en el expediente del cliente. CUIDADO URGENTE: Éste es cuando un cliente no está necesitando la atención inmediata pero puede necesitar ver a un doctor dentro de algunas horas. EJEMPLOS: Fiebre suave de 101, jaqueca severa, pequeños cortes o lesiones que no necesitan cuidado de emergencia, erupciones, el etc.

PLAN DE LA MUESTRA DE ACCIÓN 1. Tome las muestras vitales; anótelas. 2. Llame el administrador o al encargado; a este punto, él puede asumir el control y manejar los pasos siguientes descritos. 3. Llame al doctor. Cerciórese de le informe a él/a ella las muestras vitales, los síntomas y la secuencia de evento u ocurrencias, ES DECIR cuando comenzó, cuantas veces, etc. (algunos de los doctores verán al cliente en) 4. Haga como el doctor dirige. Llame a la familia y dé un informe de la situación. En caso de necesidad, el transporte, o toma medidas para transportar, al cuidado urgente o al hospital preferido. 5. Termine la "hoja de la emergencia Info" y consiga el cliente y la "hoja de la medicación" listos para ser transportados. Documente, en la carta, sus acciones y los resultados, entonces terminan un informe inusual de la ocurrencia/de incidente (Lic. #624), si procede para ese problema particular.

ESQUEMA DE LA MUESTRA DE LOS PROCEDIMIENTOS DE LA ENFERMEDAD 1. Cualquier cambio en la comprobación de un cliente divulgó al representante señalado de la familia y al administrador. La falta de divulgar una ocurrencia o una mella puede dar lugar a una reprimenda o a un despido. 2. Cerciórese de que usted registre el cambio en el expediente del cliente, y divulgúelo al personal inminente y cerciórese de que otro, las personas apropiadas del personal está notificado. El supervisor asignado debe informar al doctor y a la familia del cliente. 3. Aísle a un cliente que tenga un frío, una gripe, un etc., manteniéndolo su sitio y teniéndolo coma todas las comidas allí. ¿Cuál es una DIETA BAJA del SODIO? La mayor parte de pensamos en la "sal" cuando oímos la palabra "sodio". Pero la sal y el sodio de tabla no es la misma cosa. La sal de tabla es una combinación química de sodio del 40% y de clorina del 60%. Es la sal del sodio, que intentamos reducir en una dieta "poco salada". La gente con la tensión arterial alta y los ciertos tipos o enfermedad cardíaca puede ser aconsejada por sus doctores reducir la cantidad de sodio en su dieta. El sodio es un mineral necesario para mantener buena salud. El miligramo cerca de 1100-1300 (magnesio.) del diario del sodio se considera una cantidad segura y adecuada. Pero la mayor parte de comemos el magnesio hasta 7.000. ¡un día! Hay cuatro fuentes de sodio en nuestra dieta. Una fuente importante de sodio es sal de tabla. ¡Mucha gente sala su alimento sin realizarlo! El sodio también entra en nuestra dieta de la sal agregada durante cocinar. El sodio ocurre naturalmente en algunos alimentos, como la leche, o el apio. Otra fuente es alimento procesado. El sodio se agrega para la preservación, sabor o conservar color. La lectura de las etiquetas en el alimento conservado y en botella es la mejor manera de aprender sobre el sodio en alimentos preparados. El sodio puede aparecer como el bicarbonato de sodio, monosódico, el glutamato, y productos del sodio. Éstos se pueden encontrar en su supermercado etiquetado sodio "reducido" libre del "sodio" y "sin sal". Muchos productos ahora especifican la cantidad de sodio en miligramos en una porción en la etiqueta de la nutrición. En fecha 1985, las regulaciones federales definen el sodio que etiqueta como el siguiente: Miligramos libres del "sodio" - menos de 5 por la porción "Sodio muy bajo" - 35 miligramos o menos por la porción "Sodio bajo" - 140 miligramos o por la porción "Redujo el sodio" - procesado para reducir el nivel de sodio por el 75% "Sin sal" - procesado sin la sal, donde el alimento se procesa normalmente con la sal. Dieta con pocas calorías Una "caloría" es una medida de la energía o del valor del combustible en alimentos. El número de calorías que necesitamos depende de la actividad y del tamaño de cuerpo. Nuestros cuerpos necesitan menos calorías con edad, especialmente si somos menos activos. Apenas para mantener y no ganar el peso, podemos necesitar comer menos. El ser gordo puede ser un peligro a la buena salud. La obesidad se asocia a los niveles crecientes de la tensión arterial alta de grasas y de colesterol de la sangre, y a los tipos mas comunes de diabéticos. Todos los éstos, alternadamente, se asocian a riesgos crecientes de ataques y de movimientos del corazón. Si se desea la pérdida de peso la cantidad de calorías debe ser reducida. Esto permitirá que el cuerpo utilice encima de la grasa adicional que ha almacenado. La meta puede ser resuelta comiendo los alimentos con pocas calorías o aumentando actividad. Extremidades de la pérdida de peso:

+ Compruebe con el médico de asistencia, él debe pedir la dieta especial
+ Recorte en los alimentos de los dulces, frito y otros graso. Coma una variedad de alimentos incluyendo vehículos, frutas y productos enteros del grano
+ Fije una meta. Planee perder no más de 1 a 2 libras por semana.
+ No recorte las calorías demasiado lejos. No es generalmente seguro ir debajo de 800 calorías al día.
+ Aumente moderado la actividad física
+ Coma lentamente, y mastique cada mordedura a fondo
+ No pierda de vista se consume qué Con poca grasa – colesterol bajo Mucha gente se refiere sobre la cantidad de grasa y de colesterol en su dieta. La grasa saturada y el colesterol se han ligado a la ateroesclerosis, que es una causa importante de la enfermedad cardíaca. Las personas con los niveles ricos en colesterol, o con una historia del corazón o de las enfermedades del vaso sanguíneo pueden ser aconsejadas por su doctor reducir la grasa y el colesterol en su dieta.

La grasa se necesita en nuestra dieta en cantidades moderadas. Algunos ácidos grasos son esenciales para el crecimiento apropiado y la piel sana. Sin embargo, la grasa es forma concentrada de energía o de calorías del alimento, y muchos clientes comen más bajo la forma de grasa que deben. Muchos expertos de la salud recomiendan el recortar en la cantidad total de grasas y de alimentos grasos en la dieta. Al hacer eso, sea enterado que hay diversos tipos de grasas, e intento comer menos grasas saturadas. Las grasas saturadas son generalmente sólidas en la temperatura ambiente, y ocurren en granes cantidades en alimento de las fuentes animales tales como carne, aves de corral y productos lácteos. Las grasas no saturadas son generalmente sólidas en la temperatura ambiente, y se encuentran en cantidades más grandes en los aceites vegetales y los pescados. El colesterol es sustancia grasa encontrada solamente en los productos animales. Es especialmente abundante en huevos y carnes de órgano tales como hígado. Esto no significa que usted no puede comer un alimento específico que usted tiene gusto. Por ejemplo los huevos y el hígado contienen el colesterol pero también contienen pueden las vitaminas y los minerales esenciales. La mayoría de los alimentos se pueden comer en cantidades moderadas, con tal que su producto total de la grasa y del colesterol no sea excesivo. Para evitar demasiada grasa, y colesterol gordos, saturados: carne magra del *Choose, pescados, aves de corral, alubias secas y guisantes como sus fuentes de la proteína, ajuste de las grasas. uso del *Moderate de huevos y de carnes de órgano producto del *Limit de la mantequilla, crema, margarina hidrogenada, abreviaciones, aceite de la palma y de coco, y alimentos hechos de tales productos. el *Broil, cuece al horno o hierve algo que fríe etiquetas del *Read para determinar el tipo y la cantidad de contenido de grasa Cómo aumentar la fibra dietética 1. Utilice el pan del trigo integral en vez de blanco. Para una variedad elija del pumpernickel, trigo integral, harina de avena, y los panes del salvado, los molletes, los rodillos y las galletas. 2. Seque o cocinó los cereales de desayuno hechos del trigo, salvado y la avena contiene una buena cantidad de fibra. Ejemplos: Todo el salvado, trigo destrozado, qué escamas de salvado y harina de avena es más alta en fibra que trigo, las avenas y la crema soplados del arroz. 3. Las frutas y verdura frescas proporcionan la fibra excelente. Limpíelas y váyase en las pieles y las cáscaras, que son un tipo del alimento poco digerible de fibra. La fruta y verdura congelada o conservada es buenas fuentes de la fibra. 4. Utilice las legumbres en su menú. Las lentejas, las habas, y los guisantes son un bajo costo, fuente de alto valor proteico. Usted puede utilizarlas en sopa, ensaladas, lado o platos principales. 5. Anime la fibra encontrada en bocados como las palomitas y las tuercas. HORARIO DEL BOCADO 3:00 P.M. 7:00 P.M. LUNES EL HIELO ABARROTA DE LA TAZA FRUTA FRESCA ZUMO DE MANZANA SACADOR DEL JUGO MARTES GALLETAS HECHAS EN CASA FRUTA FRESCA JUGO DE ARÁNDANO LIMONADA MIÉRCOLES FRUTA FRESCA GALLETAS ZUMO DE NARANJA JUGO DE UVA JUEVES TAZAS DEL HELADO LIMONADA /BANANAS SACADOR LIMONADA VIERNES GALLETAS Y QUESO HELADO BARRAS ZUMO DE MANZANA SACADOR DEL JUGO SÁBADO FRUTA FRESCA NATILLAS ZUMO DE NARANJA JUGO DE UVA DOMINGO CUPCAKES/ FRUTA FRESCA Zumo de manzana JUGO DE ARÁNDANO ZUMO DE MANZANA SEMANAL LIMPIE EL HORARIO Cocinero del día: Lunes: Empape y friegue la hornilla y las parrillas. Limpie la cocina telarañas. Martes: Limpie el refrigerador, estante por el estante, sacando el estante y lavándolo en el fregadero. Haga no ordenando. Miércoles: Limpie y organice la despensa. Ponga la acción ausente. Jueves: Enderece hacia fuera los cajones. Viernes: Limpie el lavaplatos a fondo. Sábado: Limpie la microonda totalmente. Domingo: Limpie el refrigerador y limpie el fabricante de café. ENFERMEDAD CRÓNICA La mejor descripción de la enfermedad crónica es una enfermedad que persiste durante mucho tiempo. Una enfermedad puede ser considerada crónica si tiene duró por más de 6 meses. Los síntomas de la enfermedad crónica pueden "señalar por medio de luces para arriba" o disminuir durante la duración de la enfermedad. Hay las épocas en que los abastecedores del cuidado observarán el flujo de cuidado que es interrumpido por los comportamientos específicos que una persona crónico enferma manifestará. Estos comportamientos pueden parecer ilógicos e inadecuados a menos que los abastecedores del cuidado los entiendan. Es hecho probado de que, cuando una persona sufre continuamente de una enfermedad durante un largo periodo del tiempo, ocurrirá un cierto tipo de cambio en su comportamiento. Incluso una persona joven pudo cambiar su comportamiento social para evitar la vergulenza debido a una enfermedad. Es una situación de la causa-efecto. La depresión es una de las reacciones más bien conocidas a la enfermedad crónica. La gente tratará a menudo solamente de la que ella sienta la manija de la poder. Crónico la enfermedad está a menudo en un estado de la negación. Pueden la información de bloque con la cual es también que amenaza o agotador repartir. Pueden presentar ese la enfermedad o una situación apenas no existe. Pueden presentar ese la enfermedad o una situación apenas no existe. Pueden racionalizar o hacer excusas en cuanto a porqué suceden ciertas cosas. Las cosas son más aceptables cuando se da una explicación, incluso si no es una explicación verdadera. Pueden incluso comenzar a creer que es la verdad. Otro tipo de bloqueo es regresión. Si una situación es demasiado difícil de tratar de, una persona puede retirarse y soñar despierto sobre mejores cosas o épocas más felices. Una persona puede hacer eventual esto al punto donde él está en un estado-permanente del ensueño. Él no podrá funcionar en las realidades y las actividades de la vida diaria. Una teoría se relaciona este tipo de regresión con porqué la gente cree que ella es treinta otra vez o juega con las muñecas como si ella fuera bebés verdaderos. Los cambios en la forma de vida que puede resultar dan las razones comprensibles de sensaciones de la amargura y de la cólera. ¿Nosotros todos ha oído hablar una persona mayor que era descrita como "vieja persona malhumorada", pero es él normalmente "malhumorado" o es un resultado de su enfermedad? Si usted puede comprobar la razón detrás de la amargura o de la cólera, él ayuda usted para entender y para contrariar mejor la reacción. No es inusual para esta cólera, exhibido por la crítica afilada o arrebatos hostiles, para ser dirigido hacia el abastecedor del cuidado, los miembros de familia o los clientes compañeros. Cuando una persona mayor sufre de enfermedad crónica, él tiene que confiar en otros para asistir le/le con su vida diaria. Para algunos clientes, hay necesidad de un enlace de la seguridad. Esto se busca de los abastecedores, de la familia, y de los amigos del cuidado. Adularán, darán los regalos o intento para jugar en el ego o las emociones de una persona para ganar la atención y la seguridad que quieren. Esos clientes utilizarán a menudo declaraciones como, "no sé lo que haría sin usted", o "usted es la única persona que me ama," que son ejemplos de la manipulación. Una vez que usted es consciente que están intentando manipularle, después usted puede mejorar la manija la situación. Fije sus límites y limitaciones y sea constante en la afirmación. Una persona dirá una cosa y significará a veces otra. Nosotros, como abastecedores del cuidado, necesidad de ser consciente del mensaje subyacente. Una persona crónico enferma puede decir, "puedo ocuparme del dolor en mi parte posterior pero mi amigo piensa que tengo vértebras quebradas". La persona podría ser proyección su propias preocupaciones por la enfermedad. Él puede de hecho tener una fractura en su las vértebras pero no quiere realmente quejarse por cómo es malo es el dolor. Una buena regla a seguir es, "CUANDO EN DUDA, LAS MANDA". Llegue lo/la al doctor o a un hospital, si usted siente que hay la posibilidad de una condición más seria. Él puede apenas expresar inseguridad y necesitar hablarla hacia fuera, pero es mejor ser seguro que apesadumbrado. Un abastecedor del cuidado puede hacer algo disminuir estos síntomas o reacciones. Los siguientes son ejemplos: 1. Anime la participación en actividades recreacionales y sociales. 2. Anime el ejercicio (después de consultar con el médico de asistencia para las precauciones) 3. Tenga "un grupo de ayuda del Grump", dejando lo/la habla el suyo/el suyo las sensaciones con otras que estén experimentando el mismo tipo de cosas. 4. Cerciórese de que él coma una dieta equilibrada y consiga bastante resto 5. Haga un plan total y tenga un acercamiento del "equipo", es decir utiliza la familia, los amigos, el clero y al personal para apoyar el plan y para ejecutarlo. 6. Intente conseguir lo/la implicados en una causa; la causa puede distraer lo/la de su propios problemas. 7. Haga lo/su sensación útiles; incluso hacer pequeños trabajos como las toallas plegables ayudará a una persona a saber que todavía hay algunas cosas que pueden hacer. Este el tipo de actividades mejorará su amor propio. Esto puede ser una herramienta provechosa a compartir con la familia de un cliente que tenga una personalidad difícil.

DEPRESIÓN:

Muchos diversos factores pueden contribuir o llevar a la depresión. Cerca de 10 - 15% de la población mayor sufre, en uno u otro momento, de la depresión crónica o aguda. Síntomas generalmente manifiéstese como disturbios del humor y varíe el grado de severidad. La depresión de muchas veces se confunde desde demencia. La depresión se puede traer encendido por enfermedades o debilitaciones. Si las personas aprenden aceptar con éxito/adáptese a esa enfermedad o la debilitación, la depresión puede desplomarse. Porque la diagnosis es tan difícil, los doctores pueden intentar un ensayo terapéutico de antidepresivos para ayudar a distinguir entre la demencia y la depresión. Sin embargo, la demencia y la depresión pueden coexistir, haciéndola difícil diagnosticar. A menudo, la demencia es dominante sobre la depresión. La persona que tiene la depresión y demencia es a menudo difícil de cuidar para, y puede no ser apropiada para el cuidado residencial. La persona que sufren con enfermedad crónica, y las que han sufrido pérdidas múltiples como financieros, físico, social, o psicologico, son más probables sufrir con la depresión. Muchos de nuestros ancianos se están afligiendo. Están sufriendo pérdidas. Necesitamos ser sensibles a esas pérdidas y ayudarles con esas épocas podemos tan mejor. Los síntomas de la depresión son diferentes de otros tipos de enfermedad mental. Las personas con la depresión demuestran las muestras visibles de uno o más síntomas. El médico puede diagnosticar la depresión buscando muestras físicas y mentales.

EL ARTE DE ESCUCHAR

1. Pare el hablar - usted no puede escuchar mientras que usted está hablando 2. No interrumpa - dé a locutor la hora de decir lo que él tiene que decir. ENTONCES, y NO ANTES, pida sus preguntas o contestación se ha dicho a qué. 3. Sola conversación - no intente enganchar a dos conversaciones inmediatamente. Usted puede OÍR a dos personas contemporáneamente, pero usted no puede escuchar CON EFICACIA dos conversaciones inmediatamente. 4. Haga las preguntas - cuando usted no entiende o cuando usted necesita la clarificación adicional, haga las preguntas. 5. Empathize con la otra persona - intente ponerse en su lugar de modo que usted pueda ver lo que él está intentando decir. 6. Interés de la demostración - haga el contacto visual. 7. Concentrado - céntrese activamente su atención en las palabras, las ideas, y las sensaciones del altavoz relacionadas con el tema. 8. Reaccione al tema, no el locutor - prohiba a sus reacciones a la influencia del altavoz sus interpretaciones de lo que él dice. Sus ideas pueden ser buenas incluso si usted no tiene gusto de él mientras que una persona o como la manera que él mira habla o se mueve. 9. Controle su cólera - intente no conseguir enojado en lo que él está diciendo. Su cólera evitará muy probablemente que usted entienda lo que él está diciendo REALMENTE. 10. Esté atento qué no se dice. Usted puede aprender a veces apenas tanto determinando lo que deja hacia fuera o evita la otra persona decir como usted puede escuchando lo que él dice realmente. Ocupándose de pena, de pérdidas, de muerte, y de la muerte Tarea del luto El "trabajo de la pena" es el término usado para describir la cantidad enorme de energía que una persona expende la realización de las tareas del luto. El trabajo de la pena se logra como los viejos enlaces con la persona física o el objeto se lanza gradualmente. y un nuevo enlace de la memoria se establece. Cuatro tareas del luto se deben lograr para trabajar con pena. Estas tareas ocurren simultáneamente con las fases de pena. Aceptar

la realidad de la pérdida Experimentación del dolor de la pena Ajuste a un ambiente en el cual el difunto falta Retirando energía emocional y reinvertirla en otra relación EL HACER FRENTE A PENA Todos los clientes que entran en cuidado de largo plazo están sufriendo de pérdida; pérdida de su hogar y posesiones, esposo, capacidad de conducir, deterioración o pérdida de capacidades físicas y mentales. El impacto de estas pérdidas variará con cada uno individual. Alguna gente siente la tensión intensa mientras que otras ajustan a estas pérdidas más fácilmente.

MUESTRAS Y SÍNTOMAS DE LA PENA: EMOCIONAL: COMPROBACIÓN:

Griterío, suspirando carencia de la energía Ansiedad, miedo somnolencia Cólera, culpabilidad problemas gastrointestinales Retiro dolores, dolores y debilidad Irritabilidad pérdida o aumento de peso El quejarse constante hipocondría Doubtfulness confusión CÓMO ASISTIR A UNA PERSONA CON EL & DE LA PENA; PÉRDIDA 1. Escuche; deje a la persona hablar de la pérdida. 2. Permita que la persona grite y llore. 3. Haga las preguntas y traiga el tema hacia fuera; las sensaciones de la persona necesitan ser articuladas. Las expresiones repetidores de las sensaciones de la persona ayudarán le/le a conseguir encima a la pérdida. 4. Anime a la persona a guardar un diario o un registro, el poner en escrito su las sensaciones. 5. No prohiba a persona tanto control sobre su ambiente vivo como sea posible; a menudo, el cliente siente que él ha perdido control de su vida. 6. El contacto físico tal como tacto apacible, un abrazo o tenencia la mano de la persona puede tener un efecto confortante. 7. Anime a la persona a ejercitar regularmente según lo permitido por el médico EL OCUPARSE DE PROBLEMAS DEL COMPORTAMIENTO Comportamiento: Clientes que discrepan o discuten con la mayoría de las cosas. Cómo dirigir: No apoye las sensaciones negativas. Llame la atención en lugar de otro a su conocimiento y pensamiento creativo: "Suena como usted tiene algunas ideas interesantes; usted elaborado en ellas?" Enfrente el negativismo: "Usted sano irritado a mí. Es algo que le incomoda?" Si se expresan las sensaciones negativas, agradezca al miembro por decirle; no comience una discusión sobre qué fue dicha. Comportamiento: Clientes que son know-it-alls y expertos en todo. Cómo dirigir: No consiga en las discusiones que promueven un ganador o a un perdedor: "Aprecio su conocimiento en el tema; dejado vea lo que piensan otros." O, "gracias por su punto de vista." "Usted es un buen recurso. Quién otro quisiera que comentara respecto a esta edición/idea?" Recuerde a los documentos en los expedientes del cliente cualquier problema del comportamiento. Indique: a. Fecha, tiempo, duración b. Acontecimientos precedentes c. Resultado o consecuencia d. Específicos e. Su plan de acción DESORDENES DE ANSIEDAD La ansiedad es un estado de la intranquilidad, del miedo, de la aprehensión y de la impaciencia. El cuerpo consigue listo para la acción y fijó una línea de frente para protegernos contra peligro. Cada uno experimenta ansiedad a un cierto grado. ¿Mariposas en su estómago antes de una prueba? ¿Usted tiene nunca inquietudes de la pre-boda? La ansiedad y el miedo no son normales cuando las detenciones de la persona constantemente en el acontecimiento inminente. Los síntomas pueden ser tan severos que aterrorizan a la persona también para salir de su hogar, atienden a acontecimientos sociales, toman cuidado del negocio financiero o aún hacer compras para el alimento. La ansiedad causa la tensión mental que no tiene ninguna causa identificable evidente. Tema, debido a las razones específicas, tensión mental de las causas. Cuando e es ansiosa, nuestros procesos de cuerpo aceleran causar síntomas físicos como sudar y la tensión del músculo. Generalmente cuando ha desaparecido el acontecimiento, el tema inminente, o la ocurrencia, la ansiedad se disipará. Pero si la persona continúa sufriendo con ansiedad o miedo, después ayuda médica debe ser buscado inmediatamente.

MUESTRAS Y SÍNTOMAS DE LOS DESORDENES DE ANSIEDAD EMOCIONAL: COMPROBACIÓN:

Intranquilidad Temblor Jitteriness Insomnio Aprehensión Boca seca Miedo intenso Hiperventilación Tensión intensa Golpes de corazón irregulares Pánico El sudar Tensión El crispar El entumecer emocional Malestar estomacal - diarrea Culpabilidad Vértigos-faintness Comportamiento obligatorio Fatiga Comportamiento obsesivo Extremidades en la ayuda de una persona con ansiedad: a. Ayuda médica de la búsqueda - la medicación o la sicoterapia puede ser necesaria. la persona a relajarse - busque la terapia de relajación b. Los baños calientes y el ejercicio pueden ser provechosos c. Reduzca el ambiente de la tensión

REMINISCENCIA

La reminiscencia es la revisión de experiencias anteriores. Es el proceso natural a el cual todos enganchamos. La reminiscencia puede traer paz y la resolución a una más vieja gente mientras que ella encuentra el significado en sus memorias. Los visitantes voluntarios, incluyendo miembros de familia, enfermera, y los profesionales del cuidado médico, pueden comunicar un mensaje tácito de gran alcance a la persona que recuerda el pasado .... "Quién usted es, qué usted ha hecho, y las cosas que usted cuida es alrededor muy importante para mí. Creo en usted. Le acepto, yo quiero saber su historia. Y, aún más, recibo lo que usted tiene que ofrecer como regalo." VENTAJAS Promueve bienestar mental y emocional Combate el aislamiento, la soledad, y la depresión Refleja encendido y valora de nuevo logros de la vida Comunica folklore y herencia de la familia Anima la interacción social Conflictos de las resoluciones, miedos Construye amor propio Cree un sentido de la continuidad, ligando realizaciones del pasado al presente

Cosas interesantes de las ofertas sobre uno a o un período de historia PASOS 1. Miembros anticipados del grupo del acercamiento individualmente. Es esencial que los miembros del grupo sean compatibles. Consideran a cinco o seis clientes generalmente un tamaño ideal. Los pequeños grupos dan más hora para que cada uno se exprese. 2. Comience y termine con una lectura, una selección musical, un juego o una anécdota. 3. Indique las metas de la sesión al principio 4. Proporcione la hora para las preguntas en el final de cada sesión 5. Exponga las metas en forma modificada y resuma los puntos claves en el final de cada sesión 6. Dé una breve asignación de la preparación Reconstrucción y actividades terapéuticas para los adultos y los mayores El objetivo principal de la reconstrucción terapéutica es aumentar amor propio, y mantiene una función mínima de las extremidades superiores y más bajas, que ayudarán a individuos a ajustar dentro de un ambiente de corriente, donde la gente obra recíprocamente y socializa al mejor de sus capacidades. El foco dominante está en la moral y su disfrute de los clientes de la vida. Por lo tanto, para alcanzar esto, un buen programa de actividad recreacional es esencial. El hogar de AngelCare proporcionará actividades diurnas y de media mañana incluyendo las actividades de la tarde que simulan las cualidades de los clientes físicos, psicologicas y mentales. Las actividades sensoriales son la esencia, y la espina dorsal de cualquier programa de actividad terapéutico. Las metas son mantener, y en la mayoría de los casos, aumentar un contacto directo de la persona con uno mismo, el ambiente inmediato del cliente, y la comunidad. Nuestra meta es centrarse en los cinco sentidos que se deben estimular siempre para retrasar, y retardar la degeneración inevitable de nuestras neuronas, y las habilidades de motores y esos sentidos son: a. Sentido del tacto (cosiendo, cocinando, jugando el piano, sosteniendo un libro, etc…) b. Sentido del olor (alimento, perfume, flor, productos químicos, etc…) c. Sentido de la audiencia (ruido, canto, historia, amargas) d. Sentido del gusto (dulce, amargo, salado, amargo) e. Sentido de la representación visual (colores, luces, objetos, uno mismo, otros, etc…) La parte de la actividad terapéutica implica el coser, haciendo punto, y crocheting era siempre el pasatiempo del pasatiempo de las señoras jovenes hace siglos, y nada ha cambiado con nuestra generación. Por lo tanto, es más que apropiado para que un departamento de la reconstrucción proporcione los materiales adecuados para ayudar a traer detrás no sólo el buen de antaño en la vida de los ancianos, pero también traer un sentido del alto amor propio a los que pensaron vida estaba no más digno de él. JUEGOS: El bingo es uno de los juegos más populares hasta la fecha que realza interacciones sociales, e integrando para los ancianos. Hay varias formas de juegos del bingo por ejemplo: - Bingo de la música - Bingo de la matemáticas Para acomodar mejor a individuos con la debilitación visual, los materiales del bingo se pueden encontrar en toda la clase de tamaño que se extiende de pequeño al jumbo. Este juego se juega en el programa del día, en los ajustes dinámicos. El número de jugadores puede variar a partir de dos docenas de gente. Las ayudas del bingo mantienen la preparación mental, y las capacidades visuales de los jugadores. Juegos de tabla por ejemplo: a. Dominós b. Tarjetas c. Monopolio, etc… d. Los juegos interactivos también llamados chinos de los inspectores, son muy apropiados para los individuos independientes, y la gente muy sociable también. Los artes y los talleres de los artes se deben preparar para acomodar las necesidades, y las capacidades de la persona mayor. Las actividades deben ser creativas y simples. Actividades táctiles del estímulo y de los deportes a. Pintura de dedo b. El colorear y cuadros retraceable c. El cortar y pegar d. Dibujo libre de la expresión etc… Los juegos del bowling son también populares para todas las edades. Es un día especial o sostenido el la noche de sábado de los week-nights especialmente para la mayoría de los niños, de los adultos, y de las personas mayores. Es apropiado para la gente en sillón de ruedas, y los que caminan con un bastón. El bowling da un sentido del equilibrio físico y mental, porque una línea recta se debe seguir para terminar los juegos con éxito. Los deportes adaptantes están entre los acontecimientos más populares de la vida de la gente de todas las edades, desde tiempo antiguo. Estas actividades consisten en promover el uso de extremidades más bajas y superiores. Estas actividades son numerosas, y el más accesibles a los adultos y a los ancianos en los sillones de ruedas son: a. Las bolas del retroceso animan el uso - de rodillas, de piernas, y de pies. Mientras que los deportes tienen gusto: b. Voleibol c. El sacudir d. Dardos que lanzan e. Baloncesto f. Las bolas de cogida aumentan el uso de hombros, de brazos, y de manos. g. El paracaídas es otro deporte emocionante. Es conveniente para el grupo pequeño o grande. Consiste en la colocación de la esponja y las bolas del plástico no son demasiado pesadas encima de un paracaídas abierto, que es sostenido por algunos gente, asentado en un círculo como la formación. En la señal del líder del grupo, cada uno sacude su lado del paracaídas para prevenir las bolas que despiden para escaparse, y alcanza el piso en su lado. Ejercicio: Los ejercicios diarios son muy importantes en cada uno vida fijar un paso optimista para el resto del día. Es crucial para los adultos y las personas mayores que están en la desventaja física debido a la enfermedad, y los problemas del envejecimiento. Es una de las maneras únicas de estimular a la más vieja gente mentalmente, y físicamente. La terapia de música para los ancianos es la esencia de la música en su vida. Un terapeuta de la música debe ser consciente de la situación cultural de la categoría edad que él está sirviendo mejorar alcance las metas previstas. Está dentro de las pautas nacionales, y de los requisitos para que el terapeuta de la música vaya detrás 30 a 40 años en la vida del individuo envejecido para facilitar mejores respuestas. Tan haciendo, la opción del repertorio será apropiada traer detrás recordar el pasado memorias de su juventud ida de largo. Las actividades siguientes de la música son apropiadas: a. Cante a lo largo (evangelio, espiritual, los oldies, jazz, la gente, etc...) b. Venda del ritmo (tambor, pandereta, palillo, campanas, maracas, etc...) c. Nombre esa consonancia d. Silla musical e. El coro agrupa (los hombres, ladies, mezclados) f. Hospitalidades (salones musicales de las demostraciones, del acontecimiento del día de fiesta, de conciertos, etc...) Las metas de la reconstrucción terapéutica en el programa del día son replegar lo que podrían hacer los clientes en la comunidad, en el país, en iglesia en club social, incluyendo tocar los instrumentos musicales tales como tambores, guitarra, teclado, violines, etc... Horas requeridas: Estas actividades serán conducidas con la supervisión de un ayudante de cuidado certificado PUEDEN, que debe tardar por lo menos a 90 horas de actividad recreacional cada tres meses. En casos de la enfermedad incluyendo ENFERMEDAD CRÓNICA La mejor descripción de la enfermedad crónica es una enfermedad que persiste durante mucho tiempo. Una enfermedad puede ser considerada crónica si tiene duró por más de 6 meses. Los síntomas de la enfermedad crónica pueden "señalar por medio de luces para arriba" o disminuir durante la duración de la enfermedad. Hay las épocas en que el personal observará el flujo de cuidado que es interrumpido por los comportamientos específicos que una persona crónico enferma manifestará. Estos comportamientos pueden parecer ilógicos e inadecuados a menos que los abastecedores del cuidado los entiendan. Es hecho probado de que, cuando una persona sufre continuamente de una enfermedad durante un largo periodo del tiempo, ocurrirá un cierto tipo de cambio en su comportamiento. Incluso una persona joven pudo cambiar su comportamiento social para evitar la vergulenza debido a una enfermedad. Es una situación de la causa-efecto. La depresión es una de las reacciones más bien conocidas a la enfermedad crónica. La gente tratará a menudo solamente de la que ella sienta la manija de la poder. Crónico la enfermedad está a menudo en un estado de la negación. Pueden la información de bloque con la cual es también que amenaza o agotador repartir. Pueden presentar ese la enfermedad o una situación apenas no existe. Pueden presentar ese la enfermedad o una situación apenas no existe. Pueden racionalizar o hacer excusas en cuanto a porqué suceden ciertas cosas. Las cosas son más aceptables cuando se da una explicación, incluso si no es una explicación verdadera. Pueden incluso comenzar a creer que es la verdad. Otro tipo de bloqueo es regresión. Si una situación es demasiado difícil de tratar de, una persona puede retirarse y soñar despierto sobre mejores cosas o épocas más felices. Una persona puede hacer eventual esto al punto donde él está en un estado-permanente del ensueño. Él no podrá funcionar en las realidades y las actividades de la vida diaria. Una teoría se relaciona este tipo de regresión con porqué la gente cree que ella es treinta otra vez o juega con las muñecas como si ella fuera bebés verdaderos. Los cambios en la forma de vida que puede resultar dan las razones comprensibles de sensaciones de la amargura y de la cólera. ¿Nosotros todos ha oído hablar una persona mayor que era descrita como "vieja persona malhumorada", pero es él normalmente "malhumorado" o es un resultado de su enfermedad? Si usted puede comprobar la razón detrás de la amargura o de la cólera, él ayuda usted para entender y para contrariar mejor la reacción. No es inusual para esta cólera, exhibido por la crítica afilada o arrebatos hostiles, para ser dirigido hacia el abastecedor del cuidado, los miembros de familia o los clientes compañeros. Cuando un adulto o una persona mayor sufre de enfermedad crónica, él tiene que confiar en otros para asistir le/le con su vida diaria. Para algunos clientes, hay necesidad de un enlace de la seguridad. Esto se busca del personal/de los abastecedores, de la familia, y de amigos del cuidado. Adularán, darán los regalos o intento para jugar en el ego o las emociones de una persona para ganar la atención y la seguridad que quieren. Esos clientes utilizarán a menudo declaraciones como, "no sé lo que haría sin usted", o "usted es la única persona que me ama," que son ejemplos de la manipulación. Una vez que el personal es consciente que él está intentando manipularlos, después provea de personal puede mejorar la manija la situación. El personal fijará límites y limitaciones y será constante en la afirmación del personal. Un cliente dirá una cosa y significará a veces otra. Abastecedores del personal/del cuidado, necesidad de ser consciente del mensaje subyacente. Una persona crónico enferma puede decir, "puedo ocuparme del dolor en mi parte posterior pero mi amigo piensa que tengo vértebras quebradas". La persona podría ser projector.

Haga un plan total y tenga un acercamiento del "equipo", es decir utilizan la familia, los amigos, el clero y al personal para apoyar el plan y para ejecutarlo. Intente conseguir lo/la implicados en una causa; la causa puede distraer lo/la de su propios problemas. Haga lo/su sensación útiles; incluso hacer pequeños trabajos como las toallas plegables ayudará a una persona a saber que todavía hay algunas cosas que pueden hacer. Este el tipo de actividades mejorará su amor propio. Esto puede ser una herramienta provechosa a compartir con la familia de un cliente que tenga una personalidad difícil. Ocupándose de pena, de pérdidas, de muerte, y de la muerte Algunos clientes tienen enfermedad y algunos acercarán al final de sus vidas y son conscientes de muerte inminente. Niegan mucha más vieja gente la ocasión de hablar de sus vidas en términos de muerte inminente porque la familia y los amigos están demasiado emocionalmente implicados. También experimentan la pérdida de gente que saben quién mueren. La gente necesita hablar de sus vidas y de su conclusión. O, la gente también puede necesitar hablar de perder alguien cercano ella. Como personal, no somos responsables de la resolución, sino de escuchar enfático. No evite los temas que causan los rasgones. Los rasgones son naturales, al igual que silencio. No tenga miedo de rasgones. No duran generalmente de largo. Entienda que usted, como un personal/Careprovider, no es la causa del dolor o infelicidad. De hecho, usted está ofreciendo la relevación permitiendo que estas sensaciones sean habladas. No es necesario sacar a colación estas ediciones usted mismo, sino esté dispuesto y abierto escuchar cuando suben. Tarea del luto El "trabajo de la pena" es el término usado para describir la cantidad enorme de energía que una persona expende la realización de las tareas del luto. El trabajo de la pena se logra como los viejos enlaces con la persona física o el objeto se lanza gradualmente. y un nuevo enlace de la memoria se establece. Cuatro tareas del luto se deben lograr para trabajar con pena. Estas tareas ocurren simultáneamente con las fases de pena. 1. Aceptar la realidad de la pérdida 2. Experimentación del dolor de la pena 3. Ajuste a un ambiente en el cual el difunto falta 4. Retirando energía emocional y reinvertirla en otra relación

EJERCICIO METAS Y OBJETIVOS DEL EJERCICIO PARA LOS ANCIANOS

Incluso modere, pero constante, ejercicio, comenzado tarde en vida, puede extender la vida del cliente. Cuando un cliente no consigue ejercicio adecuado, todos sus procesos de cuerpo pueden retrasar y los músculos pueden crecer débiles de inactividad. Las instrucciones dadas deben ser claras, simples, y escrito. Los personales deben hablar muy claramente, porque los clientes mayores entienden mal o pueden fácilmente no oír bien. Algunas técnicas pueden necesitar ser demostrado. La cosa importante es estimular a clientes guardar las capacidades físicas que todavía tienen. Los ancianos pueden obtener ejercicio mucho útil haciendo tanto para sí mismos como pueden posiblemente. Cada vez que algo se hace para un cliente que él habría podido hacer sí mismo, le hacen eso mucho más dependiente. Los clientes hacen generalmente lo que esperamos que él haga, pero no contamos con demasiado a menudo bastantes de ellos, debido a sus inhabilidades evidentes. PLANIFICACIÓN DE UN PROGRAMA DEL EJERCICIO En la planificación de un programa del ejercicio para los ancianos, hay tres clases de grupos a considerar: 1. ESO EL WHO HA TENIDO EL MOVIMIENTO U OTRA DIFICULTAD FÍSICA DANDO POR RESULTADO PARÁLISIS O LESIÓN DE OTHRE. 2. ESO EL WHO QUE EJERCITA Y ES SOLAMENTE VIEJO O FUERA DE LA FORMA, NO INCAPACITADA DE OTRA MANERA. 3. ESO EL WHO, SIN IMPORTAR EDAD, EJERCITA DE CIERTA MANERA REGULARMENTE. Cierto problema físico se debe tomar en la consideración al decidir a qué se puede esperar realista para ser logrado. CONDICIONES FÍSICAS A CONSIDERAR A. & del CORAZÓN; CONDICIONES DEL PULMÓN B. TENSIÓN ARTERIAL ALTA C. PROBLEMA DEL PESO D. MIEMBRO INOPERANTE E. ARTRITIS F. ENFISEMA El doctor puede poder decirle qué ejercicio a hacer o a eliminar. OTROS FACTORES QUE SE CONSIDERARÁN: 1. ¿QUÉ PRECAUCIONES USTED TENDRÍA QUE TOMAR CON CADA UNO INDIVIDUAL? 2. ¿CÓMO PUEDE USTED MOTIVAR A CLIENTES PARA PARTICIPAR EN EL EJERCICIO? 3. ¿QUÉ TIPO DE EJERCICIO USTED PIENSA A CADA PERSONA PODRÍA HACER PARA BENEFICIAR A SU PROBLEMA PARTICULAR? 4. ¿ÉL BENEFICIARÍA LA MAYORÍA DE UN PROGRAMA INDIVIDUAL O PROGRAMA O AMBOS DEL GRUPO? 5. ¿EL NÚMERO DE EJERCICIOS, Y EL NÚMERO DE ÉPOCAS ÉL DEBE HACERLAS? Cualquier programa del ejercicio se decide sobre, no importa cómo es pequeño, es un principio. Establecerá una buena base sobre la cual construir. LAS VENTAJAS DEL EJERCICIO: MEJORA LA CIRCULACIÓN CONSOLIDE EL CORAZÓN AUMENTE EL PRODUCTO DEL OXÍGENO ESTIMULA EL CEREBRO DIGESTIÓN DEL SIDA LA ELIMINACIÓN DEL SIDA Y EVITA EL ESTREÑIMIENTO MÚSCULOS DE LOS TONOS PÉRDIDA DEL HUESO DE LOS RETRASOS REDUCE DOLOR REALZA LA RELAJACIÓN Y LA HACE PARA UN MEJOR SUEÑO AMOR PROPIO DE LOS AUMENTOS LAS AYUDAS MANTIENEN UNA ACTITUD POSITIVA DESALIENTA LA DEPRESIÓN SUGERENCIAS DE LA SEGURIDAD 1. CONSIGA LA APROBACIÓN DEL DOCTOR BEFORE STARTING EXERCISE PROGRAM DEL CLIENTE; EXPLIQUE PARA DOCTOR A THE TYPE OF EXERCISES QUE USTED PLANEA INICIAR. 2. SI SU CLIENTE ESTÁ VIENDO A UN TERAPEUTA FÍSICO, CONSULTE AL TERAPEUTA PARA LAS INSTRUCCIONES ESPECIALES. 3. TENGA LA ROPA CÓMODA, FLOJA DEL DESGASTE DE LOS CLIENTES Y ZAPATOS PLANOS. 4. COMIENZO LENTAMENTE. 5. LOS EMPALMES INFLAMADOS NO DEBEN SER EJERCITADOS; TENGA EL CLIENTE EJERCITAR A OTRAS PARTES DEL CUERPO. 6. SI UN EJERCICIO CAUSA DOLOR, TENGA PARADA DE LA PERSONA E INTENTE UN DIVERSO EJERCICIO. 7. FUERZA LENTAMENTE. NO DESPIDA; EL DESPEDIR PUEDE LOS LIGAMENTOS DE RASGÓN. 8. SI LOS CLIENTES SE

FATIGAN, PARE. CADA DÍA DEBEN PODER HACER MÁS. 9. LOS EJERCICIOS DEBEN IMPLICAR LOS MÚSCULOS GRANDES; EVITE EXERCERSISE ISOMÉTRICO. 10. SEA CONSCIENTE DE PELIGROS POTENCIALES EN EL AMBIENTE. CALIENTE LA RUTINA Los músculos calientes son menos conforme a lesión que los músculos fríos. Por lo tanto, los ejercicios del calentamiento deben ser conducidos antes de que cualquier ejercicio comience. El período del calentamiento debe durar cerca de diez minutos; movimientos profundamente de respiración, apacibles, de ocsilaciones y el estirar apacible, fácil. La música suave es la mejor para esto. Tenga clientes permanecer en sus sillas sino cerciorarse de los tienen porciones de sitio grande. Pues usted hace los ejercicios que estiran, usted necesita cerciorarse de que usted esté estirando todos sus tendones y ligamentos. Los movimientos deben ser lentos. No estire "hasta que lastime" o al punto del dolor. Y no utilice los movimientos que despiden o que mueven de un tirón como pueden los ligamentos de rasgón no usados a estirar. EYE LOS EJERCICIOS Ojos el al izquierdo, derecho, encima de, abajo y todo alrededor. Tarjetas de destello grandes de letras, de números y de cuadros. RESPIRACIÓN El sentarse o la colocación, toma una respiración profunda a través de la nariz y después exhala lentamente. Encoja ambos hombros a la posición de salida. DIRIJA LOS EJERCICIOS Toque su oído derecho a su hombro derecho. Muévase lentamente. Lleve a cabo el estiramiento para la cuenta de cinco. Ahora el lado izquierdo. Cinco repeticiones. Muévase la barbilla hacia su hombro derecho, sosténgase para el sec 5. ; repita en lado izquierdo. Cinco repeticiones. Levante su barbilla al techo, sosténgase para el sec 5. Ponga la barbilla en pecho, lleve a cabo el sec 5. Cinco repeticiones. Exprima su duro cara arriba, verdadero. Ahora relájese. Cinco repeticiones. Apenas hacia fuera su quijada más baja. Tire adentro. Cinco repeticiones. MANOS Tome su mano derecha y mueva dedo de su mano izquierda abierta y cerró varias veces. Repetición con la otra mano. Entrelácese los dedos y muévase las manos a la izquierda e a la derecha. Muévalas en círculos a la derecha y a la izquierda. Esto avantrén sus muñecas. Lleve a cabo sus manos outstretched en el nivel del hombro. Ábrase las manos y estire hacia fuera sus dedos lo más lejos posible. Sosténgase para el sec 5., después haga un puño y exprímalo tan difícilmente como usted puede. Tres repeticiones. Gire las muñecas hacia fuera dejó 5 veces. BRAZOS Y HOMBROS Abroche su mano detrás de su cabeza. Guarde sus manos allí mientras que mueve hacia atrás sus codos adelante y. Cinco repeticiones. Hombro del Shrug hasta los oídos. Sosténgase firmemente para la cuenta de cinco. Cinco repeticiones. El rodillo lleva a hombros detrás 5 veces; el rodillo lleva a hombros adelante 5 veces. Palmas de la curva hacia la muñeca. Sosténgase a la cuenta de cinco. Amplíe las manos para arriba, los brazos derecho. Sosténgase a la cuenta del suplente 5. arriba y abajo de cinco veces. Elevaciones laterales del brazo. Comience con los brazos en los lados, saque los brazos a los lados y los gastos indirectos. Repita 5 veces. Sosténgase los brazos rectos hacia fuera en el frente, paralelo al piso, con sus palmas junto. Ahora muévalas derecho hacia fuera al lado, entonces guardando paralelo al piso del thee y después muévalas de nuevo a la posición delantera. Aplauda sus manos como usted vuelve. Repita cinco veces. Ponga sus manos en sus caderas. Mueva hacia atrás sus codos adelante y. Haga cinco veces. Alcance para arriba con un brazo tan arriba sobre su cabeza como usted puede. Derribe este brazo y levante el otro brazo sobre su cabeza. Repita 5 veces. Alcance hacia fuera delante de usted, como si nada, primero con un brazo y entonces el otro. Repita 5 veces. Relájese totalmente el brazo izquierdo. Ponga la mano derecha debajo de su codo izquierdo y levante el brazo izquierdo relaxed. Deje su brazo derecho hacer todo el trabajo. Repita 5 veces. Repita, usando mano izquierda para levantar el brazo derecho. Levante la mano derecha sobre su cabeza y estire a su izquierda. Repita para el lado izquierdo. Cinco repeticiones. Ponga los brazos por encima; abroche las manos. Tire lentamente de los brazos a la derecha. No despida. Entonces tire de los brazos a la izquierda. Repita cinco veces. Ponga los brazos por encima. Primero, el alcance tan arriba como usted puede con un brazo y entonces el otro, como usted subía la escala. Repita cinco veces. Sosténgase los brazos, con la llanura recta de los codos en los lados. Muévase los brazos con los codos trabados, encima y recto de hacia fuera al lado. Muévalos hasta por lo menos la altura del hombro. Repita cinco veces.

ROCK-A BYE-BABY: Agarre ambos codos, o tan cerca como usted puede, con ambas manos y moverse los brazos izquierdos y derechos, moviendo sus codos hacia fuera al lado lo más lejos posible. Cante a canción cinco veces mientras que hace el movimiento oscilante.

TRONCO EL TORCER: Colóquese o siéntese con las manos detrás de la cabeza, dé vuelta al tronco lentamente de lado a lado. Cinco repeticiones.

CURVAS DEL LADO: Con ambas manos detrás de la cabeza, doble suavemente y lentamente de lado a lado. Repita cinco veces.

CURVA DEL HIP: Ponga sus manos en sus caderas

TORCEDURA DEL HIP: Ponga sus manos en sus caderas. Tuerza su cuerpo a la derecha y entonces a la izquierda. Cuando usted tuerce, mueva los sus brazos y cabeza también. Repita cinco veces.

PIERNAS Y PIES Todavía siéntese y despida sus pies en el piso, primer un pie, entonces el otro. Repita tan largo y ayune y difícilmente como usted puede. Siéntese con sus pies planos en el piso. Primero levante sus talones del piso, pero limite sus dedos del pie y después levante sus dedos del pie del piso, guardando sus talones en el piso. Repita diez veces, después haga otra vez en un movimiento oscilante. Amplíe las piernas; tire de los dedos del pie hacia usted. Sec del asimiento 5. Dedos del pie del punto. Sec del asimiento 5. Cinco repeticiones.

RELAJACIÓN TECNIQUES RELAJACIÓN PROGRESIVA Mentira comfortablemente en su parte posterior en un ambiente reservado. Permítase que haga pasivo. Comience tomando algunas respiraciones profundas y después relajándose en su ritmo de respiración natural. Tense y lance los grupos de músculos uno a la vez, incluyendo sus manos; brazos; cabeza y cara, incluyendo quijada, boca, ojos y la frente; hombros, pecho y cuello; abdomen y nalgas; piernas y pies superiores. Note como lo que siente la tensión mientras que usted contrata cada grupo del músculo. Entonces el foco en la experiencia de dejar va de esta tensión mientras que usted relaja progresivamente a partes de su cuerpo. Permita que la tensión flote de sus músculos como usted los deja ir tan blandos como usted puede. CUENTA DE LAS RESPIRACIONES Primero, hágase cómodo en su silla. Mantenga su parte posterior recta. Intente no moverse durante el ejercicio. Ponga sus manos en sus muslos o en su regazo con sus pulgares juntas, proporcionando una cierta tensión en ese punto así que usted no irá a dormir. Ciérrese los ojos. Ahora, tome una respiración profunda, lenta., como usted inhala, cuentan uno a se. Entonces, exhale lentamente hasta el final hacia fuera, contando dos a se silenciosamente. Otros inhalan son tres, hacia fuera son cuatro. Respiraciones reservadas, lentas (su respiración se convertirá en gradualmente más trago). En en cinco, hacia fuera en seises. En, siete, hacia fuera, ocho. En en nueve, hacia fuera en diez. Cuenta de la subsistencia. Cuando usted consigue a diez, comience encima a la una. Retárdese, las respiraciones naturales. Si usted pierde cuenta, comience encima a la una. Apenas cuente sus respiraciones. Si viene un pensamiento, no lo deje arraigarse. Dejado para pasar encendido a través como si fuera una brisa apacible que pasaba a través de su pelo. Apenas cuente sus respiraciones. Comience a practicar esta técnica cinco a diez minutos al día y aumente gradualmente la época de adaptarse a sus necesidades. Cuando usted acaba este ejercicio, pregúntese que, "cómo lo hago siento?" Lleve a cabo sus piernas del piso y recto hacia fuera en frente. Señale sus dedos del pie hacia fuera lejos de usted tienen gusto de un bailarín y se mueven los pies hacia arriba y hacia abajo en un movimiento que camina. El muslo del aumento uno de la silla tan arriba como usted puede entonces ponerla detrás traga en la silla. Repita cinco veces. Amplíe una pierna y gírela cinco veces en una dirección y entonces cinco veces en la otra dirección. La pierna levantar-levanta el derecho hacia arriba y hacia abajo cinco veces entonces cinco veces en la otra dirección. Lleve a cabo sus piernas en los tobillos. Relaje totalmente la pierna superior y levante con la pierna inferior. Repita cinco veces. La rodilla levantar-Levanta cada rodilla cinco veces hacia pecho. El talón Levantar-Levanta los talones arriba y abajo de cinco veces cada uno. Las piernas de la torcer-Tenencia del tobillo hacia fuera, giran los tobillos primera una dirección a la cuenta de 5, entonces la otra. Cinco repeticiones. AHORA LA CURVA ADELANTE TIENE GUSTO DE UNA MUÑECA DE TRAPO. DEJE SU CAÍDA DE LOS BRAZOS. JUEGOS Y CLIENTES DE LAS ACTIVIDADES FÍSICAS SACUDIDA DEL BOLSO DE LA BOLA Y DE HABA: Sacudida alrededor en un círculo Sacudida debajo o por todo lo alto Sacudida, despedida, rodillo, retroceso a una blanco PERSIGA

LA BOLA: EQUIPO: Dos bolas de goma que son diversos colores.

DESCRIPCIÓN: Jugadores de un círculo que se sienta. Las bolas coloreadas se dan a los jugadores en los lados opuestos del círculo. Las dos bolas se pasan alrededor del círculo, una bola que intenta coger el otro.

EL BOLSO DE HABA LIMPIA: EQUIPO: mitad de tantos bolsos de haba como jugadores. DESCRIPCIÓN: Arregle dos equipos uno en cada lado de la línea divisoria. Divisoria bolsos de haba. En la primera señal tenga los jugadores lanzar los bolsos de haba al otro lado. Continúe lanzando bolsos de haba detrás hasta la segunda señal. El lado con el poco triunfo de los bolsos.

BOLSO DE HABA EN CÍRCULO: EQUIPO; Un bolso de haba para cada jugador. ESCENA: Cualquie superficie dura lisa; marcado como se muestra. DESCRITPION: El soporte de los jugadores 4-8 pies lejos de una blanco doble del círculo dibujada en los bolsos del área de juego y de haba de la sacudida en la blanco. Un aterrizaje del bolso de haba en el círculo externo anota un punto mientras que uno que aterriza en el círculo íntimo anota dos puntos. El jugador con la mayoría del triunfo de los puntos. Puede ser jugado en equipos.

BOLA QUE PASA EL RELAIS: EQUIPO: Una bola por el equipo. DESCRIPCIÓN: Divida al grupo en los equipos iguales arregló uno detrás del otro. El sentarse abajo o de lado a lado. El primer jugador de cada equipo celebra la bola y en la señal VAN los pasos la bola al jugador siguiente y en el extremo de la línea de ganar. BOLA DEL PASO GRANDE DEL CÍRCULO; EQUIPO: Una bola DESCRIPCIÓN: Círculo de la forma s de los jugadores que se sienta; las piernas son paso grande y los pies tocan los de sus jugadores colindantes. La bola es puesta en juego golpeándolo a mano para ir canal las otras piernas de los jugadores. Entonces eliminan a este jugador, volviendo cuando eliminan al jugador siguiente.

RELAIS DE LA ROPA: EQUIPO: Dos sacos de la tienda de comestibles, cada uno con un sistema de ropa vieja grande: artículos simples que pueden ser puestos mientras que se sientan para cada equipo. O un bolso para cada jugador. DESCRIPCIÓN: Para ser el primer equipo a vestirse y a desnudar.

RELAIS DE LA GALLETA DE SODA: EQUIPO: Dos galletas de soda por jugador. DESCRIPCIÓN: Dividen a los jugadores en los equipos. Cada dan los jugadores dos galletas de soda. El primer jugador en cada equipo come sus galletas. Tan pronto como él pueda, él intenta silbar. Cuando el primer jugador del equipo ha silbado, el segundo jugador puede comenzar a comer sus galletas. El juego continúa hasta que la persona pasada haya silbado.

CUCHARA HACIA FUERA EQUIPO: 2 blindfolds, bolas de algodón, 2 cucharas grandes, 2 tazones de fuente grandes, y reloj o reloj con la segunda mano. DESCRIPCIÓN: Todas las bolas de algodón se colocan en un tazón de fuente. El tazón de fuente lleno y el tazón de fuente vacío colocado de lado a lado en la tabla. Asientan en la tabla, después ciega a un jugador doblado. A le se permite sentir donde los tazones de fuente es delante de él una vez, después le dan una cuchara, y debe intentar mover tantas bolas de algodón como sea posible desde el tazón de fuente lleno, dentro de un límite de tiempo. Cada jugador toma una vuelta. El jugador que consigue la mayoría de las bolas de algodón en el tazón de fuente gana.

TIRO DE COOTON DESCRIPCIÓN: haga una marca, y vea quién puede lanzar la bola del algodón el más lejano. GLOBOS MUSICALES EQUIPO: Globos, bastantes para todos sino un jugador. Un jugador de registro. DESCRIPCIÓN: Los jugadores se sientan en un círculo, todo sino uno que sostiene un globo, otro globo, otra persona están a cargo de la música. Cuando la música comienza los globos se pasan en la misma dirección. Cuando la música para el jugador sin un globo en su mano está fuera del juego. Sombreros musicales: Iguales que arriba.

APLAUSO DESCRIPCIÓN: Mientras que una persona está fuera del cuarto, las otras deciden lo que él debe hacer cuando él vuelve. Ex. Rasguñe su cabeza, sacudida alguien mano. Cuando la persona vuelve, las otras comienzan a aplaudir lentamente. Mientras que la persona consigue más cercano a la realización aplauden más rápidamente, o más lento si ellas. No esté cercano. CONJETURE LA ESPECIA EQUIPO: Ocho o más especias, tazas de papel, papel, dibujan a lápiz una muestra de cada especia se colocan en un envase abierto, no marcado. Cada envase se marca con un número. Una lista principal se hace de los números y de sus especias correspondientes. Cada especia es pasada alrededor para que cada cliente examine por la vista y no huela solamente ninguna prueba permitida. Entonces escriben en sus papeles los números de los envases de la especia y qué especia piensan cada uno son. Las respuestas correctas se leen en la lista principal y los jugadores corrigen sus propios papeles. El ganador es el jugador con las respuestas más correctas.

CUÁL ESTÁ EN EL BOLSO EQUIPO: Por lo menos 10 bolsas de papel, un utensilio de la cocina para cada bolso. Papel y lápiz para cada jugador. Coloque por adelantado cada utensilio en un separado, numerado bolso y sello. DESCRIPCIÓN: Cada bolso se pasa alrededor del círculo. Después de sentir el exterior del bolso, cada jugador anota el número del bolso y de su conjetura correspondiente en cuanto a cuál está adentro. El ganador es el jugador con las conjeturas más correctas. Juego del globo EQUIPO: Globos, cerca de 15-20 una persona. DESCRIPCIÓN: Para ver cuántos globos puede sostener una persona usando sus brazos, piernas, barbilla, etc. en una cantidad de tiempo dada. ROMPECABEZAS EQUIPO: Un rompecabezas simple para los equipos de 2-4 jugadores. Una caja baja para caber cada rompecabezas para moverse. DESCRIPCIÓN: No prohiben cada grupo 10 minutos para trabajar el rompecabezas, él entonces está. Pasado en el grupo siguiente. El primer grupo para acabar un rompecabezas gana.

NO CRUCE SUS PIERNAS DESCRIPCIÓN; Durante una actividad o un partido como cada jugador es piernas el cruzar cogidas que él está hacia fuera. El último para no cruzar sus piernas gana. BURBUJAS DE JABÓN EQUIPO: Burbujas y sopladores de jabón para dos o tres DE-SCRIPCIÓN: Para ver quién puede soplar burbujas la distancia más grande abajo de una tabla.

CUADROS DE LOS AYERES EQUIPO: Una fotografía vieja de cada jugador. DESCRIP-CIÓN: Quién puede emparejar encima de los cuadros más correctos.

CURIOSIDADES PERSONALES EQUIPO: Papel y lápices, pequeño bolso o tazones de fuente. DESCRIPCIÓN: Cada jugador anota brevemente tres acontecimientos de los hechos, experiencias a partir de su vida que él espere sea desconocido a cualquier persona en el grupo. Los papeles se doblan y se recogen en el tazón de fuente. Una persona alcanza adentro para un papel y lee los tres hechos. El jugador a los lectores derechos comienza a conjeturar y continúa hasta que cada uno haya nombrado alguien que él piensa .it. La persona correcta se revela y después tiene la opción a elaborar en sus hechos. La persona que conjeturaba correctamente escoge al jugador siguiente.

JUEGOS DE TARJETA RUMMY CORAZONES Rummy quinientos Corazones de gato negro Rummy salvaje del gato Gatos rojos del corazón Rummy de ginebra Corazones del punto VIEJA CRIADA PALMADA GATO ANIMALES SOLITARIO CRIBBAGE PÓKER JUE-GOS DE LOS DADOS ALREDEDOR DEL PUNTO COOTIE DEBAJO Y SOBRE DE SIETE AS EN EL POTE COCHE

BAZAR DEL DELANTAL
LANAVIDADBOTIQUESUBASTADELELEFANTEBLANCOVENTADEGARAGE
VENTA DE BÚSQUEDA
LIBRO PREFERIDO DE LA RECETA CUEZA
AL HORNO LA VENTA CENA DEL CHILE
DESAYUNO DE LA CREPE SOCIAL DE LA EMPANADA DESAYUNO DEL ES-
 PAGUETI
SOPORTE DEL PERRITO CALIENTE

ASSESSMENT/EVALUATION

El administrador junto con la enfermera tendrá responsabilidad primaria de la evaluación de actividades previstas. 1. guardará en archivo una forma de gravamen del interés de la actividad para cada cliente. 2. guardará en archivo un plan de actividad individual del cliente. 3. guardará en las formas del documento del archivo para los horario de actividad, la participación de los clientes y las evaluaciones. 4. tendrá una caja de sugerencia del cliente/de la familia. ARTRITIS La artritis es una inflamación o una hinchazón de un empalme. En la mayoría del caso, ocurre gradualmente. La mayoría de las formas son crónicas, durando por años. En mayores, las dos formas mas comunes son osteoartritis y reumatoides. La causa subyacente de la artritis no se sabe, pero el efecto sobre los empalmes y el dolor pueden ser substanciales. El cliente pudo quejarse por el dolor, el hinchamiento, la tiesura (especialmente por la mañana o después de una siesta), y el dolor de varios grados. La ciencia médica ha desarrollado algunas buenas medicaciones para combatir artritis. El éxito de estas medicaciones varía de cliente al cliente. Es imprescindible guardar el peso. Ejercite, adiete, y el resto adecuado puede ayudar en la custodia de los síntomas en un mínimo. OSTEOARTRITIS La forma más común de artritis es osteoartritis. "Osteo" significa el hueso, y "es" inflamación de los medios. Ésta es una enfermedad de empalme degenerativo que produce tiesura o dolor en los dedos o en empalmes del cojinete de peso, tales como rodillas, caderas y la espina dorsal. Sobre el 75% de los mayores en América son afectados de una forma u otra por esta enfermedad. ARTRITIS REUMATOIDE La artritis reumatoide puede afectar a casi todos los empalmes. La inflamación crónica deformirá un empalme causando adherencias pegajosas. Estas adherencias se convertirán en tejido de la cicatriz y endurecerán eventual. La víctima pasará con períodos de "instinto sube", dejando cada vez más daño cada vez, si no arrestado. Las mujeres son tres épocas afectadas más con frecuencia que hombres. El inicio de la enfermedad comienza generalmente en los pequeños empalmes en las manos y los pies. ARTHRITTIS Y ENFERMEDAD RELACIONADA Principales quejas: Comprobación: DOLOR DE DOLOR EN EMPALMES UTILICE ES LIMITADO TEJIDOS INFLAMADOS ALREDEDOR DE EMPALMES CANSANCIO ROJEZ TIESURA CALOR EN ÁREAS COMUNES LA "UPS SEVERA DEL INSTINTO" SE DEBE DIVULGAR SIEMPRE AL MÉDICO EMOCIONAL: Porque esto es generalmente una enfermedad crónica, las víctimas pueden exhibir síntomas emocionales tales como depresión, irritabilidad, y desamparo. (Véase la enfermedad crónica para más ejemplos)

EXTREMIDADES PARA ASISTIR A UNA PERSONA CON ARTRITIS Y ENFERMEDADES RELACIONADAS: a. Tenga el médico de asistencia diagnosticar el problema y la carta recordativa. Cerciórese de que el cliente siga régimen prescrito de la medicación. b. Cerciórese de que el cliente esté consiguiendo la dieta, el ejercicio y, y el sueño apropiados. Anime la gama de ejercicios de movimiento. c. Adapte las necesidades vivas de modo que el cliente pueda hacer frente tanto para el uno mismo como sea posible. d. Cerciórese de que la ropa esté manejada fácilmente. El Velcro se puede poner en vez de los botones. Cerciórese de los zapatos y los deslizadores cabidos correctamente y dé la ayuda adecuada. El equipo adaptante de la consumición (CON LOS PROTECTORES GRANDES de la MANIJA O de la PLACA) puede ser utilizado. Corte la carne del cliente en pequeños pedazos del tamaño de la mordedura. Terapia física según lo prescrito por el médico. El terapeuta puede administrar un tratamiento térmico que pueda ser provechoso. LAS DUCHAS O LOS BAÑOS CALIENTES PUEDEN SER PROVECHOSOS. GOUT El Gout es causado por un defecto en el ácido úrico. El cuerpo no elimina este residuo de la orina. Actualmente, la causa para esto es desconocida. Demasiado alcohol o vitamina C puede causar más ácido en la orina; él debe ser evitado. El Gout puede causar dolor y la hinchazón en los empalmes y tiene períodos de "instinto sube" que causen mucho de dolor. Las medicaciones para la prevención y los ataques agudos se prescriben a menudo.

FRACTURAS Y REEMPLAZOS DEL HIP

Las fracturas de la cadera son una del tipo más común de fracturas que ocurren en los ancianos. La cadera es una articulación de rótula. La fractura resulta generalmente a partir de una caída. La caída puede causado por disparar o el pie equivocado pero puede ocurrir, por ejemplo, del escalonamiento de un encintado o de una escalera. La osteoartritis y la artritis reumatoide pueden ser extremadamente dolorosas y afectar seriamente a las capacidades físicas de la víctima. En estos tipos de casos muchas veces un reemplazo de la cadera se realiza. Si se indica una cadera, el médico recomendará a menudo a la persona tiene tratamiento de la fisioterapia. Cuanto más fuertes son el los músculos y común rodeando la cadera son, mejor el resultado será de la cirugía. El cirujano puede substituir la cadera pero no los músculos, los tendones y los ligamentos. Los componentes artificiales, un zócalo, la bola y el eje componen las prótesis para substituir las piezas desertadas. El éxito es mismo colmo y la tarifa de recuperación es generalmente muy buena. La terapia física y ocupacional puede asistir al cliente en la vuelta a un nivel normal de funcionamiento. A menudo, los dispositivos adaptantes pueden ayudar a actividades de la facilidad de la vida diaria. Es importante que el cliente entienda que pueden no caminar tan bien como ellos había esperado a. El área de la cadera será dolorida. Tardará tiempo para establecer fuerza en la cadera. El médico y el terapeuta físico determinarán si una persona utilizará un caminante o las muletas. Las muletas se prefieren generalmente cuando no hay otros problemas médicos a considerar porque permiten para que un patrón que camina normal sea establecido. En cualquier momento, incluso los años más adelante, una prótesis de la cadera puede desplazar o llegar a ser defectuosa de cierta manera. Sucede raramente, pero puede ocurrir. Si un cliente se queja por dolor en el área, busque la atención médica. DESORDENES GASTROINTESTINALES Los desordenes gastrointestinales son esos enfermedad o enfermedad relacionada con el sistema digestivo. Los ejemplos mas comunes que afectan a los ancianos son como sigue: Estreñimiento Diarrea Úlceras pépticas Ardor de estómago y indigestión Diverticulitis Hernia del hiato Síndrome de intestino irritable Colitis I Iemorrhoids ESTREÑIMIENTO Muchos mayores sufren del estreñimiento debido a su uso de las medicaciones de la prescripción como asesinos de dolor y de las medicaciones legales tales como estreñimiento. El estreñimiento se puede describir como la inhabilidad y/o la dificultad de pasar un taburete. El taburete es generalmente duro y seco. La medicación se intenta generalmente para asistir al proceso de la eliminación. Si el taburete no se elimina con éxito, un impacto puede ocurrir. El impacto se define como gran cantidad de duro o el taburete suave generalmente en el intestino grande, de que la persona no puede pasar. Esto puede llevar a una situación peligrosa para la vida en la cual la cirugía pueda ser requerida. Un ASP (profesional apropiadamente experto) puede realizar un examen rectal y entrar en contacto con al médico de asistencia para que las órdenes intenten un enema o quiten físicamente el impacto. MUESTRAS Y SÍNTOMAS: Muestras físicas: Síntomas: Taburete granoso que se escapa Incapaz de eliminar y de tener impulso constante Dilatado Dolor en abdomen y recto & firme; abdomen blando Náusea y pérdida de apetito Fiebre de la calidad inferior Señal de socorro emocional

EXTREMIDADES EN LA PREVENCIÓN: 1. Tenga el diario de la pista de la subsistencia del cliente de la actividad del intestino 2. Dieta y ejercicio apropiados 3. Horario regular de la eliminación (45 minutos después de una comida trabajan bien) La fibra puede ayudar en la prevención del estreñimiento. Los cereales enteros del grano, las frutas y verdura frescas, los zumos de fruta y el pan del trigo integral son buenas fuentes de fibra. Las pasas y el jugo de la pasa son sanos - los laxantes naturales. Mucha gente atestigua al jugo caliente o caliente de la pasa que es extremadamente eficaz. Otros tipos de laxantes tales como aceite de ricino, Bisacodyl, Ducolax, leche de la magnesia y Cascara.

DIARREA Ciertas medicaciones pueden causar diarrea, pero la diarrea es causada lo más a menudo posible por una infección o alergias alimentarias. La diarrea es eliminación frecuente de taburetes acuosos. La tensión puede también ser factor primero en causar diarrea. El obstaculizar riguroso puede ocurrir antes y durante de un ataque de la diarrea. Si el alimento no se almacena, se prepara o no se maneja correctamente, la intoxicación alimentaria puede ocurrir. Esto es prevenida fácilmente por el entrenamiento apropiado del personal dietético, de las políticas fijadas y de los procedimientos con respecto el saneamiento, cocinar, almacenaje y la dirección de los alimentos. Si se sospecha la alergia alimentaria, el médico de asistencia puede realizar pruebas para investigar más lejos y consejo a la dieta apropiada.

MUESTRAS Y SÍNTOMAS Comprobación: El obstaculizar Urgencia Taburete acuoso Frecuencia Flatulencia CÓMO ASISTIR: Dieta líquida clara (si usted no puede verla a través, no es líquido claro). Como la persona mejora, agregue: El agua del arroz, el plátano maduro, la crema del trigo o el arroz, evitan el & de las grasas; alimentos picantes, o sobre los remedios contrarios. Si persiste el problema búsqueda aconseje del médico de asistencia. TOME LAS MEDIDAS PARA PREVENIR LA DESHIDRATACIÓN. SI OCURRE LA DESHIDRATACIÓN, ENTRE EN CONTACTO CON AL MÉDICO INMEDIATAMENTE O BUSQUE LA ATENCIÓN MÉDICA INMEDIATA. ÚLCERAS PÉPTICAS Las úlceras pépticas son zonas abiertas en la guarnición de los intestinos, del estómago o del esófago superior. Debido a un desequilibrio de las ayudas digestivas naturales, de los ácidos crecientes y de las enzimas del cuerpo puede hacer úlceras convertirse. El dolor puede ser severo y/o el eructo puede ocurrir. Ahora hay varias medicaciones que pueden curar y mejoran una condición de la úlcera. La dieta apropiada, los niveles de tensión reducidos, y evitar fumar pueden ayudar a prevenir úlceras o reoccurrence. GUÁRDESE: ALGUNAS MEDICACIONES PUEDEN CAUSAR ÚLCERAS PÉPTICAS ARDOR DE ESTÓMAGO Y INDIGESTIÓN El ardor de estómago y la indigestión ocurren cuando los ácidos de estómago sostienen al esófago. La regurgitación puede ocurrir. Si esto es un problema crónico el cliente debe ser visto por el médico de asistencia. Los antiacidos deben solamente estar dan por las pedidos del doctor. PREVENCIONES DEL ARDOR DE ESTÓMAGO Y DE LA INDIGESTIÓN 1. Evite los alimentos ácidos y grasos. 2. Evite las bebidas carbónicas y caffeinated 3. Pare el fumar 4. Cocine las frutas y verdura 5. Reduzca la tensión

DIVERTICULITIS

Diverticuli es pequeños bolsillos sac-like formados en la pared del intestino grande. Esto es una enfermedad excesivamente común en los ancianos. Muchas personas con diverticuli no tienen ninguna síntomas. Otros, desafortunadamente, tienen muchos. La diverticulitis es la inflamación del diverticuli. Esto ocurre cuando los bolsillos sac-like se llenan de heces, de semillas o de tuercas. Los síntomas son dolor, diarrea y/o estreñimiento, el vomitar y náusea. Si un cliente está sufriendo de estos síntomas, él debe ver a su médico. Como tratamiento en curso para la diverticulitis, las altas dietas de la fibra se recomiendan a menudo.

HERNIA

Una hernia se define como saliente anormal de un órgano a través de una pared débil en la cavidad de cuerpo. El tipo más común de hernia ocurre en el área de la ingle. Una hernia del hiato es el estómago que resalta parcialmente en la cavidad de pecho debido a el hiato (la abertura en el diafragma) que es demasiado ancho. Esta condición puede causar ardor de estómago, la indigestión y la regurgitación. LAS PRECAUCIONES PARA LA HERNIA SUFREN: 1. Coma lentamente y mastique el alimento totalmente 2. Beba los líquidos aparte de mealtimes 3. Evite las bebidas carbónicas 4. Evite comer excesivamente 5. No coloque inmediatamente después de una comida; es el mejor esperar dos horas antes de retirarse. Mantenga el jefe de la cama elevado levemente. 6. No use los artículos demasiado firmemente en el área del estómago. SÍNDROME DE INTESTINO IRRITABLE El síndrome de intestino irritable es uno de la enfermedad del "vigésimo siglo". Las víctimas tienen síntomas de los calambres y de la diarrea causados por espasmos en los intestinos grandes. Esto también se llama los dos puntos espásticos, e intestino nervioso. La inflamación de los dos puntos (colitis) puede ocurrir. Cuando esta enfermedad llega a ser crónica, las úlceras pueden ocurrir y complicar la condición. La tensión, la dieta, y la alergia alimentaria pueden causar o contribuir al síndrome de intestino irritable. Sin embargo, no hay prueba concreta en cuanto a la causa real. En caso severo, los tipos anticolinérgicos y sedativos de medicaciones pueden ser prescritos.

HEMORRHOIDS

Los Hemorrhoids pueden ocurrir internamente o externamente en el área del recto/del ano. Duela, quemando, picando, y una pequeña cantidad de sangría puede ocurrir. El estreñimiento o la presión crónico sobre las venas de la cavidad del recto creará hemorrhoids. Una buena manera o presión de describir hemorrhoids es varices del recto. Otras causas que contribuyen son uso excesivo de laxantes, obesidad, desordenes del hígado, y tumores rectales. Las altas dietas de la fibra harán el proceso de la eliminación más fácil, así relevando la presión en el recto. En casos severos, la cirugía puede ser necesaria. El médico de asistencia puede prescribir sienta baños, los suppositories o los ungüentos tópicos. Si los suppositories son necesarios y el cliente no puede hacer a uno mismo para cuidar un ASP (profesional aproximadamente experto). Puede asistir.

ENFERMEDADES RESPIRATORIAS ENFISEMA

El tabaquismo es la causa del número uno del enfisema. Está raramente el enfisema heredado. Es desarrollo comienza temprano en vida, pero los síntomas aparecerán en los años posteriores. El enfisema es una enfermedad pulmonar en la cual los alvéolos (sacos de aire en los pulmones) se dañan al punto donde pueden sostener no más el aire. La víctima del enfisema será cortocircuito de la respiración. El edema y la bronquitis crónica acompañarán a menudo enfisema. Una persona con este desorden puede desarrollar una tos crónica persistente y un wheeze. No hay curación para el enfisema; los tratamientos ayudan solamente a relevar alguno de los síntomas. El tejido pulmonar dañado no puede ser substituido. El tratamiento incluye la restricción del producto del sodio en la dieta. Pues la condición llega a ser más severa, la persona tendrá que utilizar un equipo de la cánula y de oxígeno. ASMA El asma es una enfermedad que comienza generalmente en niñez temprana, pero puede ocurrir en cualquier edad. Tiene una tendencia a aclarar por los años adultos tempranos. La clase más familiar de asma es asma bronquial. Hay dos tipos básicos de asma bronquial. Extrínseco, es el tipo que es traído encendido por una reacción alérgica como fiebre de heno. Lo intrínseco es el segundo tipo y viene generalmente más adelante en vida y es traído a menudo solamente por una infección de las vías respiratorias, tensión de los problemas emocionales, ansiedad, y similares. Los ataques de asma pueden variar de malestar suave a la falta respiratoria. Los síntomas principales wheezing, brevedad de la respiración, una tos seca, y una sensación apretada en el pecho. Las medidas preventivas se pueden tomar los buenos resultados; sin embargo, no hay curación para el asma en este tiempo. La inmunoterapia puede ser realizada pero su éxito es limitado. Las drogas más de uso general en el mercado son hoy drogas (preventivas) profilácticas y drogas inhaladas del corticoesteroide.

PLEURISY

Pleurisy es una inflamación de la guarnición de la membrana en los pulmones. La pulmonía viral es una causa posible. Pleurisy hace dolores agudos ocurrir con cada respiración. Pleurisy se puede tratar generalmente con eficacia con los antibióticos. PULMONÍA La pulmonía es una infección causada por los virus y/o las bacterias, implicando la guarnición de la membrana. Las dos clases principales son pulmonía lobular y bronconeumonía. La inflamación en tomas de la bronconeumonía celebra en los bronquios y el bronchiolus (pasos de aire en los pulmones) pero por otra parte las extensiones y puede implicar eventual ambos pulmones. Los síntomas incluyen la fiebre, frialdades, brevedad de la respiración, dolores de pecho al respirar, una cantidad creciente de esputo que sea generalmente verde o de color verde amarillo en color, y pleurisy. Tylenol o Aspirin (si está permitido) ayudará a reducir la fiebre. Los antibióticos y/o la voluntad antihongos cuidan generalmente pulmonía.

OBSTRUCCIÓN PULMONAR

El tipo común de obstrucción pulmonar es embolia pulmonar (coágulo). La embolia es un coágulo de sangre que se ha roto libremente de su lugar del origen, generalmente por dentro de una pierna. La embolia viajará a través de la circulación sanguínea hasta que encuentre un área más estrecho que sí mismo. Lo más a menudo posible, esto estará en el corazón o los pulmones. Los síntomas incluyen los vértigos, dolores de pecho agudos al respirar, brevedad rápida del pulso de la respiración, y de toser para arriba sangre. El uso de drogas thrombolytic puede ser un tratamiento eficaz. Si la embolia es bastante pequeña de tamaño, después los anticoagulantes se pueden utilizar para disolverlo. La cirugía puede ser necesaria si el émbolo (coágulo) es muy grande.

DIABETES

Hay dos tipos de diabetes. El tipo 1 es insulina-dependiente y tipo - 2 es no-insulina-dependientes. A menudo, se refieren como "juvenil-inicio", insulina-dependiente, o "adulto-inicio", no-insulina-dependiente. Ambos tipos de diabetes pueden ocurrir en cualquier momento, pero comienzan generalmente en la edad la asociaron. La diabetes es un resultado de un defecto en el metabolismo del azúcar (glucosa). El azúcar y los almidones (carbohidratos) se cambian en la glucosa y entran en la circulación sanguínea. Una vez que una persona desarrolla la diabetes, es generalmente una enfermedad crónica, durando para los restos de la vida. El tipo 1, diabetes insulina-dependiente, comienza durante niñez y es causado generalmente por una producción escasa de, o una falta completa de producir la insulina. La insulina es producida normalmente por el páncreas. Es una hormona que regula el uso del cuerpo de la glucosa. Si el cuerpo de la persona produce demasiado poco, o ningúno, deben tener diario de la insulina (a veces varias veces al día). ¡Si no consiguen la insulina, el cuerpo llega a ser hyperglycemic –

DEMASIADO AZÚCAR!

Esto puede ser extremadamente peligroso, posiblemente fatal. Tipo - 2, diabetes no-insulina-dependiente, es controlado generalmente por dieta y/o la medicación oral. El inicio está generalmente durante Edad Media. Es más común en mujeres que en hombres. Sobre un tercero del tipo - 2 diabéticos pueden ser tratados con éxito por dieta sin ninguna medicación. Si la persona sigue la dieta prescrita por el médico, consigue resto, y consigue el un montón de ejercicio, pueden poder vivir medicación "libre". Con ambos tipos de diabéticos, la supervisión debe ser hecha. Un ASP (profesional apropiadamente experto) del servicio médico casero local puede supervisar al cliente y Seguro de enfermedad paga generalmente él. Las visitas rutinarias del doctor deben ser atendidas. Recuerde siempre que el cliente necesita darse la inyección de la insulina, o puede ser hecha por un SP. Si el ASP lleva a cabo el servicio, cerciórese de le subsistencia el nombre, el plan, y los servicios del ASP documentados exactamente.

HIPERGLUCEMIA

La hiperglucemia ocurrirá cuando hay demasiado azúcar (glucosa) en la corriente de la sangre. La acumulación es generalmente un proceso gradual. Usted puede observar a menudo que las muestras o los síntomas que indican el azúcar están en la subida. Muestras y síntomas: Hambre excesiva Urination frecuente Debilidad Dolor de músculo Dolor o el vomitar abdominal Rapid profundo que respira Confusión Cambios emocionales Prevención: Dieta apropiada Ejercicio Análisis de sangre rutinarios para el nivel de la glucosa

HIPOGLUCEMIA

Éste es el término usado para el azúcar de sangre bajo. Esto puede llevar rápidamente a un estado crítico o a una muerte. Es causada sobre todo por demasiada insulina, infección, una carencia del alimento o ejercicio excesivo. Síntomas:

Debilidad, Sudoroso, & de los temblores; Sacudida, Dolores de cabeza, Hambre, Cambios de la personalidad La hipoglucemia puede dar lugar a asimiento o a coma. SI ES INCONSCIENTE, LLAMADA 911 Si es consciente, busque la atención médica inmediata. El ASP o el cliente debe comprobar el nivel de azúcar de sangre. Si el nivel del azúcar es 40 o más bajo, tenga el cliente consumir uno del siguiente: 4oz a 6oz Zumo de manzana 4oz a 6oz Zumo de naranja 4oz a 6oz Refresco (no dieta) 1 cuchara de sopa Jalea de uva 1 cuchara de sopa Jarabe de maíz VUELVA A INSPECCIONAR EL NIVEL DE AZÚCAR DE SANGRE DESPUÉS DE 5 MINUTOS; SI AÚN ES BAJO, REPITA CON UNA SEGUNDA DOSIS. LLAME AL MÉDICO DE ASISTENCIA CON INFORME Y RESULTADOS. INCONTINENCIA La incontinencia se puede contribuir a la enfermedad, a un problema físico o a la medicación. Muchos mayores tienen un problema de menor importancia de la incontinencia de la salida. Esto es manejada fácilmente por una ropa interior disponible como depende, atiende, cojín incontinente o equivalente genérico. La incontinencia está humillando para la mayoría de los mayores. A menudo, pueden retirarse de la interacción social para evitar la vergulenza. La adherencia de soldadura de la ropa y la ocultación de ropas interiores pueden ocurrir como el cliente puede ser descompuesto también para dejar al abastecedor del cuidado saber. Cerca de 1 en 10 personas sobre la edad de 65 tiene un problema con un cierto grado de incontinencia urinaria. El toser o la risa puede aplicar la presión en la vejiga y causar salida. Es esencial que un expediente de cuando, cuánto tiempo, cuánto y la otra información pertinente se guarde para establecer un patrón, eventualmente, y proporcionar al profesional apropiadamente experto (ASP) una base para la diagnosis. Algunos clientes pueden ser enseñados /ser aprendidos habilidades nuevas por el ASP para controlar sus vejigas. Estando seguro el cliente orina cada 2 horas es generalmente el primer paso en el establecimiento de una rutina. El cliente pudo ser dado instrucciones para hacer algunos ejercicios para mejorar tono de músculo. De vez en cuando, un doctor puede prescribir una medicación para ayudar a incontinency del control.

EXTREMIDADES EN INCONTINENCY

1. Visite a un doctor se cercioran de que el cliente no tiene una infección. 2. Cerciórese de que el tocador sea fácilmente accesible y cerca. Las cómodas se pueden utilizar en la noche si están limpiadas puntualmente y almacenadas lejos durante el día. 3. Anime el producto de los líquidos, especialmente los claros como el agua. 4. Recuerde al cliente ir al lavabo. 5. Cerciórese de que la ropa esté quitada fácilmente.

ENFERMEDAD DE LA PRÓSTATA

Los hombres mayores deben ser comprobados anualmente para saber si hay enfermedad de la próstata. Un examen rectal se puede hacer en la oficina del médico durante una visita rutinaria. La próstata es un pequeño órgano sobre el tamaño de una nuez. Está situada al lado de la vejiga (donde se almacena la orina) y rodea la uretra (el canal a través de la cual la orina pasa del cuerpo). Debido a la gran proximidad a la uretra, una próstata agrandada puede hacer el urination difícil. La prostatitis aguda es la inflamación de la próstata resultando de una infección bacteriana. Puede ser tratada generalmente con éxito con los antibióticos. Cuando ocurre de nuevo la infección continuamente, los antibióticos se pueden utilizar por 3 meses. La condición aclara a menudo por sí mismo, pero los síntomas pueden durar un rato largo. La hipertrofia prostática benigna (BPH) es una ampliación de la próstata. Es causada por los pequeños tumores noncancerous que crecen dentro de la próstata. No se sabe qué causa estos crecimientos, pero pueden ser relacionados con los cambios de la hormona con el envejecimiento. Una próstata agrandada puede, obstruir la uretra y causar eventual la dificultad que orina. El goteo después del urination y el impulso para orinar con frecuencia son síntomas comunes. En casos raros, el cliente puede no poder orinar. En casos severos, la cirugía puede ser necesaria quitar las áreas overgrown o del tumor de la próstata.

INFECCIONES DE ZONA URINARIA

Las infecciones de zona urinaria efectúan generalmente los órganos del riñón, de la vejiga o de la próstata. Los síntomas tienen gusto del urination doloroso, burning o el urination, la fiebre y el dolor frecuentes de la ingle ocurren. La incontinencia puede ser una infección de zona urinaria de la muestra. Un análisis de orina se realiza generalmente para detectar la infección y la causa. En cistitis, la vejiga se inflama de causas bacterianas. La obstrucción, sobre todo en hombres, puede también llevar a la cistitis. El inicio es a menudo repentino. El médico prescribirá generalmente un antibiótico y muchos líquidos. Después de que cerca de 10 días la infección haya disminuido típicamente. Otros problemas como un uréter o una pielitis defectuoso son causas de la infección de zona urinaria. La atención médica debe ser buscada siempre. Las infecciones de zona urinaria son desordenes tratables; sin embargo, si está dejado infecciones no tratadas, crónicas puede llevar al daño permanente. Generalmente la cirugía u otros procedimientos médicos extremos puede ayudar a superar con éxito el problema. Es importante para la carta recordativa con un análisis urinario de la repetición asegurarse que está ida la infección.

ENFERMEDAD CARDÍACA

Hay muchos tipos de enfermedades cardiovasculares. Alrededor la mitad de todos los americanos desarrolla una cierta forma de enfermedad cardíaca. La enfermedad cardíaca puede ser hereditaria. La edad y el sexo de una persona pueden aumentar las ocasiones de la enfermedad cardíaca. Éstos incluyen la reducción de la tensión arterial alta, evitar o el abandono de fumar, y la baja del colesterol de la sangre.

ANGINA

Ésta es la forma más común de enfermedad cardíaca en adultos y mayores. Hay dos tipos básicos de angina. Resultados clásicos de la angina de la arteriosclerasis (endurecimiento de las arterias). Arterioclerosis ocurre mientras que los depósitos grasos se convierten y estorbando transpira. Esto puede convertirse durante muchos años. Cuando se estorba la arteria, la "angina", un llano temporal en el pecho ocurre. La angina variable puede pegar de un espasmo o de una constricción de la arteria coronaria. Cuando el flujo de sangre se corta como resultado del espasmo o de la constricción, la "angina", un dolor muy similar a el de la angina clásica ocurre. La angina inestable es término usado para describir la angina resultando de ambos tipos de angina, ocurriendo por separado en las varias horas. Si el cliente utiliza la nitroglicerina, el estándar es 1 cada 5 minutos hasta 3 dosis. Si ocurre ninguna relevación, llame una ambulancia.

ARRITMIAS

Los golpes del impulso del corazón ocurren 60 a 100 veces al minuto. El número de golpes por minuto se llama el ritmo cardíaco. El ritmo cardíaco puede aumentar con ejercicio o situaciones agotadoras y disminuir con sueño y la relajación. Las arritmias son golpes irregulares distintivos del ritmo cardíaco, originando del corazón. Muchos golpes irregulares de menor importancia de la experiencia de la gente de vez en cuando pero las arritmias distintivas se deben tomar seriamente.

HIPERTENSIÓN

La hipertensión se puede definir como demasiada tensión en las paredes del vaso sanguíneo. La causa primaria de la hipertensión es desconocida, con todo muchos factores pueden aumentar la ocasión de desarrollarla. Las ciencias médicas han probado suficientemente que el fumar, la obesidad, y el uso excesivo de la sal pueden aumentar la ocasión de desarrollar la tensión arterial alta. Muchas medicaciones son acertadas en la custodia de la presión arterial dentro de límites normales; éstos incluyen la diurética, Vasodialators, y a moldes beta.

PARO CARDÍACO CONGESTIVO

El paro cardíaco congestivo (CHF) se causa del paro cardíaco de bombear sangre. El CHF se convierte típicamente gradualmente durante tiempo. Hay muchos tratamientos que pueden reducir los affectos dolorosos y de incapacidades, pero se fueron no tratado, muerte pueden ocurrir. Cuando el bombeo de la sangre por el corazón se reduce, la sangre y el suministro de oxígeno a otras partes del cuerpo se disminuye. Las funciones del cuerpo comenzarán a funcionar incorrectamente. Muchos síntomas pueden ocurrir por ejemplo la brevedad de la respiración, retención de la hinchazón o del agua (edema) y golpe de corazón rápido. La anemia, la deficiencia seria de la vitamina B, la tiroides hiperactiva, y las infecciones bacterianas pueden también causar el CHF. La mediación puede tratar con éxito los síntomas del CHF y la persona puede vivir una vida relativamente normal, pero debe mantener visitas rutinarias al médico de asistencia para la supervisión. Se recomienda más a fondo que el peso del cliente esté comprobado una vez por semana. Específicamente reloj para el hinchamiento de los pies y de los tobillos. Si el cliente ha ganado más de 5 libras, el médico debe ser notificado. Es importante que el cliente tomar la medicación prescrita correctamente y siga una dieta baja del sodio. Otros tipos de enfermedad cardíaca incluyen el siguiente: ASHD Desordenes de la válvula de corazón Fiebre reumática Defectos congénitos del corazón Prolapso de válvula mitral Bradicardia Pericarditis

MOVIMIENTO

La asociación americana del corazón ofrece las estadísticas siguientes sobre movimiento: ♦ El movimiento es la tercera causa de la muerte principal en unido sacia. ♦ Hay aproximadamente medio millón nuevos casos del movimiento cada año. ♦ De éstos, los casi 75% ocurren en personas 65 años o más viejos. ♦ Los movimientos ocurren más con frecuencia en hombres que en mujeres. ♦ La mayoría de las víctimas del movimiento sobreviven. ♦ El veinte por ciento de víctimas del movimiento desarrolla afasia. El movimiento es un término general usado para describir la interrupción del flujo de sangre al cerebro. La cantidad de daño causada por el movimiento dependerá de la severidad y del área afectadas. La mayoría de los movimientos son causados por un coágulo o una hemorragia de sangre. Hay dos tipos comunes de movimientos: Accidente vascular cerebral de CVA y ataque isquémico transitorio de TIA.

CVA - ACCIDENTE VASCULAR CEREBRAL

Cuando ocurre un ataque vascular cerebral, el daño es permanente. Sin embargo, a tiempo, una cierta recuperación puede ocurrir. Muchas más viejas personas tienen el endurecimiento o enangostar de las arterias en el cerebro a un grado o a otro. Esta condición se llama arteriosclerasis. La tensión arterial alta es un factor primero en el desarrollo de la arteriosclerasis. Cuando el endurecimiento o el enangostar es substancial éste puede llevar a la formación del coágulo. Cuando este coágulo ocurre el control de las funciones por esa área se obstaculizan parcialmente o totalmente. Este tipo de movimiento se llama trombosis cerebral y ocurre típicamente durante sueño. Otro tipo de coágulo se llama una embolia. Esto se forma generalmente en el

Esto se forma generalmente en las arterias grandes del cuello. Cuando interrumpe, es llevada por la corriente de la sangre al cerebro, causando un movimiento llamado embolia cerebral. Esto es común en las personas que sufren de un ataque del corazón y sucede lo más a menudo posible cuando una persona es despierta.

HEMORRAGIA CEREBRAL

La clase más seria de movimiento se llama hemorragia cerebral. Este tipo mata al aproximadamente 75 a 90 por ciento de sus víctimas. La hemorragia es el sangrar, cerebral es cerebro, hemorragia cerebral está sangrando en el cerebro. La sangría resulta cuando un aneurysm estalla, interrumpe el flujo de sangre y se derrama hacia fuera sobre los glóbulos circundantes que causan aún más daño. Este tipo ocurre durante las horas el despertar y tiene generalmente otros síntomas como dolor de cabeza, vomitar y la pérdida de sentido.

TIA - ATAQUE ISQUÉMICO TRANSITORIO

Este tipo de movimiento comúnmente se llama un mini-movimiento. Puede causar daño permanente con reoccurrences crónicos. TIA son una señal de peligro definida que algo es inoportunamente. La reducción de la sangre y las medicaciones de la anti-ropa se prescriben a menudo para prevenir un movimiento. Los síntomas de TIA incluyen la visión temporalmente borrosa, dificultades en la comunicación verbal (discurso, lectura y escritura), la coordinación de motor, y dizzy encantos.

SUGERENCIA DE LA PREVENCIÓN:

1. Reduzca la tensión arterial alta, y supervísela regularmente. 2. Coma una dieta apropiada, evite la obesidad. 3. Regularmente ejercicio. 4. Terapia de la medicación, si está necesitado, según lo prescrito por el doctor.

AFASIA DE COMPRENSIÓN

La comprensión de la persona del aphasic es la llave a proporcionar cuidado apropiado. La persona del aphasic es a veces probablemente confusa, pero ése no es el caso. La afasia es el tipo más común de desorden de la lengua en adultos. Es causada generalmente por un accidente cerebrovascular (CVA, o el movimiento). Un movimiento es una interrupción en el flujo de sangre al cerebro. En afasia, esta interrupción sucede en el área del cerebro ese discurso del control. Sobre la mitad de las personas que sufren de un movimiento tenga un grado de este desorden de discurso. La lesión en la cabeza o el trauma puede también causar afasia. El cerebro es separado en dos globos grandes. La derecha y el hemisferio cerebral dejado abarcan las áreas de "pensamiento" del cerebro. Los hemisferios cerebrales se sientan encima del cerebelo, un globo más pequeño que extienda para formar la médula espinal. El discurso es controlado por el hemisferio izquierdo del cerebro, y lesión a los resultados de esta área en afasia. Entre una mitad y una mitad de todo el izquierdo-cerebro producirá un cierto grado de afasia.

EXTREMIDADES EN LA COMUNICACIÓN CON UNA PERSONA CON AFASIA:

1. Nunca acometa a la persona, intento para comunicar en una atmósfera tranquila. 2. Utilice las palabras y las direcciones simples. 3. Dé lo/su un montón de hora de hablar y de animar lo/la a hablar. 4. Utilice los ojos y ningunas preguntas. 5. Dé el refuerzo positivo. 6. Establezca las rutinas y la consistencia en actividades de la vida diaria. 7. En caso de necesidad, utilice a un tablero de la palabra o del alfabeto. La terapia de discurso se puede cubrir bajo SEGURO DE ENFERMEDAD por hasta un periodo de tiempo anual. Algunos servicios médicos caseros pueden proporcionar terapia de discurso en cuidado del cliente.

EL OCUPARSE DE PROBLEMAS DE MEMORIA

1. Establezca una rutina fija, siempre que sea posible. 2. Guarde los mensajes brevemente y los indicó claramente. 3. Dé a direcciones un paso a la vez. 4. Repita el entrenamiento como a menudo cuanto sea necesario. 5. Utilice a los asistentes de la memoria, como los carteles, con la información importante. 6. Para ayudar le/le a recordar su sitio, objetos familiares del uso el suyo/el suyo a casa. 7. Tenga todo el personal, familia, y los amigos repiten las mismas direcciones al entrenar alguien para un problema específico.

PÉRDIDA Y SORDERA DE OÍDO

Muchos mayores sufren de pérdida de oído pero pocos son totalmente sordos. Mientras que crecemos más viejos, los nervios (receptores de los sonidos) disminuyen en eficacia. El resultado es nosotros oye menos. Muchas veces, cera de oído acumulan y bloquean el oído de la audición claramente. En gente verdaderamente sorda, hay cambios físicos en el oído medio. Las infecciones, los defectos de nacimiento o lesión al oído medio pueden causar pérdida de la sordera o de oído. Sabemos que una buena porción de lo que oímos es realmente lo que vemos. Leímos lenguaje corporal inconsciente. ¿Usted ha oído nunca alguien decirle que una persona oye solamente a cuando él quiere? Eso puede ser debido al hecho de que cuando quieren a, son que concentran y que prestan la atención al lenguaje corporal. Pueden oír poco y ver mucho que los iguales que pueden entender. Muchas compañías de la prótesis de oído proporcionarán pruebas de audiencia libres a sus clientes para vender sus audífonos. Desafortunadamente, los audífonos no son cubiertos por Seguro de enfermedad y pueden ser extremadamente costosos. Cuando el cliente está visitando al médico de asistencia, pida que él compruebe el oído del cliente y limpíelos, en caso de necesidad. Si usted tiene un ASP (profesional apropiadamente experto) en el personal, usted puede elegir tener este servicio llevado a cabo para sus clientes sobre una base regular. Recuerde, las personas con alteraciones del oído debe ser hablado a directamente. No grite, sino hable en una voz bajo-ruidosa clara. Reduzca al mínimo los sonidos quebrantadores cuando es posible, como la TV y la radio; cierre la puerta, si es posible. Una prótesis de oído es solamente buena cuando se utiliza y se ajusta correctamente. Generalmente, cuando un cliente primero consigue una prótesis de oído se usa 1 a 2 horas por día. La mayoría de los doctores recomiendan una acumulación gradual del uso. Necesitamos ser pacientes con el cliente y darle ayuda cuando están necesitados.

EXTREMIDADES EN CUIDAR PARA LOS AUDÍFONOS:

A. Compruebe la batería. Ponga la prótesis de oído en su mano y cubierta con su otra mano; debe chillar si la batería es buena. Si la batería necesita substituir, encuentre el pequeño cierre para tirar y para substituir de la batería por el mismo tipo que está en ella. Éstos se encuentran generalmente en cualquier almacén de droga.

B. Compruebe el ajuste. El cliente lo tendrá a menudo demasiado alto o demasiado bajo. Si usted no puede ajustarlo comfortablemente para que haya el cliente, téngalo ver al otorrinolaringólogo.

C. Compruebe la porción del molde del oído y cerciórese de que es limpia. Nunca utilice el alcohol para la limpieza; puede causar las grietas en el molde. D. Tenga el cliente sacar la prótesis de oído al sentarse debajo de un secador de pelo. Tipos de audífonos: A. Molde del oído - más de uso general B. Detrás del oído - mismo acuerdo C. Prótesis de oído de la lente - usada específicamente para las señales de la encaminamiento al buen oído.

PREVENCIÓN DE LAS ENCENTADURAS (DECUBITI)

Para cada hora toma para causar una encentadura, 50 horas de tratamiento es necesario curarla. Una encentadura puede aparecer sobre algunas horas. La piel puede llegar a ser roja después de de 30 a 60 minutos una presión creciente. El área interior de una encentadura es más extensa que el área exterior. Es decir es interior mucho peor que mira afuera. Las encentaduras son causadas por la presión continua sobre un área, que hace que área tener circulación disminuida. La muerte del tejido comienza después de de dos horas una presión. La mejor manera de tratar un dolor de la cama es prevenirla. La autorización prohíbe decúbito en instalaciones de cuidado del cliente a menos que se haya concedido una excepción. OTRO CAUSA: PREVENCIÓN Orina o heces en piel Mantenga al cliente limpio. Acueste las arrugas Hace los linos lisos. Deshidratación Anime el agua y los líquidos Humedezca la piel Acaricie a totalmente seco después de bañar Jabone (uso solamente cuando es necesario) el jabón de la aclaración apagado a fondo ÁREAS A OBSERVAR: Parte posterior de la cabeza Espina dorsal Láminas de hombro Nalgas Codos Frente de rodillas Tobillos Dentro de rodillas Talones de pies Apoyos de la pierna, apoyos traseros, etc. Áreas paralizadas o contratantes donde la piel resuelve la piel. NOTA: Las encentaduras se pueden prevenir en estas áreas por el acolchado.

ENFERMEDAD DE ALZHEIMER

La enfermedad de Alzheimer es una condición progresiva donde el cerebro y la sustancia del cerebro se encoge. En los ancianos, se estima que el 75% de demencia encajona resultado de Alzheimer; los 30% de esos 85 o más viejos son afectados. La causa de Alzheimer es desconocida pero hay varias teorías propuestas. Una teoría es que los efectos de una infección crónica causa Alzheimer. Otro es que el envenenamiento tóxico por un metal tal como aluminio trae Alzheimer encendido. Allí se sabe para ser un nivel reducido de aceytlcholine y de otros productos químicos del cerebro en personas con Alzheimer. Los resultados científicos han probado que Alzheimer es una enfermedad, no una consecuencia inevitable de la edad avanzada. Adultos más jovenes del affecto de la poder de Alzheimer, pero lejos menos con frecuencia que más viejas personas. Los estudios recientes indicaron que el por ciento del 10% a del 20% de los casos de Alzheimer pudieron ser heredados. El inicio de la enfermedad de Alzheimer para la mayoría de personas que sufren de esta condición es en los mediados de los años sesenta con la muerte que ocurre en el plazo de 7 a 10 años. Una persona con Alzheimer ha disminuido eventual las capacidades para el cuidado del uno mismo. Esto aumenta vulnerabilidad a la pulmonía y a otras infecciones que pueden llevar a la muerte. Al principio, el individuo con la enfermedad de Alzheimer experimenta solamente al menor de edad, y el casi imperceptible, los síntomas que se atribuyen a menudo a los trastornos emocionales y a otras enfermedades físicas. Gradualmente, sin embargo, la persona hace más olvidadiza-particular sobre acontecimientos recientes - y esto se puede divulgar por los parientes ansiosos. La persona puede descuidar apagar la estufa, puede colocar mal cosas, puede volver a inspeccionar para ver si una tarea fue hecha, puede durar para terminar una tarea que era previamente rutinaria, o puede repetir preguntas ya contestadas. Pues progresa la enfermedad, la pérdida y los cambios de memoria en personalidad, humor, y comportamiento incluyendo la confusión, la irritabilidad, el desasosiego, y la agitación son probables aparecer. El juicio, la concentración, la orientación, la escritura, la lectura, el discurso, el comportamiento del motor, y el nombramiento de objetos pueden también ser afectados. El patrón del cuidado para las personas con la enfermedad de Alzheimer no está desemejante del cuidado de largo plazo requerido para muchos otros adultos con debilitaciones físicas y mentales crónicas múltiples. En las etapas tempranas y medias de la demencia progresiva, los familiares y amigo proporcionan la mayor parte de el cuidado personal necesario. El mismo patrón ocurre a menudo cuando una más vieja persona tiene cierta otra enfermedad. En él es del sta final y la mayoría debilitante

NIVELES DE DETERIORACIÓN MENTAL CONFUSIÓN SUAVE DEL NIVEL 1.: Declinación notable en memoria y la concentración. De vez en cuando, consigue desorientado en cuanto a lugar y tiempo. Podía conseguir perdido ocasionalmente. Disminuya en el funcionamiento de actividades de la vida diaria. Dificultad en la retención de la información. Olvidadizo y coloca mal pertenencia. Necesita una cierta supervisión mantener estándares vivos. NIVEL 2: DEMENCIA TEMPRANA: Incapaz de recordar algunos nombres del miembro de familia. Dificultad que cuenta al revés. Puede vivir no más solamente - supervisión del general de las necesidades. Necesita de vez en cuando ayuda con actividades de la vida diaria. Inhabilidad de recordar reciente algunas experiencias anteriores. NIVEL 3: DEMENCIA MEDIA: Exhibe períodos de ansiedad y/o de agitación. Puede olvidar nombre del niño o del esposo. Necesita una cierta ayuda con actividades de la vida diaria. Necesidad de mayo de ser recordado para ir al cuarto de baño y donde está el cuarto de baño. Muestras de la demostración de mayo de la inseguridad y/o del comportamiento obsesivo. Puede perder pensamiento durante la línea de conducta. Un ejemplo estaría olvidando el proceso de la consumición durante una comida. Supervisión frecuente total de las necesidades. Puede vivir dentro de una memoria. NIVEL 4: DEMENCIA FINAL Las habilidades de motor disminuidas, pueden no poder caminar o alimentar a uno mismo. Es incontinente. Se deteriora se pierde el discurso, la mayoría de la comunicación. El cerebro no puede decir al cuerpo cuál hacer.

DELIRIO

Los síntomas del delirio se manifiestan generalmente precipitadamente. Pueden ser la muestra de una enfermedad o de una enfermedad subyacente seria que, si no diagnosticado, puedan llevar a la muerte. Describen a una persona delirante según lo confundida y desorientada. Él parece no tener ninguna memoria a corto plazo. Las alucinaciones y los miedos pueden ocurrir. A menudo, la persona paseará o hablará en oraciones desunidas. Si los síntomas son de largo plazo, esta persona puede necesitar estar en un de alto nivel del cuidado. MUESTRAS Y SÍNTOMAS DEL DELIRIO: Emocional: Comprobación: Confusión Desordenes de sueño Ilusiones El sudar Agitación Discurso trepador Capacidad de concentración corta Presión arterial elevada Miedo Porque la persona puede tener una enfermedad o una enfermedad subyacente o puede "freak hacia fuera", es esencial buscar ayuda médica si emergen los síntomas precipitadamente.

ESQUIZOFRENIA

La esquizofrenia varía en su severidad de individual al individuo. Refieren a esos individuos a menudo como locos. Demuestran comportamiento impar y hablan absurdo. Pueden demostrar comportamiento impar y hablar absurdo. Pueden sufrir con falsas ilusiones y alucinaciones. La esquizofrenia se puede controlar generalmente con la medicación y el tratamiento médico. La esquizofrenia parece empeorar o mejorar en los ciclos conocidos como recaída y remisión, respectivamente. A veces, las personas que sufren de esquizofrenia aparecen relativamente normales. Sin embargo, durante una recaída sicopática, no pueden pensar lógicamente y pueden perder todo el sentido de quién son, de lo que están haciendo y donde están. Sus pensamientos son embarullados y caóticos. La esquizofrenia se considera una de las enfermedades más incomprensibles sabidas. Una persona que sufría de esquizofrenia requirió generalmente el tratamiento para el resto de su vivo. Dependiendo del grado de la enfermedad, concerniente a esa persona, él puede, o no puede, ser apropiado para el cuidado del cliente.

INSOMNIO

Básicamente, podemos dividir insomnio en 3 secciones: 1. Insomnio transitorio (1 día a 1 semana); 2. A corto plazo (1 a 3 semanas) y, 3. Crónico (3 semanas o más largos) Cuando un cliente está teniendo problemas el dormir, esté seguro de documentar y de guardar un expediente, así que el patrón, eventualmente, puede ser establecido. El doctor puede determinar y aconsejar mejor cómo asistir a un cliente cuando se proporciona la información precisa. Los tipos y los tiempos que se da la medicación pueden afectar a dormir. ¿El cliente ha comenzado nuevas medicaciones?

Tiene el cliente tenía situaciones agotadoras el ocurrir en su vida. ¿Le tienen calambres de pierna u otros dolores? ¿Hay los problemas ambientales, tales como luz, temperatura, ruido, etc? A veces, un cliente necesita reaseguro. Una taza de té herbario o de leche caliente con alguien a hablar sobre preocupaciones y problemas puede ser toda lo que él necesita. Las condiciones físicas siguientes pueden contribuir al insomnio: COPD (enfermedad pulmonar obstructora crónica) CHF (paro cardíaco congestivo) Ansiedad Asma Artritis La diurética dada en la noche Dolores de cabeza o jaquecas Epilepsia Úlceras Falta de hígado Diabetes Falta de riñón Infecciones Y muchos otros.

DESORDENES DE LA EPILEPSIA Y DE ASIMIENTO

Cuando una persona tiene "encantos", "cabe" o las "convulsiones", estas muestras pueden indicar un asimiento. La mayoría de los asimientos son imprevisibles. Alguna gente tiene asimientos de las causas indeterminadas, otras se ha diagnosticado con epilepsia. La epilepsia se observa para causar un defecto en la transmisión de los impulsos del motor en el cerebro. Los desordenes y la epilepsia de asimiento se pueden controlar generalmente por la medicación y la persona puede vivir una vida relativamente normal. Sin embargo, es esencial que la prueba regular del nivel de medicación en la sangre esté hecha y evaluada periódicamente. Las bebidas que contienen el alcohol deben ser evitadas. ASIMIENTOS DEL MAL MAGNÍFICO A veces un cambio del humor o las pequeñas contracciones puede indicar un asimiento posible. La persona se cae generalmente, si no prevenido de hacer tan. Una pérdida de sentido y las convulsiones ocurren, durando a partir dos a cinco minutos. Los movimientos salvajes de los brazos, de las piernas y de la cabeza transpiran. Después de que la persona haya recuperado el sentido, sentirán cansada y querrán generalmente dormir. Los dolores de cabeza y el dolor del músculo pueden ocurrir. ASIMIENTOS del MAL PEQUENO o de la AUSENCIA Estos tipos de asimientos son caracterizados generalmente por agitar de las tapas del ojo y de los pequeños temblores de la cabeza, de los brazos y de las piernas. La persona perderá generalmente el sentido por 10 a 30 segundos. Los asimientos pueden ocurrir con frecuencia. ESTADO EPILEPTICUS o ASIMIENTOS del ESTADO Estos términos se utilizan para describir asimientos que se repiten rápidos. La persona no recupera generalmente el sentido entre los asimientos. Esto es una condición seria y puede ser peligrosa para la vida: LLAMADA PARA LA ATENCIÓN MÉDICA INMEDIATA. OTROS TIPOS DE ASIMIENTOS incluyen asimientos faciales, asimientos psicomotores y asimientos Simple-Parciales. Los síntomas varían de crispar facial a la confusión mental. MUESTRAS Y SÍNTOMAS DE ASIMIENTOS: MENTAL: COMPROBACIÓN: Se retira El crispar Expresión el mirar fijamente Rigidez Apagón Convulsiones Confusión Temblores Alucinaciones Sacudida Pérdida de sentido El mover de un tirón de extremidades CÓMO ASISTIR: NO PONGA CUALQUIER COSA EN LA BOCA 1. Si usted nota cualesquiera síntomas del pre-asimiento, consiga a la persona sentarse o mentir. 2. Si una persona está experimentando un asimiento, deben acostarse y girado su lado. 3. La cabeza se debe dar vuelta oblicua para evitar que la saliva o la lengüeta estorbe la garganta. 4. Afloje la ropa y quite cualquier obstáculo de los alrededores. 5. Guárdelo de lastimarse, pero permita la libertad movimiento. TIEMPO, DURACIÓN Y SITUACIÓN DE EXPEDIENTES. CERCIÓRESE DE SIEMPRE QUE ÉL VEA AL MÉDICO DE ASISTENCIA REGULARMENTE.

ENFERMEDAD DE PARKINSON

La enfermedad de Parkinson es un grupo de desordenes neurológicos degenerativos, caracterizado generalmente por los movimientos incontrolados de las extremidades del cuerpo; i.g. que sacude, temblores, rigidez de los músculos puede ocurrir. La persona puede demostrar muestras de la lentitud o del arrastramiento. Ocurre en un pequeño por ciento de los ancianos que afectan a hombres y a mujeres. La ciencia lo ha demostrado que es el resultado de la degeneración de ciertos tipos de neuronas. La producción y el almacenaje de un tipo de Dopamine llamada neurotransmisor se agota. Hay también las indicaciones de las concentraciones de la acetilcolina, otro tipo de neurotransmisor. Las medicaciones anticolinérgicas o de la dopamina se pueden utilizar específicamente o juntas como tratamiento. El inicio de Parkinson es generalmente gradual, convirtiéndose durante muchos años. Los cambios en postura, tiesura o la sacudida de las manos, de la debilidad y de la lentitud del movimiento están entre algunos de los muchos síntomas. El tratamiento varía de cada uno individual. La terapia física y el uso de ayudas ambientales pueden ayudar a menudo. La ayuda de la familia, de amigos y de los donantes de cuidado es fundamental. Como en la mayoría de los tipos de enfermedades crónicas, la ansiedad y la depresión pueden convertirse. El tratamiento combinado de medicaciones, de la terapia, y del cuidado cariñoso de apoyo puede ayudar a la persona a funcionar casi durante muchos años. OBSERVE POR FAVOR: El tipo síntomas de Parkinson puede resultar de las medicaciones usadas en tratar enfermedad mental y otras enfermedades. La arterioesclerasis y otros desordenes pueden también causar la enfermedad de Parkinson. MUESTRAS Y SÍNTOMAS DE PARKINSON Fatiga o debilidad Carencia del affecto (expresión facial) Sacudida o temblores El cojear o arrastramiento Inclínese o postura pobre Discurso retardado El tragar difícil Rigidez muscular El Drooling EXTREMIDADES A ASISTIR: 1. Chequeo regular del médico de asistencia 2. Anime un programa del ejercicio del moderate (gama de movimiento los ejercicios ayudan a guardar el avantrén de los miembros) 3. Deje al cliente practicar el leer ruidosamente de si él está teniendo dificultad con discurso lento o slurred 4. Recuerde a la persona que se mezcla para coger sus pies. 5. Recuerde a la persona que es que se inclina o slouching para corregir postura Proporcione fácil a-consiguen-para arriba de sillas, de camas y de tocadores

PROBLEMAS DE LA VISIÓN

Muchas más viejas personas sufren de problemas de la visión. El tipo de problemas más común incluye cataratas, glaucoma, la degeneración macular, y la retinopatía diabética. DEGENERACIÓN DE MUCULAR El macula es la pequeña área pigmentada de la retina. La degeneración del macula es la causa principal de la pérdida severa de la visión entre los ancianos. El macula controla la visión fina. La deterioración lleva a empañar y/o a pérdida en la visión central. Muestras y síntomas de la degeneración macular: 1. La visión será borrosa. 2. Las líneas rectas aparecerán onduladas o dobladas. 3. Las letras aparecerán embarulladas. Si la degeneración no ha causado una pérdida total de visión, muchas veces una lupa puede todavía ser utilizada. Políticas y procedimientos MEDICACIONES MEDICACIONES CÓMO, PORQUÉ, CUANDO, Y DONDE. Las regulaciones referente a medicaciones en el título 22 son se deben leer y repasar con frecuencia por Administrator y el personal. Es muy importante preparar un sistema apropiado del desembolso de la medicación. NUESTRO SISTEMA Las medicaciones almacenaje y el sitio de la preparación se coloca en el área cerca de las instalaciones de lavado de la mano. Cualquier persona que asiste con las medicaciones debe lavar su las manos primero. Habrá un teléfono situado cerca del sitio de almacenaje de la medicación para retransmitir la información al médico, al farmacéutico, etc.... Cada medicación se debe abrir una sesión en forma de LIC # 622, en el expediente que debe ser guardado para cada cliente. Los expedientes del cliente deben ser guardados o inaccesibles. Los expedientes son confidenciales. Una caja, una cesta o una sección separada, con el nombre completo de cada cliente y el número de habitación en él, se deben guardar para conservar su prescripciones y medicaciones legales. Un almacenaje centralizado del MED será trabado siempre. AYUDA CON LAS MEDICACIONES Después de lavar las manos, el personal debe usar guantes y es una buena idea utilizar la tapa de la botella para verter las píldoras en y entonces la cantidad dirigida en la taza de la píldora o colocó en una taza a parte de una taza de consumición para que el cliente tome. Las tazas de papel y plásticas de la píldora se pueden comprar de alguna farmacia local o los surtidores médicos.

PAQUETES DE BUBBLE/BLISTER

El sistema más eficiente y más controlable de la medicación es el paquete de la burbuja o de ampolla, con una fuente de treinta días en una sola tarjeta. Esta tarjeta se puede firmar con iniciales por la persona del personal cada vez que la droga se perfora hacia fuera, certificando que vieron al cliente el tomar de la medicación. DENEGACIÓN DEL CLIENTE DE UNA MEDICACIÓN El personal entrenó para proporcionar la medicación es responsable de cerciorarse de que el cliente es correctamente el tomar su las medicaciones. Si un cliente rechaza una medicación, que él puede hacer, usted debe documentarla en su expediente y notificar al médico. El médico puede elegir continuar la medicación. Pero si el doctor siente que la discontinuación es perjudicial a la salud del cliente, él debe ayudar a AngelCare en conseguir el cliente transferido a un más apropiado. Panorama efectivo: Una vez tenido un cliente, "Sr. Smith," quién fue encontrada para escupir sus píldoras de la tiroides en el tocador. Él era informado que las "reglas de la casa" indicaron que todos los clientes deben tomar sus medicinas como el doctor prescribió y que cualquier violación de las "reglas de la casa" era argumentos para el desahucio. Sr. Smith transferido a otro. Afortunadamente, él hizo. Si él hubiera muerto, nuestro hogar muy probablemente habría sido llevado a cabo responsable de su muerte por CCL. ALMACENAJE DE MEDICACIONES Todas las medicaciones serán almacenadas en un gabinete de almacenaje bloqueado y centralmente localizado. PRN "como" MEDICACIONES necesarias PRN viene del latino (favorable con referencia a nata) "al presentarse la necesidad". En nuestro hogar debe significar "por requerimiento por el cliente". Antes de la admisión, o antes del comienzo de una nueva medicación, usted debe obtener una declaración escrita del médico de asistencia que el cliente es mentalmente capaz de determinar su necesidad de eso medicina de PRN. Cuando un cliente pide una medicación de PRN, el personal necesita documentar la cantidad tomada, fecha, tiempo, el resultado y ellos deben firmarla o firmar con iniciales. Esto eliminará la ocasión de la sobredosis y proporcionará un expediente exacto del uso. Cuando un cliente no puede determinar su propia necesidad de una medicación de PRN, el doctor debe ser entrado en contacto con y su permiso ser concedido antes que la medicación está dada. Si el doctor da instrucciones específicas en cuanto a dosis, fecha y tiempo, después no más se considera una medicación de PRN. Solamente el doctor, no la familia o los amigos pueden darle el permiso para dar una medicación de PRN cuando el cliente no puede determinar esto para se/ella misma. Siempre instrucciones del doctor del documento; ponga la fecha, mida el tiempo y fírmeella o firme con iniciales de. Entonces usted necesita documentar el resultado en el expediente del cliente. Los clientes deben ser cautelosos al usar OTC si tienen un de los después de condiciones: Artritis Diabetes Glaucoma Enfermedad cardíaca Tensión arterial alta Enfermedad de riñón Condición nerviosa Problemas del sueño Las dolencias mas comunes afectadas por OTC son: Gout Problemas de la próstata Úlceras Preguntas que se deben hacer del doctor o del farmacéutico con respecto al uso de OTC: 1. ¿Puede el cliente tomar este OTC? 2. ¿Será eficaz? 3. ¿Cuanto tiempo puede él tomarlo? 4. ¿Obrará recíprocamente al contrario con otras medicaciones que el cliente está tomando?

EXTREMIDADES A RECORDAR

1. Siempre expedientes de la subsistencia de OTC y frecuencia del uso. 2. Anime al cliente a beber 8 onzas de agua al tomar la medicación. 3. Los antiacidos y los laxantes son los mejores tardados 2 horas antes o después de tomar otras medicaciones. 4. Recuerde leer "advertencias y precauciones" POLÍTICA DE LA MEDICACIÓN Un registro individual de la medicación para cada cliente será mantenido. La información incluirá el siguiente: Nombre del cliente Nombre del médico que prescribe la medicina El nombre de la medicina, prescripción de la fecha se llena Dirección, fuerza y cantidad & conocido de la farmacia; número de teléfono Número de RX, & de la fecha de vencimiento; número de repuesios Este registro será mantenido los expedientes del cliente. Toda la medicina, incluyendo medicina legal, será mantenida bajo llave y candado, en el gabinete bloqueado o en la cabecera una caja bloqueada. El supervisor de cambio dará ayuda con las medicaciones prescritas que son self-administered de acuerdo con las instrucciones del médico. Nos no autorizan para, y no daremos, cuaesquiera inyecciones o medicación que el cliente no pueda uno mismo-administrar, a menos que hayamos empleado a un profesional apropiadamente experto (ASP) que se autoriza o se certifica para realizar estos deberes en el estado de California y está dentro de la regulación de gobierno para un cuidado residencial. RESTRICCIONES EN LA "CREACIÓN" Y LA "ELABORACIÓN" INJECTABLES La insulina y otras medicaciones inyectables serán mantenidas sus envases originales hasta que el de dósis simple prescrita se mida en una jeringuilla para la inyección inmediata. Las dosificaciones de la insulina y otras medicaciones inyectables no serán preparadas o "disposición" por adelantado llenando una o más jeringuillas de la dosis prescrita y almacenando la medicación en la jeringuilla hasta que estén necesitadas. La prohibición de la disposición anticipada no se aplica a las medicaciones que son empaquetadas por un farmacéutico o un fabricante en dosis premedidas en jeringuillas individuales. Solamente permiten al cliente o a los profesionales médicos certificados para mezclar la medicación inyectable prescrita para el cliente o para llenar la jeringuilla de la dosis prescrita ("elabore" la medicación). Los profesionales médicos permitieron para administrar medicaciones incluyen solamente médicos, enfermeras registradas y a enfermeras vocacionales autorizadas. FUENTES DE LA CASA MEDS LEGAL (Antes de asistir a los clientes con estas clases de medicaciones, consiga la aprobación del doctor) Acetaminophen (Tylenol, etc.) Leche de la magnesia Enema de la flota (para los clientes uno mismo-utilice o el ASP) Metamucil Suppositories de Anusol (para los clientes uno mismo-utilice o el ASP) ExLax Bisacodyl Ecotrin, aspirin Rolaids Tums Aceite mineral Aceite de

ricino Suppositories de la glicerina (para los clientes uno mismo-utilice o el ASP) Listerine Ácido bórico Gotas de tos Guituss-Dm, Robitussin (toses y medicina de fríos) NOTA: RECUERDE COMPROBAR FECHAS DE VENCIMIENTO FUENTES DE LOS PRIMEROS AUXILIOS Vendajes, tira plástica 2" ½ de x 4" (Band-Aid, etc.) Vendajes, & elástico de la rodilla; Codo 2" x 4" (as) Vendajes, plástico, varias formas y tamaños (Band-Aid, etc.) Cojines antiadherentes 3" x 4" de Telfa Cinta adhesiva, agua - impermeabilice el ½" y 1" rueda Bolas de algodón Esponjas del alcohol Cinta del paño Encierros de la mariposa Steri-pela Tegaderm Dúo-Derm Biolex Guantes disponibles Solución de Providine Peróxido de hidrógeno Un & Ungüento de D Loción de los cuidados intensivos de la vaselina Loción de Calmine Campho Phenique Gay de Ben Músculo Rrub Alcohol de frotamiento Jalea de KY

Glosario de palabras

ADMINISTRADOR: El "administrador" significa al individuo señalado por el concesionario para actuar en nombre de el concesionario en la gerencia total del. El concesionario, si un individuo, y el administrador pueden ser uno y la misma persona.

ADULTO: El "adulto" significa a una persona que sea dieciocho (18) años de edad o más viejos.

PERSONA AMBULATIVA: La "persona ambulativa" significa a una persona que sea capaz de demostrar la capacidad mental y la capacidad física de dejar un edificio sin ayuda de cualquier otra persona o sin el uso de cualquier ayuda mecánica en caso de una emergencia.

ASPIRANTE: El "aspirante" significa cualquier individual, firme, sociedad, la asociación, la corporación o el condado que han hecho el uso para la licencia.

PROFESIONAL APROPIADAMENTE EXPERTO: significa a un individuo que tenga entrenamiento y se autorice para realizar los procedimientos médicos necesarios prescritos por un médico. Esto incluye pero no se limita al siguiente: Enfermera registrada (RN), enfermera vocacional autorizada (LVN), terapeuta físico (pinta), terapeuta ocupacional (OT) y terapeuta respiratorio (RT). Estos profesionales pueden incluir, sino no ser limitados a, esas personas empleadas por una salud casera,

Actividades de la vida del diario (ADLs): Las funciones de la comprobación necesarias para la vida independiente. Éstos incluyen generalmente el baño, el vestido, usando el tocador, la consumición y la mudanza alrededor (transfiriendo). Hospital agudo - un hospital que proporciona el cuidado para las personas que tienen una crisis, una enfermedad intensa o severa o una condición que requieran cuidado restaurativo urgente.

Agencias del área en el envejecimiento (AAA): Agencias de estatal local que concesión o contrato con las organizaciones públicas y privadas para proporcionar los servicios para más viejas personas dentro de su área. No requieren las instalaciones para los ancianos (RCFE) - cuidado personal y cubierta segura de la vida asistida/de cuidado residencial para la gente que requieren la supervisión para la medicación y la ayuda con la vida diaria, pero quién cuidados de 24 horas.

TARIFA DE BASIC: La "tarifa básica" significa la tarifa establecida SSI/SSP, que no incluye esa cantidad asignada para el recipiente personal y las necesidades del elemento incidental.

SERVICIOS DE BASIC: Los "servicios básicos" significan esos servicios requeridos para ser proporcionado por para obtener y mantener una licencia e incluirla, en las combinaciones tales como puede cubrir la necesidad de los clientes y ser aplicable al tipo de que se funcionará, el siguiente: comodidades vivas seguras y saludables; ayuda y cuidado personales; observación y supervisión; actividades previstas; servicio de alimento; y arreglos para obtener cuidado médico y dental fortuito.

CAPACIDAD: La "capacidad" significa que número máximo de personas autorizadas a ser servicios proporcionados a cualquier momento en autorizado.

CUIDADO Y SUPERVISIÓN: El "cuidado y la supervisión" significa esas actividades que si con tal que requiera para ser autorizado. Implica ayuda según lo necesitado con actividades de la vida del diario y de la asunción de diversos grados de responsabilidad de la seguridad y del bienestar de clientes. El "cuidado y la supervisión" incluirán, pero no serán limitados a, ningunos uno o más de las actividades siguientes proporcionadas por una persona o cubrirán las necesidades de los clientes: Ayuda en el vestido, la preparación, el baño y la otra higiene personal; Ayuda con tomar la medicación, según lo especificado en la sección 87575; El almacenar de la central y distribución de medicaciones, según lo especificado en la sección 87575; Arreglo de y ayuda con cuidado médico y dental. Esto puede incluir el transporte, según lo especificado en la sección 87575; El mantenimiento de la casa gobierna para la protección de clientes; Supervisión de los horario y de las actividades de los clientes; Mantenimiento y supervisión de los dineros o de la característica del cliente; Dietas de la toma o del special de comida de la supervisión.

Crónico: Una enfermedad de duración, persistente o prolongada.

Copayments: Copayments es esos pagos hechos por un individuo en ese entonces que él o ella utilice servicios del cuidado médico. Copayments es generalmente una cantidad del sistema dependiendo del servicio específico recibido.

Cuidado de la custodia: El cuidado se considera de la custodia cuando está sobre todo con el fin de necesidades personales de la reunión y podría ser proporcionado por las personas sin cualificaciones profesionales o el entrenamiento.

CUIDADO DE COMUNIDAD: El "cuidado de comunidad" significa cualesquiera, el lugar o el edificio proporcionando cuidado y la supervisión no médicos, según lo definido en la sección 8701.c. (2).

CONSERVADOR: El "conservador" significa a una persona designada por el Tribunal Superior conforme a las provisiones de la sección 1800 y seq. del código de la legalización de un testamento de cuidar para la persona, o persona y estado, de otro. **CONSULTOR:** El "consultor" significa a una persona calificada profesionalmente por el entrenamiento y la experiencia para proporcionar la información experta en un tema particular.

CONTROL DE LA CARACTERÍSTICA: El "control de la característica" significa la derecha de incorporar, de ocupar, y de mantener la operación de la característica dentro de requisitos reguladores. La evidencia del control de la característica incluirá, sino no será limitada al siguiente: Un hecho de Grant que demuestra propiedad; o el acuerdo de arriendo o contrato de alquiler; u orden judicial de A o documento similar que demuestra la autoridad para controlar el resultado pendiente de la característica del procedimiento de la legalización de un testamento o del establecimiento del estado.

DEFICIENCIA: La "deficiencia" significa cualquier falta de conformarse con cualquier disposición del acto de las instalaciones de cuidado residencial para los ancianos y las regulaciones adoptados por el departamento conforme al acto.

DEPARTAMENTO: El "departamento" se define en el código de salud y de la seguridad, sección 1569.2 (b).

DIETÉTICO: El "dietético" significa a una persona que sea elegible para el registro por la asociación dietética americana.

DIRECTOR: Definen al "director" en el código de salud y de la seguridad, sección 1569.2 (c).

DOCUMENTACIÓN: La "documentación" significa la información de apoyo escrita que incluye pero no limitada al informe de la autorización (forma LIC # 809). Inhabilidad de desarrollo (DD): Inhabilidad que origina antes de la edad 18; puede ser esperado continuar indefinidamente; constituye una desventaja substancial a la capacidad lisiada de funcionar normalmente; y es atribuible al retraso mental, a la parálisis cerebral, a la epilepsia, al autismo, o a cualquier otro la condición estrechamente vinculada al retraso mental que da lugar a la debilitación similar del funcionamiento general del intelectual o del comportamiento adaptante. Energía durable del abogado para el cuidado médico: Este documento jurídico autoriza a la persona dada la energía de tomar decisiones con respecto al person' tratamiento médico de s solamente cuando la persona que da la energía hace incompetente.

PERSONA MAYOR: Medios de la "persona mayor", con objeto de la admisión en un cuidado residencial para los ancianos. Una persona que es sesenta y dos (62) años de edad o más viejos.

APROBACIÓN DE LA EMERGENCIA A FUNCIONAR: La "aprobación de la emergencia a funcionar" (EAO) significa una aprobación temporal para funcionar a por no más de 60 días hasta que finalice la emisión o la negación de una licencia por la autorización.

EVALUADOR: El "evaluador" significa a cualquier persona que sea oficial, empleado o agente debido autorizado del departamento incluyendo el cualquier oficial, el empleado o el agente de un condado o el otro público autorizado por el contrato a autorizar instalaciones de cuidado de comunidad.

EVIDENCIA DE LA MUERTE DEL CONCESIONARIO: La "evidencia de la muerte del concesionario" incluirá, sino no será limitada a, una copia de la partida de defunción, aviso de obituario, certificación de la muerte del mortuorio del decedent, o una letra de la oficina del médico o del forense de asistencia que verifica la muerte del concesionario.

EXCEPCIÓN: La "excepción" significa una variación a una regulación específica basada en las necesidades o las circunstancias únicas de una persona específica del cliente o del personal. Los pedidos excepciones son hechos a la autorización por un aspirante o un concesionario. Pueden ser concedidos para una persona del detalle, del cliente o del personal, pero no pueden por transferido o aplicado a otros individuos.

EXISTENCIA: La "existencia" significa cualquier funcionamiento debajo de una licencia no vencida válida la fecha del uso para una licencia nueva o de la renovación.

GUARDA: El "guarda significa a una persona designada por el Tribunal Superior conforme a las provisiones de la sección 1500 y seq. del código de la legalización de un testamento de cuidar para la persona, o persona y estado, de otro.

HERIDAS CURATIVAS: incluya las úlceras cutáneas de los cortes, de la etapa una y dos según lo diagnosticado por un médico, y las incisiones que están siendo tratadas por un profesional experto apropiado con el área afectada que vuelve a su estado normal. Pueden implicar la fractura o laceración de la piel y generalmente del daño a los tejidos subyacentes.

ECONOMISTA CASERO: El "economista casero" significa a una persona que lleve a cabo un bachillerato o un grado más alto en la economía doméstica y que se especializó en alimento y nutrición o dietética.

NECESIDAD INMEDIATA: La "necesidad inmediata" significa una situación donde estaría perjudicial prohibir la operación del a la salud física de un cliente, a la salud mental, a la seguridad, o al bienestar. Los ejemplos de la necesidad inmediata incluyen pero no se limitan: Un cambio en la localización cuando los clientes están necesitando servicios del operador en la nueva localización; Un cambio de la propiedad cuando los clientes están necesitando servicios del nuevo operador.

INSTRUCCIÓN: Los medios de suministrar a un individuo con conocimiento o de enseñarlo, dan órdenes, o la dirección de un proceso o de un procedimiento.

Salud casera (HHA): Una salud casera es un público o privada que se especializa en el donante de servicios expertos del oficio de enfermera, de asistentes de la salud casera, y de otros servicios terapéuticos, tales como terapia física, en AngelCare.

Hospicio: Un hospicio es un público o una organización privada que proporciona sobre todo la relevación de dolor, la gerencia del síntoma, y servicios de apoyo a la gente terminal enferma y a sus familias en AngelCare.

Cuidado intermedio (ICF): Un ICF proporciona cuidado y servicios relativos a la salud a los individuos que no requieren el grado de cuidado o de tratamiento dado en un hospital o un oficio de enfermera experto, pero quién (debido a su condición mental o física) requiera el cuidado y los servicios que es mayor que cuidado de la custodia y se puede proporcionar solamente en un ajuste institucional.

Institutos para la enfermedad mental (IMDs): Proporcione los programas especiales suplementales para los individuos mentalmente desordenados en un ajuste experto bloqueado y/o asegurado del oficio de enfermera.

Seguro de cuidado de largo plazo: Una política diseñó ayudar a aliviar algunos de los costes asociados a necesidades de largo plazo del cuidado. A menudo, las ventajas son pagadas bajo la forma de cantidad fija del dólar (por día o por visita) para los costos cubiertos de los LTC.

LICENCIA: La "licencia" se define en la sección del código de salud y de la seguridad 1569.2 (g).

CONCESIONARIO: El "concesionario" significa el el individual, firme, la sociedad, la corporación, la asociación o el condado teniendo la autoridad y la responsabilidad de la operación del autorizada.

AUTORIZACIÓN: La "autorización" significa el estado, el condado o el otro público autorizados por el departamento a asumir responsabilidades especificadas de la autorización, de la aprobación o de la consulta conforme a la sección 1569.13 del código de salud y de la seguridad.

CONTRATO DEL CUIDADO DE VIDA: "El contrato del cuidado de vida" se define en el código de salud y de la seguridad, sección 1771 (m). Cuidado manejado: Sistema de envío de la asistencia médica, tal como HMO o PPO, donde alguien " manages" el cuidado médico mantiene a un beneficiario recibe; cada plan tiene su propio grupo de hospitales, de doctores y de otros proveedores de asistencia sanitaria llamados un " network"; promueva generalmente el beneficiario recibe; cada plan tiene su propio grupo de hospitales, de doctores y de otros proveedores de asistencia sanitaria llamados un " network" ; promueva generalmente el cuidado médico preventivo; puede tener que pagar un superior mensual fijo y un co-pago cada vez que se utiliza un servicio.

Medicaid (médico en California): El programa de ayuda médico del estado que proporciona asistencia médica y los servicios esenciales para los individuos y las familias que reciben ayuda pública, o cuya renta no es suficiente cubrir sus necesidades individuales. El sesenta y cinco por ciento de clientes en instalaciones de oficio de enfermera expertas confía en Medicaid.

Seguro de enfermedad: El nation' el programa de seguro médico más grande de s, Seguro de enfermedad cubre a 37 millones de americanos. Seguro de enfermedad proporciona seguro a la gente que es 65 años; gente que es lisiada; y gente con falta de riñón permanente. Seguro de enfermedad proporciona solamente las ventajas limitadas para el cuidado experto, y debajo de pautas específicas, para la clínica de reposo y el cuidado médico casero. El solamente 8 por ciento de individuos en instalaciones de oficio de enfermera expertas confía en Seguro de enfermedad.

Seguro suplementario de Seguro de enfermedad: Este seguro paga el 20% de la cantidad aprobada Seguro de enfermedad cuyo Seguro de enfermedad paga el 80%.

Seguro de Medigap: El seguro de Medigap es los productos privados del seguro que proporcionan la protección del seguro para los costes de los servicios del hospital que se hacen a un beneficiario de Seguro de enfermedad que excede la cantidad Seguro de enfermedad pagará los servicios del hospital.

NUEVO: "Nuevos" medios que solicitan una licencia inicial si está construido nuevamente o que existen previamente para un cierto otro propósito.

PERSONA DE NON-AMBULATORY: La "persona No-Ambulativa" significa a una persona que no pueda dejar a un edificio condiciones de emergencia inferiores solas. Incluye, pero no se limita a, esas personas que dependan de ayudas mecánicas tales como muletas, caminante, y sillones de ruedas. También incluye a las personas que no pueden, o probable a incapaz, de responder físicamente o mentalmente a una instrucción oral referente a peligro del fuego y, solo, de tomar medidas apropiadas referente a tal peligro.

NUTRICIONISTA: El "nutricionista" significa una persona que lleva a cabo un masters en alimento y dietética de la nutrición, o la nutrición de la salud pública, o quién es empleada por un departamento de la salud del condado en la última capacidad.

Terapia ocupacional: Las actividades diseñaron mejorar el funcionamiento útil de físicamente y/o mentalmente - las personas lisiadas.

Ombudsman: Individuo señalado por un estado o una unidad del subestado responsable de investigar y de resolver las quejas hechas por o para una más vieja gente en instalaciones de cuidado de largo plazo. Un ombudsman es también responsable de la supervisión federal y las políticas del estado que se relacionan con las instalaciones de cuidado de largo plazo, para proporcionar la información al público sobre los problemas de una más vieja gente en instalaciones, y para el entrenamiento se ofrecen voluntariamente para ayudar en el programa de los ombudsmanes. El programa del ombudsman es autorizado por Title III del más viejo acto de los americanos.

Cuidado personal: Implica los servicios hechos por un nurse' el asistente de s, el dietético o el otro profesional de salud. Estos servicios incluyen ayuda en caminar, salir de la cama, el baño, toileting, el vestido, la consumición y la preparación de dietas especiales.

Terapia física: Los servicios proporcionaron por los terapeutas físicos especialmente entrenados y autorizados para relevar el dolor, función máxima del restablecimiento, y previenen inhabilidad, lesión o la pérdida de partes del cuerpo.

MÉDICO: El "médico" significa a una persona autorizada como un médico y cirujano por el tablero de California de examinadores médicos o por el tablero de California de examinadores osteopáticos.

PROVISION O PROPORCIONE: Siempre que cualquier regulación especificara que la disposición esté adoptada para o que se proporcione el cualquier servicio, los personales o el otro requisito, significa que si el cliente no es capaz de hacer tan sí mismo, el concesionario hará tan directamente o presentará la evidencia satisfactoria a la autorización del arreglo particular por el cual otro abastecedor en la comunidad hará tan.

LICENCIA PROVISIONAL: La "licencia provisional" significa una licencia temporal, no renovable, publicada por un período para no exceder doce meses que se publique de acuerdo con los criterios especificados en la sección 87231.

Plazo: El cuidado del en-hogar de un beneficiario crónico enfermo se prepuso dar al care-giver un resto. Puede también ser proporcionado en un hospicio o una clínica de reposo (como con cuidado del plazo del hospicio)

PARIENTE: El "pariente" significa el esposo, el padre, el stepparent, el hijo, la hija, el hermano, la hermana, el hemanastro, la hemanastra, el tío, la tía, la sobrina, el sobrino, el primer primo o a cualesquiera personas especificados en esta definición, incluso si la unión ha sido terminada por muerte o la disolución.

CUIDADO RESIDENCIAL PARA LOS ANCIANOS: El "cuidado residencial para los ancianos" significa el arreglo de la cubierta elegido voluntariamente por los clientes, o el guarda del cliente, el conservador, o la otra persona responsable; donde está por lo menos sesenta y dos años de edad el 75 por ciento de los clientes, o, si es más joven, tenga necesidades compatibles con otros clientes según lo especificado en la sección 87582; y donde los niveles de variación de cuidado y de supervisión se proporcionan, como en época convenida de la admisión o como necesario determinado en las horas subsecuentes de la nueva estimación.

PERSONA RESPONSABLE: La "persona responsable" significa que el individuo o los individuos, incluyendo un guarda, conservador, o el pariente, que asisten al cliente en la colocación asume diversos grados de responsabilidad del bienestar del cliente. Esto incluye el departamento del bienestar del condado, unidad de servicios protectora adulta, cuando ninguna otra persona responsable puede ser encontrada.

SITIO Y TABLERO: El "sitio y el tablero" significa un arreglo vivo donde está el cuidado y la supervisión ni con tal que ni disponible.

DEFICIENCIA SERIA: La "deficiencia seria" significa cualquier deficiencia que presente y amenaza inmediata o substancial para la salud física, la salud mental, o la seguridad de los clientes o de los clientes de un cuidado de comunidad.

Cuidados expertos: Cuide por que puede ser proporcionado solamente o debajo de la supervisión o de las enfermeras autorizadas. El cuidado experto de la rehabilitación se debe proporcionar o supervisar por los personales autorizados de la terapia. Todo el cuidado está bajo dirección general de un médico y necesario sobre una base diaria. La terapia que se necesita solamente de vez en cuando, por ejemplo dos veces por semana, o donde los servicios expertos que son necesarios no requiere cuidado el hospitalizado, no califican como nivel experto de cuidado.

Oficio de enfermera experto (SNF): Proporcione los cuidados de 24 horas para los clientes rehabilitativos crónico-enfermos o a corto plazo de todas las edades.

Seguridad Social: Un programa del seguro nacional que proporciona renta a los trabajadores cuando se retiran o son lisiadas y a los sobrevivientes dependientes cuando muere un trabajador. Los pagos del retiro se basan en worker' ganancias de s durante el empleo.

Terapia de discurso: El estudio, la examinación, y el tratamiento de defectos y de enfermedades de la lengua de la voz, del discurso, hablado y escrita.

Instalaciones de cuidado subagudas: Unidades especializadas a menudo en una parte distinta de un oficio de enfermera. Proporcione la rehabilitación intensiva, el cuidado complejo de la herida, y la recuperación postquirúrgica para las personas de todas las edades que necesiten no más el nivel de cuidado encontrado en un hospital.

Renta de seguridad suplemental (SSI): Un programa federal que paga cheques de la publicación mensual a la gente en necesidad que es 65 años o más viejos y a la gente en necesidad en cualquie edad que es oculta y lisiada. La elegibilidad se basa en renta y activos.

ASISTENTE SOCIAL: El "asistente social" significa a una persona que tenga un grado graduado de una escuela acreditada del trabajo social o que tenga calificaciones equivalentes según lo determinado por el departamento.

SSI/SSP: SSI/SSP" significa el programa suplemental de seguridad del estado suplemental de la renta.

CONFORMIDAD SUBSTANCIAL: La "conformidad substancial" significa la ausencia de cualquier deficiencia que amenazaran a la salud física, a la salud mental, a la seguridad o al bienestar de los clientes. Tales deficiencias incluyen, pero no se limitan a, la sección referida esas deficiencias 87451 del mesón y la presencia de ningunas deficiencias serias sin corregir para las cuales las penas civiles podrían ser determinadas.

SUPERVISIÓN: los medios de supervisar o de dirigir el trabajo de un individuo o de un subordinado pero no requieren necesariamente la presencia inmediata o al supervisor.

TRAUMA DE LA TRANSFERENCIA: El "trauma de la transferencia" significa que las consecuencias de la tensión y del choque emocional causaron una relocalización precipitada, involuntaria de un cliente a partir del uno a otro.

VOLUNTARIO: Medios del "voluntario" resultando de libre albedrío.

RENUNCIA: La "renuncia" significa una variación a la regulación específica basada en a - la necesidad o la circunstancia amplia que no se atan típicamente a una persona específica del cliente o del personal. Los pedidos renuncias son hechos a la autorización, por adelantado, por un aspirante o un concesionario. **TERMINOLOGÍA COMÚN DE S DEL CUIDADO RESIDENCIAL ':**
ABREVIATURAS

DSS - Departamento de servicios sociales CCL - Autorización del cuidado de comunidad CCF - Cuidado de comunidad ARF - Adulto residencial CCLD - División de la autorización del cuidado de comunidad CCF - Código de California de regulaciones LPA - Analista de autorización del programa MAZORCA - rama de las operaciones centrales OAL - Oficina del derecho administrativo ASP - profesional apropiadamente experto SMP - profesional médico experto EM - manual del evaluador DD - inhabilidad de desarrollo IPP - plan de programa individual Informe de evaluación de desarrollo de cliente de CDER- BRAZO - modelo residencial alternativo SMA - horario de permisos máximos RVS - escalas del valor relativo & de P; I - personal y elemento incidental (expedientes o dinero) IHSS - servicios de apoyo del en-hogar ¡CYA - cubra su _ del _ del _! Ajuste de costo de vida de la COLA GARANTÍA de CALIDAD - asegurando servicios esté del más de alta calidad FLEXIBILIDAD del PROGRAMA - el permiso para y la excepción VALORACIÓN - un gravamen o una evaluación de un cliente RETENCIÓN - manteniendo, conservando, o guardando a un cliente EXCEMPTION - pedido para cuando el empleado tiene antecedentes penales EXEPTION - pedido para una persona específica del cliente o del personal en vista de una circunstancia particular, o programa RENUNCIA - variación para una regulación específica no atada a un individuo CONFORMIDAD - obedeciendo y correctamente siguiendo la ley